누구나 쉽고 재미있게 즐기는 신개념 삼국지

| 여는 글 |

신삼국지,
극복의 스토리텔링

"적로야, 힘을 내다오!"

생사의 갈림길에 선 유비가 다급히 소리칩니다.

쫓기는 신세가 된 유비는 '단계'라는 막다른 계곡 앞에 섰습니다.

다시 돌아갈 길도, 그렇다고 계곡을 건널 방법도 없습니다.

진퇴양난의 유비가 택한 건

적로에게 구원을 요청하는 일이었습니다.

바로 자신이 타고 온 말에게 말입니다.

그런데 얼마 후 거짓말 같은 일이 벌어집니다.

적로가 앞발을 힘껏 내딛더니 날아올라 단계를 건넌 겁니다.

이 덕분에 유비는 절체절명의 위기에서 벗어나게 됩니다.
그리고 이후 제갈량을 만나며 인생의 2장을 열게 되죠.

삼국지에 등장하는 대부분의 인물은
시시때때로 찾아오는 도전에 직면하게 됩니다.
때론 철저한 계산으로, 때론 타인의 도움으로, 때론 행운으로
극한의 위기를 극복해 냅니다.

〈신삼국지〉는 '삼국지 속 위기에 처한 인물들은
어떻게 고난을 극복했을까'란 물음에서 출발했습니다.
생사의 갈림길에서 생의 길로 방향을 트는
영웅들의 다채로운 면모를 들려드리고자 했습니다.
그런 의미에서 〈신삼국지〉를 한마디로 요약하자면
'극복의 스토리텔링'일지도 모르겠습니다.

유비처럼 우리도 종종 삶에서 '단계'를 만나게 됩니다.
고군분투하며 장벽을 넘어서려는 모든 분께
〈신삼국지〉 속 인물들의 행보가
귀감과 용기가 되기를 간절히 바라봅니다.

tvN STORY 〈신삼국지〉 제작팀

| 들어가기 전에 |

삼국지는
역사일까, 소설일까

    2세기 후반부터 약 100년에 걸친 중국 역사를 다룬 《삼국지》는 인생 필독서로 손꼽히곤 합니다. 부패한 조정과 무능한 황제로 인해 각지에서 반란이 일어나던 시기에, 영웅들이 등장해 천하의 패권을 두고 지략을 겨루는 이야기에서 인생의 교훈을 얻을 수 있으리라 기대하기 때문이겠죠. 내용 자체도 흥미로워서 만화, 영화, 게임 등으로도 많이 만들어졌고 큰 인기를 끌었습니다.

    그런데 《삼국지》를 두고 역사적 사실이다, 아니다라는 말이 많아서 고개를 갸웃하게 됩니다. 《삼국지》는 역사일까요, 소설일까요? 결론부터 말하자면 둘 다 맞는 말입니다. 사실 《삼국지》는 두 개의 서로 다른 책을 가리킵니다. 하나는 진수陳壽가 쓴 역사서 《삼국지》고, 다른 하나는 나관중羅貫中이 쓴 역사소설 《삼국지연의》입니다. 그런데 우리나라에서는 이 역사소설 《삼국지연의》도 《삼국지》라고 불렀습니다. 역사소설도, 역사서도 모두 《삼국지》가 된 것입니다.

《삼국지》는 3세기 후반, 중국 서진의 역사가 진수가 후한 말부터 위·촉·오 삼국이 성립되고 마침내 서진으로 통일되는 과정을 기록한 역사서입니다. 그는 당시 전해오던 황제와 주요 인물의 행적을 기록했는데, 특히 위·촉·오 삼국의 영웅들이 어떻게 권력을 얻고 또 잃었는지를 간결하게 정리했습니다. 이렇게 쓰인 《삼국지》는 《사기》, 《한서》와 더불어 중국 3대 역사서 가운데 하나로 평가받습니다.

《삼국지연의》는 14세기, 중국 원말 명초 시기에 활동한 작가 나관중이 진수의 《삼국지》로 뼈대를 세우고 민간에서 전해지던 이야기와 연극 그리고 자기 나름의 해석과 상상을 더해 창작한 역사소설입니다. 원래 이름은 《삼국지통속연의》인데, 줄여서 《삼국지연의》라고 합니다. '연의演義'는 경전이나 역사서를 쉽게 풀이하여 널리 알린다는 뜻입니다. 나관중의 《삼국지연의》는 연의라는 말에 걸맞게 쉽고도 재미있어서 출간되자마자 독자들의 열띤 사랑을 받았습니다.

나관중은 삼국 영웅들의 분투를 극적으로 서술해 '의義'의 가치를 두드러지게 보여주고자 했습니다. 그러다 보니 역사서와는 다른 부분들이 생겼습니다. 혼란한 시기에 정의롭고 도덕적인 인물이 살아남기를 바란 민중의 염원을 반영해 유비는 한나라 황실의 후손으로, 의형제 관우와 장비는 충의의 상징으로 그렸습니다. 삼 형제와 대립하는 인물인 조조는 냉혹한 이미지의 악역으로 그렸고요. 하지만 진수는 유비를 어진 인물로만 묘사하지는 않고 전략적인 정치가이자 냉정한 판단으로 세력을 확장한 인물로도 기록했습니다. 조조 역시 간사한 영웅의 측면만이 아니라 인재를 기용하는 데 능한 탁월한 행정가의 측면도 함께 기록했지요. 같은 인물을 두고 소설과 역사서가 다른 관점에서 해석한 것입니다.

어떤 이들은 《삼국지》를 기반으로, 즉 사실을 기록한 역사서를 근거로 소설 《삼국지연의》를 검토해야 하고, 역사소설이 얼마나 역사 기록을 충실하게 그려냈는지를 평가해야 한다고 말하기도 합니다. 하지만 역사서가 100퍼센트 진실만을 기록하고 있다고 할 수도 없고, 현대에 이르러 많은 독자가 《삼국지》와 《삼국지연의》의 내용을 서로 보완적으로 읽고, 받아들이는 것이 현실입니다.

이제 역사 '소설' 《삼국지연의》가 품고 있는 소설의 상상력과 개성을 폭넓게 인정하면서 다양한 관점의 해석을 시도할 때가 되지 않았나 하는 생각이 듭니다. 역사서와 역사소설, 둘 다를 《삼국지》라고 불렀던 우리 선조들의 견해는 이런 면에서 보자면 정말로 탁월한 선택이라고 할 수 있겠습니다. 《삼국지》가 이렇게 오랜 시간 많은 사람의 사랑을 받은 것은 독자마다 다양하게 해석할 수 있는 여지가 충분한 작품이기 때문일 것입니다. 독자가 적극적으로 독해한다면 역사서와 소설의 같은 점과 다른 점을 아울러 고려하면서 《삼국지》가 전하고자 하는 재미와 교훈을 둘 다 얻을 수 있을 것입니다.

tvN STORY 교양예능 〈신삼국지〉를 바탕으로 하는 이 책은 소설 《삼국지연의》의 내용을 중심으로 하되, 역사서 《삼국지》의 기록도 같이 검토하고 필요할 경우 그 내용도 함께 펼쳐냈습니다. 방송에는 미처 담지 못한 《삼국지》의 배경지식도 충실하게 담아내고자 노력했습니다. 모쪼록 이 책이 독자 여러분께서 《삼국지》 이야기를 '신' 《삼국지》이자 '빛나는' 《삼국지》로 재탄생시키는 데 도움이 되기를 소망합니다.

감수자 김진곤(한밭대학교 중국어과 교수)

|여는 글| **신삼국지, 극복의 스토리텔링** · 4
|들어가기 전에| **삼국지는 역사일까, 소설일까** · 6

1장 **혼란 속에서 믿을 사람은 누구인가** · 12
도원결의와 십상시의 난

2장 **적은 가장 가까운 곳에 있다** · 58
동탁의 폭정과 반동탁 연합군의 결성

3장 **보이는 건 빙산의 일각일 뿐이다** · 102
여포의 배신과 초선의 음모

4장 **인간은 같은 실수를 반복한다** · 138
서주 공방전

| 5장 | **2보 전진을 위해 1보 후퇴하라 · 182**
삼 형제의 위기

| 6장 | **가는 사람 잡을 수 없고 오는 사람 막을 수 없다 · 222**
조조와 원소의 관도대전

| 7장 | **사람을 얻는 자가 뜻을 이룬다 · 258**
제갈량의 천하삼분지계

| 8장 | **천하의 흥망성쇠는 되풀이된다 · 290**
유비·손권과 조조의 적벽대전

|부록| **기묘한 삼국지 · 336**

혼란 속에서 믿을 사람은 누구인가

도원결의와 십상시의 난

삼국지를 조금이라도 아는 분이라면 유비劉備, 관우關羽, 장비張飛 이 세 사람이 서로 의로 맺은 형제 사이라는 것쯤은 알고 계실 거예요. 그런데 이들이 어떤 계기로 만났는지, 어떻게 모였는지 정확히 아는 사람은 많지 않습니다.

요즘 책들이 내용을 쉽게 이해할 수 있게 이야기 중간중간에 삽화를 넣는 것처럼, 과거에도 소설을 좀 더 재미있게 읽고 내용을 알기 쉽도록 그림을 넣었습니다. 큰 인기를 끌었던《삼국지연의》도 마찬가지였죠. 천하패권을 다투는 영웅호걸들의 이야기를 삽화와 함께 즐겼으니 얼마나 재밌었을까요.

그럼 다음 장에 실린 삽화를 한번 살펴볼까요? 촛대와 향로 같

〈제천지도원결의 祭天地桃園結義〉
하늘과 땅에 제사하며 복숭아밭에서 의형제를 맺다

은 게 놓인 제단이 보이고, 그 앞에 말과 소가 앉아 있네요. 아마 그 동물들을 제물로 바치려는 듯 칼을 들고 준비 중인 두 남자도 있고요. 힌트를 드리자면, 동물들 뒤에서 손을 모으고 기도를 올리는 듯한 세 사람이 바로 유비, 관우, 장비라는 겁니다.

때는 약 1,800년 전인 184년. 혼란에 빠진 한나라(후한)는 백성들을 구해줄 영웅을 필요로 하는 상황이었습니다. 세 사람은 전혀 다른 삶을 살고 있었어요. 그런데 나라가 어지럽고 백성이 고통받는 현실을 외면할 수 없었기에 각자 가던 길을 멈추고 힘을 합치기로 결심하지요. 유비, 관우, 장비가 어떻게 만나 의기투합했고 당시의 시대가 어땠는지를 알아보도록 하겠습니다.

유비와 장비의 첫 만남

이들이 처음 만난 장소는 중국의 탁현이라는 곳으로, 시기는 2세기 말, 후한 제12대 황제 영제가 다스릴 무렵입니다. 바야흐로 계절의 여왕이라 불리는 4월! 봄의 절정을 맞아 복숭아 나뭇가지가 한창 꽃망울을 터뜨릴 때죠.

그런데 이렇게 좋은 날, 인파가 가득한 길 한가운데서 벽에 붙은 무언가를 보고 땅이 꺼져라 한숨만 푹푹 쉬는 남자가 있었으니, 바로 유비입니다.

> 삼국지 인물 유비에 대해 알려줘.

 침GPT

- 이름: 유비
- 자: 현덕玄德
- 출생지: 유주 탁군 탁현
- 키: 7척 5촌

#유난히 긴 팔과 귀

　유비의 자는 '현덕'인데요. '자'는 그 사람의 성품, 특징을 나타내는 별명이라고 생각하시면 됩니다. 유비의 자인 현덕은 인품과 덕망이 있다는 뜻이죠. 키는 7척 5촌. 당시 1척이 약 23센티미터였으니 173센티미터 정도입니다. 그런데 이 유비의 겉모습 중 눈에 띄는 부분이 있어요. 바로 팔과 귀인데요.《삼국지연의》에 따르면 귓불은 어깨까지 닿고, 팔은 무릎에 닿았다고 하지요. 물론 소설 속 내용이니 그대로 믿을 수는 없지만, 겉모습을 통해 그만큼 비범한 인물임을 강조하고 싶었을 거예요. 유난히 귓불이 크고 팔이 길쭉했다고 생각하면 되겠습니다. 이런 유비의 직업은 무엇이었을지 궁금하지 않나요?

 오른손잡이 투수는 왼팔보다 오른팔이 길다고 하잖아요? 유난히 팔이 긴 유비도 팔로 무언가를 하는 직업을 갖고 있지 않았을까요?

팔이 긴 유비의 직업은 바로 돗자리 장수였습니다. 어릴 때 아버지를 여의고 실질적 가장으로서 짚신, 돗자리를 만들어 팔며 생계를 꾸리던 청년이었던 거죠.

벽 앞에 선 유비를 보며 "어디 사내대장부가 한숨을 쉬고 있소!"라고 버럭 소리를 지르는 이가 있었으니, 그자가 바로 장비입니다. 유비와 장비, 한 시대를 빛낼 두 사람의 만남은 이렇게 한숨과 호통으로 시작됩니다.

> 삼국지 인물 장비에 대해 알려줘.

 침GPT

- 이름: 장비
- 자: 익덕益德
- 출생지: 유주 탁군
- 키: 8척
- 직업: 백정, 술집 사장님

#직진남 #야생남 #황금 막내

장비의 자는 '익덕'. 덕을 쌓는다는 뜻입니다. 키는 8척이니까 184센티미터 정도네요. 그런데 장비의 외모 역시 심상치가 않습니다. 소설 속 묘사에 의하면 "머리는 표범 같고, 턱은 제비 같았고, 수염은 범과 같았다"는데요. 전설 속 존재도 아니고, 정말 이럴 수는 없겠지요. 사실, 관상학적으로 볼 때 머리가 표범 같다는 건 두상이 단단하고 이마가 넓다는 뜻이고, 턱이 제비 같다는 건 아래턱이 둥글고 두툼하다는 뜻이랍니다. 수염이 호랑이 같다는 건 털이 수북하고 멋지게 턱을 감싸고 있다는 뜻이겠죠. 이런 묘사는 단순한 외모 묘사를 넘어서 인물의 기개와 기질까지 드러내는 상징적 표현이기도 합니다. 아마 장비는 힘깨나 쓰는, 테스토스테론이 넘치는 청년이었던 것 같습니다.

 장비는 딱 봐도 남성 호르몬이 넘쳐 보이죠? 그런데 굉장히 호방해 보이는 이 장비는 투 잡을 뛰었어요. 그만큼 능력이 있었다는 거죠.

"대대로 이곳 탁군에서 술도 팔고 돼지도 잡고 있소"라고 말하는 장비. 그는 돼지를 잡아 파는 백정이자 술을 파는 상인이었습니다.

나라를 뒤흔든 황건적의 난

그런데 사실 유비가 벽을 보고 서서 한숨을 쉰 데에는 그럴 만한 이유가 있었습니다. 조정에서 나라를 위해 싸울 의병을 모집하는 방이 붙었거든요. 부패한 조정을 무너뜨리겠다며 우두머리 '장각'을 중심으로 누런 두건을 쓴 이들이 일으킨 봉기, '황건적의 난'이 벌어진 것입니다.

당시 중국은 백성들이 살기가 매우 어려운 환경이었던 듯합니다. 난이 일어나기 몇 년 전부터 나라 곳곳에서 지진과 홍수가 나고, 전염병까지 유행했다고 해요. 그런데 조정은 백성들을 나 몰라라 하고 오히려 괴롭히기 바쁘니 민심이 나락으로 갔던 거지요. 이때, 수도 낙양에서 300킬로미터쯤 떨어진 기주라는 지역에 장각이라는 사람이 나타납니다. 이 사람이 하는 일이라는 게 효험이 엄청나다는 부적과 역병 치료약을 백성들에게 무료로 나눠 주는 거예요. 그러고는 자신을 '태평도'의 교주로 칭하고 사람들을 모았습니다. 그렇게 해서 장각 곁에 모인 수가 무려 50만! 장각은 세상을 한번 뒤집어 보겠다는 꿈을 품습니다.

공짜 부적 받으러 온 사람이 50만 명이나 되니 장각이 이런 꿈을 품을 수 있었던 것 아니겠어요?

장각은 "지극히 얻기 어려운 것이 민심인데, 지금 천하를 차지하지 않는다면 두고두고 애석하리라"라고 말하면서 사람들을 시켜 천하에 이런 소문을 냅니다.

"푸른 하늘은 이미 죽었고, 마땅히 누런 하늘이 서리라. 때는 바로 갑자년, 천하가 크게 길하리라."

'푸른 하늘'이 의미하는 게 뭘까요? 중국을 다스리던 후한 왕조를 뜻합니다. 그렇다면 '누런 하늘'은? 노란 두건을 두르고 다니던 황건적을 뜻하는 말일 겁니다. 옛 중국 사람들은 황제가 하늘로부터의 명령, 즉 '천명'을 부여받아 나라를 다스렸다고 생각했습니다. 이 점을 염두에 두고 해석해 보자면, 당시 황제인 영제는 나라를 통치할 정당성을 잃었고, 이제 황건적이 지배하는 세상이 온다는 뜻이 됩니다.

장각은 뇌물로 조정 관리를 포섭까지 하면서 쿠데타를 준비합니다. 하지만 거사를 일으키기 직전, 생각지 못한 일이 벌어집니다. 장각의 부하가 배신하고 모든 계획을 관아에 고해바친 거지요. 다급해진 장각은 곧장 황건적을 이끌고 황제가 있던 낙양을 목표로 난을 일으키게 됩니다.

좀 의아하지 않나요? 황건적이 부패한 조정을 무너뜨리고 더 나은 세상을 만드는 건 백성들에게는 좋은 일 아닐까요? 유비는 왜 조정에서 써 붙인 방을 보며 한숨을 쉬었을까요? 부패한 조정일지라도 황건적으로부터 지켜야 한다고 생각했던 걸까요?

전쟁을 치를 때 전투에서 승리하는 것만큼 중요한 일이 바로 '보급'입니다. 황건적의 수가 얼마나 된다고 했지요? 무려 50만. 장각으로서는 매 식사 때마다 50만 끼의 밥을 준비해야 했던 겁니다. 이 상황을 타개할 방법이 없던 황건적은 마을에 불을 지르고, 백성들을 무자비하게 약탈함으로써 보급품을 충당했습니다. 부패한 조정을 무너뜨린다는 대의를 내세우며 일어난 백성 황건적이 또 다른 백성을 도적질하고 죽이는 사태가 벌어진 것이지요. 이러니 유비가 황건적을 곱게 볼 수 없었던 것입니다.

황건적의 우두머리 장각은 백성들의 결핍을 채워주면서 그들의 마음을 교묘히 파고들었던 것 같아요. 사람은 일이 잘 안 풀리고 외로울 때면 자기 말을 들어주는 대상을 찾게 되지요. 옳고 그르고를 떠나 나의 말을 들어주니까 찾아가고, 자의 반 타의 반으로 점점 그 집단에 빠져들게 돼요. 그러다가 적극적으로 동조하게 되는 겁니다.

장각은 백성들에게 '누런 하늘'이 설 거라며 희망을 줬고, 오늘날 아이돌 굿즈를 사거나 응원팀 유니폼을 입는 것처럼 누런 두건으로 소속감을 느끼게 했습니다. 그 결과 혼자서는 아무것도 할 수 없다고 생각한 백성도 세상을 바꿀 수 있다는 희망과 자존감을 회복하게 되고요. 이때 한나라 조정은 푸른 하늘 아래서도 살 만하다는 것을 보여주고 같은 백성끼리 싸울 필요가 없다는 믿음과 안심을 줘야 했는데 그러지 못했습니다.

복숭아밭에서 맺은 의형제 맹세

자, 다시 유비와 장비의 이야기로 돌아와서, 어디 사내대장부가 한숨을 쉬냐며 한바탕 호통을 치고 앞으로 나선 장비. 유비는 그런 장비를 보고 이렇게 말합니다.

"나라가 뒤숭숭한데 내 힘이 부족한 게 한탄스러워 그러오."

백성들을 위한다고 나선 황건적이 오히려 백성들을 괴롭히는 모순적인 현실. 하지만 한낱 돗자리 장수, 요즘으로 치면 하루 벌어 하루 먹고사는 일개 소시민에게 이 세상을 바꿀 힘이 있을 리 없었죠. 유비는 이 난세를 그저 지켜봐야만 하는 자기 상황이 답답했던 것입니다. 하지만 뜻이 있는 곳에 길이 있는 법! 장비는 그런 유비를 보고 말합니다.

"내게는 대대로 물려받은 농장과 땅이 있소. 내가 재산이 좀 있으니, 마을의 건장한 청년들을 모아서 함께 큰일을 해보지 않겠소?"

자기가 투자금을 낼 테니 함께 의용군을 만들자는 겁니다. 거친 행동에 무서운 외모를 지닌 장비는 어마어마한 경제력의 재산가였던 거예요. 앞에서 장비는 돼지도 잡고 술도 파는 상인이라고 했지요. 그런데 아무리 투 잡을 뛰었다 한들 백정이 부자라니, 좀 의아하지 않나요? 드라마 속에서 천대받는 모습만 보던 우리에게는 좀 낯설기도 합니다만, 당시 백정은 요즘으로 치면 농업협동조합 대표 같은 위치였다고 해요. 한나라 초기에 쓰인 기록을 한번 볼까요?

> "돼지 250마리를 기르는 자는 제후들과 맞먹는 부를 누렸다."
>
> 《사기》, 〈화식열전〉

또한 기원전 81년 전한에서 쓰인 책《염철론》에 따르면 고기는 제후 정도 되는 사람들만 먹을 수 있었다고 하고요. 목축업이 발달하지 않았던 시대인지라 돼지고기 한 마리 가격이 밭 200평에서 나오는 1년 수입과 비슷했다고 하니, 장비가 엄청난 부자인 것은 당연한 일이었을 겁니다. 장비는 엄청난 재산을 가진 자산가이자 개인 사업을 두 개나 운영하는 젊은 CEO, 요즘 말로 하면 그야말로 영 앤 리치였던 거예요.

장비는 확실히 사업가 마인드가 있었던 것 같아요. 그래서 한숨만 쉬고 있는 유비를 보며 답답해한 거죠.

이 두 사람은 어떻게 의용군을 모을지 논의하기 위해 근처 주막으로 갑니다. 유비와 장비가 막 술잔을 들이켜려던 그때, 키가 무척 큰 누군가가 주막 문을 열고 들어오더니 이렇게 외칩니다.

"빨리 술 한 잔 주오! 당장 성으로 가서 의병에 지원해야 하오!"

수염이 아름다워 미염공美髯公이라는 별명으로 불리기도 했던 이 사람, 바로 관우입니다.

삼국지 인물 관우에 대해 알려줘.

 침GPT

- 이름: 관우
- 자: 운장雲長
- 출생지: 사예 하동군 해현
- 키: 9척

#대추톤 #미염공
#과거가 있는 남자 #도망자

관우의 자는 '운장'. 운장은 '긴 구름'이라는 뜻인데, 장수한다는 뜻도 있다고 합니다. 키는 9척. 2미터 7센티미터 정도 되니, 정말 엄청나게 컸던 것 같습니다. 또 관우의 수염은 결과 모양이 모두 완벽했다고 해요. 길이는 무려 50센티미터 정도였다고 하고요. 나중에 조조가 관우의 환심을 사기 위해 비단으로 수염 주머니를 만들어줬다고 하니, 확실히 남다른 수염이기는 했나 봅니다. 관우의 또 다른 매력 포인트는 바로 독보적인 피부톤! 그는 붉은 얼굴의 소유자였어요.

이런 붉은 얼굴을 요즘에는 술톤이라고 하죠? 이때는 대추톤이라고 했어요. 대추가 빨갛잖아요. 앞으로 펼쳐질 이야기에서도 멀리서 대추톤의 얼굴을 보고 관우라고 알아차리는 장면이 나오니 '대추톤 관우'를 기억해 두자고요.

관우는 주막에서 우연히 만난 유비와 장비에게 자신의 과거를 털어놓습니다.
"고향에서 세력가 한 놈이 권세를 믿고 하도 사람을 업신여기기에, 때려죽여 버리고 오륙 년 동안 강호로 피해 다녔소!"
사람들을 괴롭히던 지역 유지를 분이 풀릴 때까지 때려서 죽여버린 겁니다. 그 때문에 수레를 타고 세상을 떠돌게 된 신세가 되고 만 거죠. 여러분이 이런 고백을 듣는다면 어떨 것 같나요? 아마 머릿속이 하얘져서 벌벌 떨 거예요. 그런데 세 사람은 밤새도록 술을 마시며 급속도로 가까워집니다. 워낙 부패한 권력자들이 판을 치던 시절이었기 때문인지, 유비와 장비는 사람을 때려죽인 관우를 오히려 의협심이 넘치고 정의로운 사람이라고 생각했던 것 같습니다.

삼국지의 치트키, '영웅은 영웅을 알아보는 법'이 이때 나오는 겁니다. 세 사람은 자연스럽게 합석해서 "의용군에 들어가지 말고 그냥 의용군을 만듭시다!" 외치며 의기투합합니다.

귀가 큰 유비, 야성미가 넘치는 장비, 얼굴빛이 붉은 관우! 나라를 구하는 의병이 되겠다는 큰 뜻을 품은 세 청년이 우연한 만남을 계기로 역사에 남을 필연을 맺게 된 거죠.

그다음 날, 장비의 복숭아 동산에서 세 사람은 의형제를 맺습니다. 유비가 맏형을, 관우가 둘째를, 장비가 막내를 맡기로 하고요. 이 셋이 의형제를 맺으며 행한 의식이 바로 앞서 등장한 삽화에 묘사되었던 겁니다. 이것이 바로 복숭아밭에서 맺은 결의, '**도원결의**桃園結義'입니다. 뜻이 맞는 사람들이 만나서 의기투합하거나 우정을 맹세할 때 주로 사용하는 사자성어인 도원결의가 바로 여기서 유래한 거예요.

"우리는 비록 성은 다르지만, 의를 맺어 형제가 되었습니다. 힘을 합해 백성을 편안하게 하고 나라에 보답하겠습니다. 같은 해, 같은 달, 같은 날에 태어나지는 못했지만, 같은 해, 같은 달, 같은 날에 죽기를 원하오니, 저희가 의리를 잊고 서로를 배반하거든 이 마음 굽어살피셔서 함께 죽여주소서!"

세 사람은 서로를 안 지 이틀 만에 결연한 의지를 담아 한날한시에 죽기로 맹세한 겁니다. 장비는 도원결의 이후에 사비를 써서 큰 잔치를 벌이고, 의용군이 될 마을 청년 300명도 모읍니다. 그런데 예상보다 훨씬 더 많은 사람이 모였던 모양입니다. 전투를 하려면 당연히 무기가 있어야 할 텐데, 사람들을 모으는 데 장비의 재산을 다 써버려서 막상 무기 살 돈이 없었거든요. 그런데 유비의 반응이 가관입니다.

"이는 하늘이 우리를 도우심이로다!"

유비는 뭘 믿고 이런 말을 한 걸까요? 당시 유명한 장사꾼이었던 장세평과 소쌍이 나라를 위해 싸우기로 했다는 유비의 말을 듣고 의용군에게 말 50필, 금은 500냥, 강철 1,000근을 제공하기로 했던 겁니다. 두 사람이 왜 이런 결정을 내렸는지 궁금하지 않나요? 해마다 북방에서 말을 팔던 둘은 황건적에 장삿길이 막혀 되돌아가던 길이었습니다. 기왕이면 나라를 위한 좋은 일에 쓰자고 생각한 거예요.

장세평, 소쌍은 "어차피 황건적에게 뺏길 거, 투자라고 생각하고 내 지분 집어넣겠다, 받아달라!"라고 한 거예요.

자, 그런데 여태까지의 이야기를 보면 말이죠, 의아한 점이 하나 있습니다. 벽에 붙은 방을 보고 한숨이나 쉬던 유비에게 말을 걸어 일을 추진한 사람은? 장비죠. 사람을 모으느라 재산을 다 쓴 사람은? 역시 장비입니다. 그런데 왜 유비가 맏형일까요? 혹시 나이로 눌러버린 걸까요?

앞서 유비는 돗자리 장수라고 했는데, 실은 엄청난 반전이 숨어 있습니다. 유비는 사실 한실의 종친, 즉 황실의 후손이었던 겁니다. 황건적을 무찌르고 한나라를 일으키겠다는 명분으로 의형

우리는 비록 성은 다르지만,
의를 맺어 형제가 되었습니다.
저희가 의리를 잊고
서로를 배반하거든
이 마음 굽어살피셔서
함께 죽여주소서!

제를 맺고 사람들을 모으는 데 있어서 한 황실의 후손이란 유비의 신분은 엄청난 무기였습니다.

갑자기 "소생은 본래 한실 종친이오~"라면서 자신이 황제의 핏줄이라고 슬쩍 말한 거죠. 진짜로 유비는 한나라 황제의 아들 중산정왕의 후예였습니다.

통설에 따르면 유비가 161년생, 관우는 그보다 한 살 정도 어리고 장비는 관우보다 예닐곱 살 정도 더 어렸다고 합니다. 관우가 유비보다 한 살 더 많다는 기록도 있지만 이 셋의 나이가 그리 중요하지는 않을 겁니다. 그보다는 천하를 위한다는 뜻을 모아 각자의 역량, 가문, 성격, 학식 등을 따져 역할을 분담하고 의형제를 맺었단 점에 주목할 필요가 있습니다.

또 나관중이 《삼국지연의》를 집필하기 시작한 원나라 말기는 한족이 몽골족에 중원을 빼앗기고 차별받을 때인데요. 무너진 한족의 자부심을 세우기 위해 한나라의 황족인 유비를 삼형제의 맏형으로 삼고 서술했을 가능성도 있습니다.

사이다 전개로 당시 사람들에게 은근히 뿌듯함을 안겨주려고 했던 거겠죠.

그래도 굳이 자기 재산을 써가면서 처음 만난 사람들과 의형제를 맺고, 대대손손 내려오던 재산을 탕진한 장비가 잘 이해되지 않는다면… 혹시 이 셋이 밤새 술을 마셨기 때문이 아닐까요? 술김에 마음의 경계를 허물고, 진심을 털어놓는 일이 종종 생기잖아요. 취중진담이란 말이 괜히 있는 게 아닙니다.

삼 형제가 합을 맞춰 거둔 첫 승리

무기도 갖췄고 의용군의 숫자도 500명으로 늘어나자 유비는 자신이 살던 곳의 태수를 만나러 갑니다. 태수는 지금의 도지사라고 생각하면 됩니다. 의용군으로 활동하기 전에 정식으로 허가를 받으러 간 거예요. 그런데 이게 무슨 일일까요? 태수가 유비를 만나자마자 크게 반가워한 겁니다. 당시 태수의 이름은 유언. 같은 유씨인 걸 보니 감이 오지 않나요? 유비가 태수 유언의 조카뻘이었던 겁니다.

당시에는 자기 가문의 족보를 줄줄 외우고 다니다가 누군가를 처음 만나면 자신의 출신 지역과 가문을 밝히며 인사했다고 합니다. 그렇게 해서 자기의 친족인지 아닌지도 확인했습니다. 유비와 유언도 이런 식으로 인사하다가 서로 황실의 후예인 것을 알았을 테지요. 유언은 유비의 의용군 활동을 흔쾌히 허락합니다. 유비를 맏형 시키길 잘했네요.

　세 사람의 첫 임무는 탁군으로 쳐들어온 황건적 대장 '정원지'의 군대를 막는 일이었습니다. 유비는 태수 유언의 명령에 따라 군사를 이끌고 황건적 토벌에 나서지요. 그런데 막상 대흥산 아래서 황건적을 본 유비는 깜짝 놀랍니다. 정원지의 병력이 무려 5만 명이나 되었거든요. 유비군이 500명이었으니 100 대 1의 싸움이었던 겁니다. 일단 후퇴하고 훗날을 도모하는 게 상책이었을 텐데, 무슨 자신감인지 유비는 앞으로 나서서 정원지에게 이렇게 외칩니다.

　"이 역적 놈아! 당장 항복하라!"

　유비가 정원지를 도발한 거예요. 그런데 이 정원지라는 사람, 굳이 가장 아끼던 부하인 등무를 내보냅니다. 그런 등무를 보고 유비군에서 야생마처럼 뛰쳐나온 사람은 바로 장비!

　장비는 그의 무기 '장팔사모丈八蛇矛'로 순식간에 등무의 가슴을 꿰뚫어 버립니다. 장팔이라는 건 길이가 1장 8척(약 4미터)이라는 뜻이고 사모에서 '사'는 '뱀 사'를 써서 뱀 모양의 창이라는 얘기예요. 장비의 공격에 등무가 목숨을 잃고, 이 광경을 지켜본 정원지는 유비군을 향해 직접 돌진합니다. 안타깝지만 이 이야기에서 그의 역할은 주인공들이 얼마나 대단한지를 알려주는 것이었습니다.

〈유현덕참구입공劉玄德斬寇立功〉

유비군이 황건적을 죽이고 공을 세우다

정원지의 눈앞에서 부하가 죽어버렸잖아요. 그러니까 눈이 뒤집혀서 달려나간 거예요. 그러자 장비 뒤에서 또 누가 불쑥 나타납니다. 유비는 아닐 테니 누구다? 관우죠. 그런데 관우도 역시 전용 무기가 있어요. 칼이 붙어 있는 창, 청룡언월도입니다. 엄청 무거워요.

  정원지는 약 18킬로그램에 육박하는 청룡언월도를 솜방망이처럼 휘두르는 관우에게 두 동강이 나 바닥에 나뒹굽니다.
  유비, 관우, 장비 입장에서는 서로의 믿음이 헛되지 않았다는 것, 말없이도 이루어지는 세 사람의 절묘한 합을 확인한 순간이었습니다. 삼 형제가 처음으로 힘을 합쳐 승리한 이 싸움을 '대흥산 전투'라고 기록하고 있습니다.

아니, 어차피 대장끼리 붙을 거면 병사는 왜 모을까요? 병사를 많이 모아봤자 무슨 소용이냐는 거예요.

  대흥산 전투 일화에서 볼 수 있듯 삼국지에서는 장수 간의 일대일 대결이 유독 많이 등장하는데요. 좀 과장된 부분도 있겠지만, 당시에는 장수끼리의 무력 대결이 그만큼 중요하게 여겨진 듯합니다. 현대처럼 고도로 발달한 무기가 없었던 고대 전투에서는 기세 싸움이 중요했는데, 대장이 죽으면 병사들의 공포가 치솟고 사기가 떨어져 전투에서 쉽게 패배했던 거지요. 그렇게 삼 형제는 황건적을 상대로 총 30여 차례의 전투에서 승리를 거두며 점점 이름을 알리기 시작합니다.

황제는 벌떼처럼 들끓던 황건적들이 어느 정도 진압되자 난을 제압하는 데 공을 세운 장수들에게 포상으로 관직을 하나씩 안겨줍니다. 하지만 어째서인지 유비, 관우, 장비에게는 아무런 연락이 오지 않았습니다. 세 차례도 아니고, 무려 30여 차례나 목숨을 걸고 전투를 치렀는데 어떠한 보상도 받지 못한 것입니다.

환란의 주범! 탐욕의 독버섯 십상시

왜 이런 일이 벌어졌는지를 이해하려면 당시 조정을 장악한 이들이 누구인지를 살펴봐야 합니다. 조정을 장악하고 있던 '이 사람들'에게는 삼 형제처럼 목숨을 걸고 나라를 위해 싸우는 백성 따윈 안중에도 없었거든요.

"이 나라의 백성들이 이 사람들의 고기를 씹으려 벼르는데, 폐하께서는 어찌 홀로 그들을 부모처럼 받드십니까! 이대로 가다가는 사직이 머지않아 쓰러질 것입니다."

살을 씹어먹는다는 표현보다 증오가 가득 담긴 말을 찾는 것, 아마 쉽지 않을 겁니다. 온 나라의 백성들이 증오하는 이 사람들은 누구일까요? 바로 '십상시十常侍'입니다. 그중 대표적인 인물이 십상시의 수장이자 황제가 아버지라고 부르며 따랐던 인물인 '장양'이고요.

환관은 황제의 비서라고 할 수 있는데요. 그중에서도 황제의 총애를 한 몸에 받는 열 명의 환관을 가리켜 열 명의 내시, 십상시라고 불렀어요. 나라가 어떻게 돌아가든 자기 재산을 불리고 권력을 유지하는 데에만 혈안이 되어 있던 이들이죠.

십상시 녀석들도 그들만의 도원결의를 맺었던 거죠. 그런데 이들은 마법사도 아니면서 틈만 나면 저지르는 매직이 있었습니다. 바로 매관매직! 관직은 급에 따라 공식 가격표가 있었어요. 대놓고 판 거죠. 심지어 그 관직을 유지하려면 요즘의 정기 구독 서비스처럼 주기적으로 돈을 바쳐 유료 결제를 해야 했으니 막장도 이런 막장이 없어요.

심지어는 수하 관리들을 수시로 지방으로 보내, 원격으로 뇌물을 받아오게 했습니다. 이 상황을 지켜보다 화가 난 충직한 신하가 황제에게 직언을 올립니다.

"나라의 존망이 위급하옵니다. 온 나라에서 도적 떼가 일어나니, 이는 모두 십상시가 벼슬을 팔고, 백성을 해롭게 하며 폐하를 속여서 충신을 쫓아냈기 때문입니다."

하지만 놀랍게도, 당시 후한의 황제였던 영제의 반응은 이랬습니다.

"나라가 위태롭다니! 그게 무슨 말이오? 태평세월인데."

당시 영제는 스물아홉 살, 즉위 16년 차였습니다. 바보가 아니고서야 나라의 상황을 모르지는 않았을 텐데, 자신을 키워주고 정치적으로 우군이 되어주었던 환관들에게서 정신적으로 독립하지 못했던 것으로 보입니다.

《삼국지연의》에서는 모든 잘못을 십상시의 농단으로 몰고 있지만, 정사를 보면 벼슬마다 가격을 매기고 직접 매관매직을 한 이는 바로 영제입니다. 심지어는 관직을 외상으로 팔고 부임하면 돈을 두 배로 내는 제도까지 만들죠. 이는 중국 역사에서 전무후무한 일입니다.

십상시들은 영제를 둘러싼 채 온갖 감언이설로 꼬드기고 자신들의 생각을 주입했을 거예요. 영제가 십상시의 우두머리인 장양을 아버지라 부를 정도로 십상시에게 의지하고 다른 충신들의 말을 모두 듣지 않은 것도 그 결과고요. 그래서 영제는 모든 실상을 알고도 모르쇠로 일관했던 겁니다.

진나라 때 어린 황제가 있었는데, 이 어린 황제의 옆에도 십상시 같은 환관 '조고'가 있었어요. 조고가 황제한테 사슴을 두고 말이라고 속이니까, 충신이 나서서 "아닌데요? 사슴인데요?"라고 진실을 말했죠. 그러자 환관은 이 충신을 죽여서 누구도 진실을 말하지 못하도록 본보기를 보입니다.

이렇듯 윗사람을 농락하며 입맛대로 권세를 휘두르는 폐단을 두고 '**지록위마**指鹿爲馬'라고 합니다. '사슴을 가리켜 말이라고 한다'는 뜻입니다. 후한의 황제, 영제에게도 과거 진나라 때와 데칼코마니인 상황이 벌어지고 있었던 겁니다.

기득권의 벽에 부딪힌 삼 형제

한편 묵묵히 황건적을 소탕하기 위해 행군을 하던 삼 형제는 죄인을 실은 수레와 마주칩니다. 수레 안을 가만히 살펴보던 유비는 죄인을 보자마자 말에서 내려 헐레벌떡 수레 앞으로 다가갑니다. 왜 그랬을까요? 그 안에 실린 이가 황건적과 싸우던 장군이자 유비의 어린 시절 스승인 노식이었던 겁니다. 유비는 노식 장군에게 대체 무슨 죄를 지었기에 잡혀가는 거냐고 묻습니다. 이에 노식 장군은 "감찰사에게 뇌물을 바치지 않았더니, 그가 앙심을 품고 황제에게 내가 황건적이 두려워 싸우지 않는다고 거짓을 아뢴 모양이다"라고 답합니다.

그 말을 옆에서 듣고 있던 장비, 그 불같은 성격에 가만히 있을

리가 없겠죠. 노발대발하던 장비가 칼을 번쩍 들어 호송하던 군사를 베려던 그때! 유비가 장비를 말립니다.

"조정에도 공론이 있을 텐데 네가 어찌 함부로 이러느냐!"

억울하게 끌려가는 스승을 보고도 조정의 뜻이라며 어떤 비판도, 항의도 하지 않는 유비. 관우와 장비는 어쩌면 유비를 보고 '아, 이거 큰형 잘못 고른 것 아닌가' 생각했을지도 모릅니다. 유비는 썩어빠진 조정의 실체를 모르고 있었을까요, 아니면 알면서 모른 척한 걸까요?

 어딜 가든 꼭 속 터지는 소리를 하는 사람들이 있죠? "절차와 법도가 있고~"라면서요. 그런데 또 유비는 한실 종친이기도 하잖아요.

유비의 속내를 정확히 알 수는 없지만, 아마 거기서 노식을 구했다면 유비군은 조정을 적으로 돌리게 되었을 겁니다. 장기적인 관점에서는 옳은 선택을 한 것이지요. 그래도 삼 형제는 이 사건을 통해서, 황건적을 소탕해도 폐단과 불공정이 여전히 존재하리라는 것을 확실히 알게 되지 않았을까요?

씁쓸해진 삼 형제는 노식 장군을 뒤로 한 채 행군을 계속 이어 나갑니다. 그러던 와중에 황건적에게 쫓기고 있는 한나라 군사들을 만나게 됩니다. 유비는 재빨리 휘하의 의용군을 이끌고 황건적을 공격해 위기에 처해 있던 관군을 구해냈습니다. 그런데 전투가 끝난 뒤, 생각지 못한 일이 벌어집니다. 유비군 덕분에 목숨을 구한 장수가 삼 형제의 벼슬을 묻더니 없다는 대답에 그들을 푸대접하기 시작한 거예요. 아마 벼슬도 없는 놈들한테 도움을 받아 목숨을 구한 게 자존심이 상한 모양입니다.

"우리가 목숨 걸고 싸워 구해줬건만 이렇게 무시하다니, 저놈을 죽이지 않고서는 내 분을 삭이지 못하겠소!"

장비는 또 난리를 부리지만 유비는 장비의 손을 붙들며 어찌 조정의 명관을 함부로 죽이려 하냐며 막아섭니다. 장비, 가만히 있었을까요? "두 분 형님이나 그렇게 하시우! 나는 혼자서 다른 데로 가버리겠수"라며 화를 냅니다. 도원결의가 결렬될 위기의 순간, 유비는 말합니다.

"생사를 같이하자고 하늘과 땅에 맹세했는데 그게 될 말이냐? 셋이 함께 다른 곳으로 떠나자."

그제야 장비도 화를 누그러뜨리고 유비를 따라 걷기 시작합니다.

길을 떠난 삼 형제는 황제가 있는 수도 낙양으로 향했고 우연히 조정의 고위 관료 '장균'을 만나게 됩니다. 마침 화도 쌓였겠다, 삼 형제는 장균에게 왜 자신들의 공적은 인정해 주지 않느냐고 이유를 묻죠. 장균은 어떤 반응을 보였을까요? 다행히도 이 장균이라는 자는 충신이었나 봅니다. 그 길로 황제에게 가서 이 사실을 알리거든요.

"함부로 벼슬을 팔고, 친한 자가 아니면 쓰지 않는 십상시 때문에 나라가 어지럽습니다. 십상시의 목을 베어 거십시오."

십상시는 호들갑을 떨며 말도 안 되는 일이라고 반박하고, 황제는 듣기 싫다며 장균을 궁궐 밖으로 쫓아냅니다. 그리고 얼마 지나지 않아 유비는 정주 중산부 안희현이라는 조그만 고을의 '현위'라는 벼슬을 수여받습니다. 현위는 요즘으로 치면 시골의 파출소장 정도 되는 자리지요.

그런데 참 의아합니다. 이번에는 왜 관직을 줬을까요? 십상시들은 괜히 별것도 아닌 일로 분란을 만드느니, 우는 아이에게 사탕 주고 달래듯 시시한 벼슬이라도 줘서 불만을 가라앉히기로 한 것으로 보입니다. 나중에 다시 처리하는 건 권력을 쥔 그들에게 손쉬운 일이었기 때문입니다.

삼국지의 출발은 고구마예요. 옛날 소설이라 빌드업이 좀 느리죠. 그래도 답답한 만큼 크게 시원해질 때가 오니 기다립시다.

뻔뻔한 뇌물 요구, 분노한 장비

유비가 넉 달째 안희현에서 현위로 일하던 어느 날, 고을에 누군가가 방문합니다. 바로 '독우'였어요. 독우는 고을을 순회하며 지방의 관리를 감독하는 관직 이름입니다. 왜인지 불길한 느낌이 들지 않나요? 유비는 그를 정중하게 맞이하고, 자신은 황실의 종친인데 의용군을 이끌고 30여 차례 전투에서 공을 세워 관직을 얻었다고 밝히지요. 그런데 그 말을 들은 독우는 다짜고짜 화를 냅니다.

"네가 황실의 친척이라 사칭하면서 또한 거짓 공적까지 말하는구나! 너 같은 탐관오리를 모두 정리하는 중이다."

갑자기 황족 사칭에 탐관오리라니요? 이 모든 상황을 지켜본 관청 현리가 유비에게 다가와 귀띔을 해줍니다.

"독우가 뇌물을 바라고 일부러 저러는 겁니다."

마치 이런 상황인 거죠. 독우가 도착해서 발렛주차를 맡겼다가 차로 돌아와서는 한껏 기대하며 트렁크를 열었는데 "어라? 비어 있네?" 한 거예요.

당시 조정의 십상시는 전투에서 공을 세워 지방관이 된 자들을 심사한 다음, 정리 해고하라는 명령을 내렸는데요. 유비도 해고 명단에 넣으려는 속셈이었지요. 매관매직을 일삼던 이들인데, 공짜로 관직을 갖게 된 사람들을 가만히 내버려둘 리 없지 않겠어요?

 이날이 바로 관직 구독 결제일이었던 거예요. 가스비를 연체하면 가스가 끊기잖아요? 마찬가지로 뇌물을 안 주면 관직 끊기는 상황인 겁니다.

　독우는 이 명단에서 빠지고 싶으면 뇌물을 바치라고 한 것이고요. 하지만 유비는 뇌물을 바치지 않았습니다. 설령 그러고 싶다한들, 백성들을 수탈하지 않은 유비에게는 돈이 없었으니까요.
　이튿날, 화가 난 독우는 관청의 현리를 가두고 유비가 백성을 괴롭혔다는 거짓 자백을 하라며 압박했습니다. 한편, 장비는 독우 때문에 울적한 기분을 달래려 술을 여러 잔 걸치고 관청 앞을 지나려고 했죠. 그때! 장비의 눈에 무엇인가가 들어옵니다. 관청 앞에 나이 지긋한 어르신들 60여 명이 모여 통곡을 하고 있었습니다. 왜 그러고 있었을까요? 노인들은 유비의 무고를 밝히러 왔다가 오히려 문지기에게 매를 맞고 쫓겨났다며 억울함을 호소했습니다. 마침 술도 마셨겠다, 눈에 뵈는 게 없어진 장비는 곧장 관청으로 들어갔습니다. 이후 무슨 일이 벌어졌을까요? 다음 삽화를 한번 봅시다.
　잔뜩 화가 난 장비가 누군가의 머리채를 움켜잡고 나뭇가지로 매질을 하는 모습이 보이나요? 주변에 이미 부서진 나뭇가지가 널려 있는 것으로 보아 한두 대를 때린 게 아닌 모양입니다. 부러지면 새 걸로 바꿔가며 계속 후려친 거죠. 기둥에 묶여 맞고 있는

⋮

〈안희장비편독우安喜張飛鞭督郵〉
안희현에서 장비가 독우를 매질하다

사람은? 당연히 독우입니다. 조정의 관리를 때리다니, 장비가 돌이킬 수 없는 일을 벌이고 만 것입니다.

뒤늦게 사태를 전해 듣고 와 수습하려는 유비에게 장비는 이렇게 말합니다.

"이놈은 백성의 적이오. 내가 이놈을 때려죽일 작정이우!"

다시 뭐라 말하려는 유비에게 이번에는 관우가 다가오더니 이렇게 말하지요.

"형님, 그렇게 공을 세웠는데 겨우 이런 관직을 얻고 욕까지 보셨습니다. 차라리 독우를 죽이고 벼슬을 버린 다음에 다시 계획을 세웁시다."

혹시 잊었을까 해서 덧붙이면 장비보다 참을성이 있을 뿐이지 관우도 무서운 사람이에요. 이미 누군가를 때려죽인 전적이 있지 않습니까? 장비는 분기탱천해서 앞이 보이지 않고, 관우 역시 독우를 죽이고 다음을 기약하자는 상황에서 유비는 어떤 반응을 보였을까요? 고민 끝에 유비는 독우에게 이렇게 말합니다.

"네가 백성을 못살게 구는 것을 보아서는 죽여 마땅하지만, 너의 구차한 목숨만은 살려주마! 나는 떠나겠다!"

"네가 잘못했는데, 죽일 가치도 없으니 살려두겠다!" 한 겁니다. 아무리 궁지에 몰렸어도 도의가 아닌 일은 하지 않겠다는 뜻을 밝힌 거예요.

물론 유비는 조정과 척을 지면 불리해진다는 생각도 했을 거예요. 겨우 네 달여의 짧은 관직 생활을 끝내고, 유비는 현위 도장을 독우 목에 걸어준 뒤 관우, 장비와 함께 길을 떠납니다.

이렇게 관직을 버리고 떠난 유비는 어찌 되었을까요? 당시 황건적의 난은 어느 정도 진압됐지만 이 무렵 구성의 난, 장거·장순의 난처럼 조정에 항거하는 난들이 여럿 일어났기에 유비는 '유우'라는 인물의 추천으로 장거와 장순 토벌에 나서게 됩니다. 이때 조정의 군대와 힘을 합쳐 어영 땅을 평화롭게 만든 공으로 독우를 매질한 죄를 사면받고 평원의 현령직을 받게 되죠. 독우 사건 이후에도 유비는 조정을 돕는 데 힘을 보탰습니다.

두 갈래로 파가 나뉜 십상시의 위기

한편 조정에서는 십상시의 목숨을 좌우하게 될 거대한 사건이 일어납니다. 영제가 병상에 눕게 된 것입니다. 이제 십상시에게 다음 권력에 줄을 서야 할 때가 온 거죠. 그런데 문제는, 이 줄이 하나가 아니라 둘이라는 겁니다. 영제에게는 아들이 두 명 있었거든요. 떠오르는 태양인 하황후가 낳은 첫째 아들 유변이 있었고 명실공히 황궁의 큰 어른이자 선황의 어머니인 동태후가 후견인 노릇을 하는 둘째 아들, 유협이 있었습니다. 유변과 유협은 이복형제였던 거지요.

 한쪽은 금줄이고 다른 한쪽은 썩은 줄이에요. 한 사람만 황제가 될 수 있으니까요. 뭘 골라야 할까요? 확률은 50 대 50! 고민하던 십상시는 어떤 줄을 잡았을까요?

고민을 거듭하던 십상시는 한쪽으로 모이지 못하고 두 갈래로 갈라집니다. 그리고 목숨을 건 서바이벌 눈치 게임이 벌어지지요. 먼저 동태후 편에서 서슬 퍼런 작당을 모의하기 시작합니다. 그리고 이 작당 모의에는 명확한 타깃이 있었으니, 바로 '하진'이라는 인물입니다.

하진의 자는 '수고'. 훌륭하고 고귀한 사람이라는 뜻입니다. 놀랍게도 하진은 장비처럼 백정 집안 출신이었습니다. 그런데 하진의 여동생이 바로 하황후였어요. 여동생이 황제의 눈에 들어 황후가 되면서 오빠인 하진도 직책을 받게 된 것이었어요. 하진이 부여받은 대장군이라는 직책은 전쟁과 관련된 권한을 쥔 최고의 무관직으로, 하진은 그렇게 외척으로 득세하고 있었습니다.

'건석'이라는 환관을 필두로 동태후과 십상시들은 하진을 죽이고자 작당 모의를 합니다.

"황자 유협을 태자로 세우려면 먼저 하진을 죽여야 합니다."

그런데 계획을 실행에 옮기기도 전에 영제가 후사를 정하지 못하고 세상을 떠나버려요. 하진은 서둘러 군사를 끌고 궁궐로 들어가 자신의 외조카 유변을 제13대 황제 '소제'로 즉위시키지요. 금줄은 바로 하황후였던 것입니다.

이때 하진은 동태후 측의 작당 모의를 눈치채고 있었습니다. 적당히 때를 보아 한번에 보내버리고자 복수의 칼을 갈고 있었지요. 죽느냐 사느냐의 궁지에 몰린 동태후파 십상시들! 살길을 찾던 그들은 하황후에게 찾아가 고개를 숙이고 이렇게 말했습니다.

"대장군을 해치려고 모의한 자는 건석 한 명일뿐 저희는 아무런 연관이 없습니다. 마마께서 부디 저희를 가엾게 여겨주시기 바랍니다."

건석을 희생양 삼아 자기들만 살아남고자 한 것인데, 어찌 된 일인지 이 말도 안 되는 헛소리에 하황후가 속아줍니다. 하황후는 하진 대장군을 불러 이렇게 말합니다.

"나와 오라버니는 보잘것없는 집안에서 태어났지요. 이렇게 부귀영화를 누린 것은, 장양과 같은 십상시 덕분 아닙니까?"

동태후파 십상시의 편을 들어준 거예요. 하황후가 이런 선택을 한 이유는 이미 황제의 대리인으로서 궁궐 내의 권력을 손에 쥐었기 때문인 것으로 보입니다. 황위 승계가 끝난 이상 굳이 동태후파 십상시를 처단하지 않아도 권력을 누리는 데 문제가 없다고 생각했던 것이지요. 너그럽게 품어주는 것이 권력 유지에 이득이라고 여겼을 테고요. 오빠인 하진은 하황후의 말을 듣고 건석을 제외한 동태후파 십상시를 벌하지 않기로 결정합니다.

그러던 어느 날, 하황후는 잔치를 벌여 동태후를 초대합니다. 잔치가 한창이던 와중에, 하황후는 동태후에게 다가가 "부녀자가 정사에 관여하는 것은 옳지 않다"고 말해요. 동태후는 모든 권력이 하황후 쪽으로 넘어가고 유협 황자가 살해당할 것을 우려해 그를 낙양에서 150리 떨어진 진류 지역의 왕으로 세웠는데요. 하황후가 이 일을 두고 까불지 말라며 동태후에게 한마디 한 것입니다. 동태후로서는 권력을 빼앗긴 것도 모자라 하황후에게 모욕까지 당하자 참을 수 없었나 봅니다. "너희 백정 집안의 천한 것들이 무얼 안단 말이냐!"라며 반격을 가하고, 잔치는 두 여인의 싸움터가 되고 맙니다.

이튿날 아침, 잔치에서 있었던 일을 하황후에게서 들은 하진은 신하들을 불러 동태후를 내쫓으라는 주청을 올리게 했어요. 궁궐을 나가 역관에 머물던 동태후는 결국 독살당하고 맙니다. 동태후는 이렇게 죽음을 맞았지만 금은보화를 바치면서 아침저녁으로 하황후에게 싹싹 빌던 십상시들은 전처럼 매관매직을 일삼으며 권력의 그림자로 연명할 수 있게 됩니다.

피로 물든 궁궐! 십상시의 난

이 무렵, 조정에선 세상을 바꿔보겠다는 새로운 인물이 등장합니다. 그 이름은 바로 '원소袁紹'. 과연 원소는 썩어빠진 황실을 바꿀 수 있을까요?

> 삼국지 인물 원소에 대해 알려줘.

 침GPT

- 이름: 원소
- 자: 본초本初
- 출생지: 예주 여남군
- 가문: 명문 귀족 가문

#사세삼공 #기세등등

원소는 명문가 중의 명문가의 자손인데요. 원소의 연관 검색어가 바로 '사세삼공'입니다. 4대에 걸쳐 대대로 후한 최고의 관직 태위(군사 담당), 사도(행정·재정 담당), 사공(감사 담당)에 올랐다는 뜻이지요.

지금으로 치면 국무총리급 관직이에요. 그러니까 원소는 대대로 국무총리를 배출한 집안의 후손이었던 거죠. 원소는 삼국지 좀 아는 분이면 네임드라고 알고 계실 겁니다.

원소는 십상시를 죽이고 싶으나 하황후의 명령 때문에 꼼짝도 못 하던 하진에게 계책을 줍니다.

"사방의 영웅, 제후들을 불러 낙양으로 불러 모아 환관의 무리를 쳐 죽이라고 하십시오."

십상시를 먼저 치는 이 전략에 하진이 고개를 끄덕이고 있던 그때, 문서를 담당하는 '주부' 직책의 진림이라는 자가 절대 안 된다며 반대합니다.

"그들이 한곳에 모이면 각자 다른 마음을 품게 될 것이니 이는 칼을 거꾸로 잡아 다른 이에게 칼자루를 쥐어주는 격입니다."

궁궐 안에 제후들의 군대가 들어올 텐데, 이 군대가 환관 무리를 죽인 뒤 순순히 돌아가면 괜찮지만 안 돌아가면? 대책이 없죠.

제후들이 '다 쓸어버리고 내가 권력을 쥐어봐?' 생각할 수도 있잖아요. 벼룩 잡겠다고 초가삼간을 태울 수 없는 일 아니겠어요? 그런데 진림의 의견에 하진은 겁쟁이의 말이라며 껄껄 웃고는 지방 제후들에게 편지를 보냅니다. 이 일이 어떤 결과를 불러

올지도 모른 채 말이죠.

　제후들이 응답해 오기만을 기다리고 있었을 하진. 그런데 편지를 보내고 얼마 되지 않아 그는 궁궐 안에서 끔찍한 죽음을 맞이하고 맙니다. 매복해 있던 도부수, 칼과 도끼를 다루는 병사들의 습격을 당한 것인데요. 하진의 사체는 마치 다진 고깃덩어리처럼 형태를 알아보기 힘들 정도였다고 합니다. 그렇다면 이 일을 벌인 자들은 누구였을까요?

　두말할 것도 없이 십상시입니다. 십상시가 어떻게 하진을 죽일 수 있었을까요? 사실, 십상시는 하진이 제후들을 불러들이려 한다는 첩보를 먼저 입수하고 하황후를 찾아갔습니다. 그리고 하진을 궁으로 불러 자기들을 죽이겠다는 계획을 거둘 수 있게 중재해 달라 애걸복걸했지요. 그들의 말을 들은 하황후는 엄명이라며 하진에게 꼭 혼자서만 입궁하라고 합니다. 그런데 생각해 보면 하황후가 오빠를 위험에 빠뜨릴지도 모르는 명령을 굳이 내렸을까 싶은데요. 십상시가 공문서를 위조했다는 기록도 있습니다.

　궐 밖의 사람은 이런 일을 알 리가 없겠죠. 위풍당당하게 궁궐 안으로 들어선 하진. 바로 그때! 반대편에서 십상시가 나와 그를 좌우로 둘러싸고, 장양이 하진을 향해 독사처럼 한마디를 내뱉습니다.

　"푸줏간에서 돼지나 잡던 미천한 네 놈에게 온갖 부귀영화를 췄건만! 은혜를 갚기는커녕 우리를 죽이려 하다니. 우리가 더러운 놈이냐, 네가 더러운 놈이냐!"

그런 말도 있잖아요. "길바닥 출신인 놈 데려다 키웠더니 감히 배신을 해?" 딱 지금 주장이 그래요.

한편, 궁궐 담벼락 밑에서 하진을 기다리던 원소는 "장군, 제가 마중을 왔습니다"라고 궐 안쪽으로 외칩니다. 그러자 담장 너머로 무언가가 휙 넘어오더니, 장양의 목소리가 들리는데요.

"하진이 역모를 꾸며 베어 죽였으니, 나머지 놈들은 내가 용서하여 죄를 사하노라!"

장양의 비웃음을 배경으로 원소의 발밑에서 데구르르 구르는 그것은… 하진의 머리였습니다!

하진이 십상시의 함정에 목숨을 잃었다는 사실을 안 원소는 피가 거꾸로 솟는 듯한 분노를 느낍니다. 곧 궁궐은 붉은 화염과 피가 흐르는 살육의 현장으로 바뀌어 버려요. 낙양의 장수들이 성으로 뛰어 들어가, 수염이 없는 자면 보이는 대로 베어버리기 시작한 것입니다. 기록에 따르면 그날 죽임을 당한 자만 2,000여 명! 십상시가 대장군 하진을 살해하며 일어난 일련의 사건을 '십상시의 난'이라고 부릅니다. 환관들의 떼죽음으로 십상시의 난은 그렇게 마무리됩니다.

 결국 공멸인 거네요. 하진과 십상시가 서로 견제하다가 힘 조절에 실패해서 일어난 일이니까요.

    원소는 십상시를 박살 내겠다는 목표를 이뤘지만 곧 문제가 생깁니다. 황제와 그의 동생 진류왕까지 사라진 것입니다. 가까스로 살아남은 장양이 두 사람을 납치해 달아난 거였지요. 급히 말을 몰아 황제를 찾아 나선 원소는 다행스럽게도 황제와 진류왕을 구해낸 충신들을 만날 수 있었습니다. 황제와 함께 낙양성으로 오며 원소는 무슨 생각을 했을까요? 국정 농단을 일삼던 환관을 쓸어버렸으니, 이젠 나라를 바로 세울 수 있겠다는 희망에 가슴이 벅차오르지 않았을까요?

    하지만 그런 꿈도 무색하게, 원소는 멀리서 달려오는 철갑 기마병들과 장병들을 마주치게 됩니다. 그들은 하진의 편지를 받고 온 지방 제후의 군대였습니다. 그런데 이 제후는 말에서 내리지 않고 오만하게도 황제를 내려다 보았지요. 이 사람은 과연 누구일까요?

    이 사람의 별명은 서량의 늑대! 먹이를 노리는 늑대처럼 번들거리는 눈빛으로 원소와 황제를 바라보는 그가 원하는 것은 무엇일지 궁금하지 않나요? 미리 이야기하자면 이 사람은 삼국지 빌런 중의 빌런으로 아주 중요한 인물이에요. 다음 장에서 확인해 보자고요.

어떤가요? 도탄에 빠진 백성을 모르는 체했던 황실, 백성의 믿음을 등지고 새로운 권력자가 되려 했던 황건적, 오로지 개인의 이익만 좇던 십상시, 그런 십상시를 죽이려 하지만 결국 목적은 권력이었던 하진…. 이들은 자기의 이익을 위해 서로를 속이고 배반하다가 결국은 자멸해 갑니다. 그래서 이런 난세 속에서는 누구를 믿어야 하고 누구를 의심해야 하는지 판단하기 어려운 법입니다. 우리는 그 어려움 속에 선 인물들의 첫걸음을 함께 지켜본 셈이지요. 이 혼란 속에서 도원결의를 맺은 유비, 관우, 장비는 어떤 선택을 하게 될까요? 앞으로 펼쳐질 이야기 속에서 확인해 봅시다.

1장 주요 인물 관계도

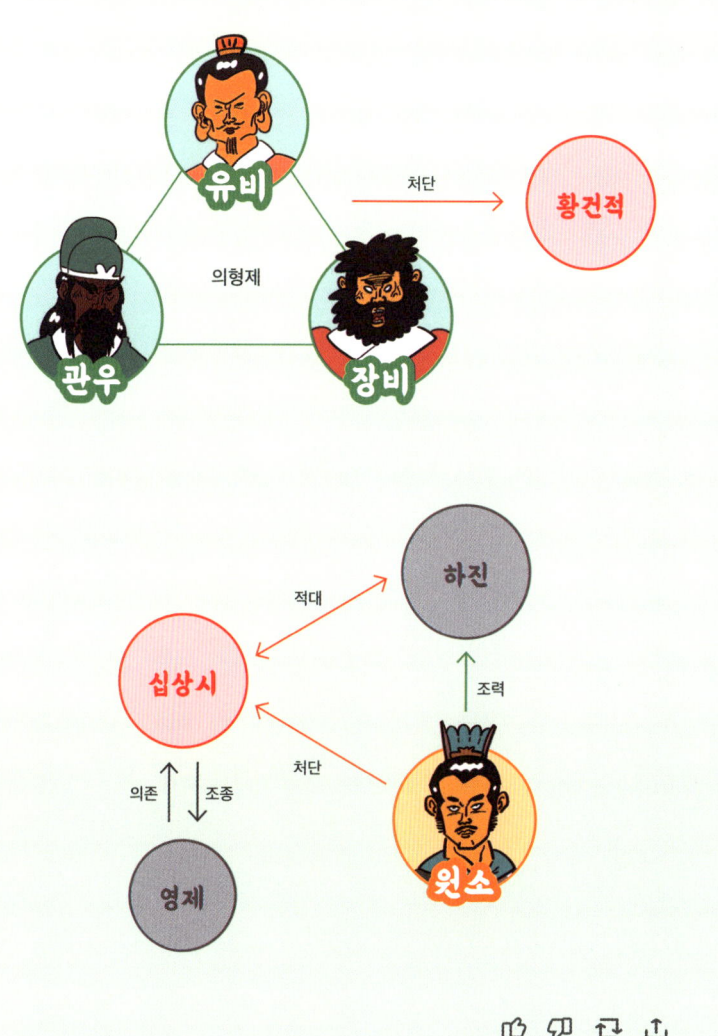

적은
가장 가까운 곳에 있다

― 동탁의 폭정과 반동탁 연합군의 결성 ―

앞서 살펴봤듯이 삼국지의 첫 장을 펼쳤을 때 가장 먼저 마주하는 것은 거대한 전쟁도 영웅들의 무용담도 아닙니다. 뒤통수가 얼얼해질 정도로 배신과 불신이 가득한 혼란한 세상의 민낯이지요. 나라의 주인인 황제조차 한발 물러서서 위기를 키웠고 눈앞의 이익에만 몰두하는 십상시의 횡포가 극에 달했어요. 또 이런 어지러운 상황을 틈타 권력을 잡아보려는 자들이 힘겨루기를 하면서 혼란은 더욱 커져만 갔습니다.

이번 장에서는 과연 어떤 이야기가 펼쳐질까요? 이번에도 삽화를 통해 유추해 봅시다. 다음 장의 삽화를 보시죠. 일단 가운데에 거의 키만 한 칼을 들고 있는 사람이 보이고, 그 왼쪽으로 병

〈폐한군동탁농권廢漢君董卓弄權〉
한 황제를 폐하고 동탁이 권력을 농락하다

사에게 끌려나가면서 울고 있는 사내가 보입니다. 뒤에 있는 사람은 신분이 높은 것 같은데, 그 모습을 보고 웃고 있네요. 끌려나가는 이가 악당이라면 다행이지만 그 반대일 수도 있겠죠. 이 그림만 봐서는 무슨 상황인지 파악하기가 쉽지 않습니다. 대체 어떤 장면을 묘사한 걸까요? 그리고 저 사람들은 누구일까요? 힌트를 한 가지 드리자면, 이 인물들은 바로 1장의 마지막 장면에 등장한 수상한 남자와 관련이 있다는 거예요. 먹잇감을 노리는 늑대의 모습으로 황제 일행을 막아섰던 사람 말입니다. 이번 장은 이 남자의 수상한 행동에서부터 시작됩니다.

낙양을 점령한 서량의 늑대, 동탁

매관매직을 일삼던 십상시들이 죽임을 당한 십상시의 난 이후, 기사회생으로 목숨을 구한 황제와 원소는 다시 수도 낙양으로 돌아오고 있었죠. 그런데 낙양에 도착할 무렵, 수천의 군사를 대동한 한 남자가 황제 일행을 막아섭니다. 황제가 앞에 있는데도 말에서 내리지 않은 채 말이지요. 다들 어안이 벙벙해서 멍하니 있을 때, 황제 소제의 동생이자 겨우 아홉 살에 불과한 진류왕이 그 남자를 향해 이렇게 물었습니다.

"그대는 어가를 호위하러 왔는가, 핍박하러 왔는가?"

그러자 그 남자는 자신은 특별히 호위하러 왔다며 그제야 말에서 내려 허리를 숙였습니다. 그런데 이 남자, 궐에 다다르자마자 이상한 행동을 보입니다. 그가 지휘하던 부대원들이 완전무장한 채로 말을 타고 마을을 이리저리 돌아다니기 시작한 거예요.

등장부터 악당의 기운을 풀풀 풍기는 이 남자, 이자의 이름은 바로 '동탁董卓'입니다. 삼국지 초반부 최대의 빌런! 동탁은 병주 '자사'였는데요. 자사는 당시 지방에서 일하는 관리들을 감시, 감독하던 관리라고 생각하면 됩니다.

> 낙양을 장악한 동탁에 대해 알려줘.

 침GPT

- 이름: 동탁
- 자: 중영 仲穎
- 출생지: 농서군 임조현
- 출신: 변방의 무장
- 직업: 병주 자사

#서량의 늑대 #프로 패배러 #탐욕왕

동탁은 젊은 시절부터 힘이 장사였다고 합니다. 특히 특출난 신체 부위가 있었는데요. 바로 허벅지였습니다.

 허벅지가 강력하면 뭐가 좋냐고 하니, 말을 다리 사이에 딱 끼워서 뒤돌아 활을 쏠 수 있어 좋습니다. 실제로 동탁은 말을 타고 달리면서 뒤돌아 활을 쏘는 '파르티안 샷'에 능했어요.

    그런데 그 힘과는 별개로 지휘관으로서의 능력은 영 꽝이었나 봅니다. 유비, 관우, 장비가 제대로 된 정규군도 아니고 동네 청년들 좀 모아서 황건적을 쳐부수고 다닐 때, 동탁은 연전연패하며 위기에 처했거든요. 그런데도 해고당하지 않고 20만 대군까지 통솔하게 되었지요. 이런 일이 어떻게 가능했을까요? 동탁이 당시 효과가 있던 '매직'의 힘을 일찍 깨우쳤기 때문입니다. 동탁은 십상시들에게 뇌물을 바치는 뇌물매직을 부려서 자사의 자리에 올라 있었습니다.

    동탁은 나쁜 일을 벌이는 쪽으로는 머리가 상당히 잘 돌아갔던 것 같습니다. 잔꾀의 달인 아니면 꼼수의 달인이라고 해야 할까요? 우선 모두가 황제의 행방을 모를 때 가장 먼저 황제가 어디 있을지를 예측한 뒤 미리 가서 기다리다가 황제를 호위하겠다고 나선 것만 봐도 알 수 있죠. 자연스럽게 자신의 군대를 끌고 낙양에 들어갈 명분을 만든 것입니다. 그런 뒤 낙양에 도달하자 말을 타고 완전무장을 한 다음 거리 이곳저곳을 왔다 갔다 하며 무력시위를 벌인 거예요.

타이밍이 좋았어요. 십상시와 권문세족이 싸운 뒤니까 궐 안에 힘의 공백이 생겼을 거 아니에요? 군사 지휘권도 통일이 안 되어 있어서 어부지리로 활개를 칠 수 있었던 거죠. 동탁은 그런 상황을 정확히 파악하고, 밖에서 황제를 데려왔다는 명분도 앞세워서 눌러앉은 겁니다. 낙양의 혼란을 수습하려면 군대가 필요하다는 이유도 들면서요.

지방의 일개 관리에 불과했던 동탁이 한 나라의 수도를 점령한 셈입니다. 또 동탁은 자기 군세를 부풀리는 속임수도 씁니다.

"동탁이 처음 낙양에 들어왔을 때 보병과 기병을 합해도 3,000명이 넘지 않았다."

《후한서》, 〈동탁열전〉

동탁이 낙양에 입성할 때 끌고 온 군대의 수는 3,000명 정도였다고 해요. 낙양 전체를 통제하기에는 턱없이 적은 인원이지요. 그래서 동탁은 한밤중에 병사 일부를 성 밖으로 내보낸 뒤 아침에 다시 들어오게 했습니다. 성 밖에서 자기 군사들이 계속 충원되고 있는 척 연출한 거지요. 공작새가 꼬리 날개를 펴서 자신의 덩치를 커 보이게 하듯 허장성세를 부린 겁니다. 평상시라면 이런 속임수가 통하지 않았겠지만, 당시가 워낙 혼란스러웠던 때라 동탁의 잔꾀가 통할 수 있었던 것 같습니다.

이런 동탁의 등장에 조정은 또다시 어수선해지기 시작합니다. 어디 촌구석에서 굴러먹던 이가 갑자기 나타나 권력을 잡아버렸으니까요. 아니나 다를까, 조정에서는 동탁을 정리하자는 움직임이 일기 시작합니다. 신하들은 당시 힘이 강력했던 사예교위 원소에게 가서 은밀히 제안했습니다.

"동탁이 딴마음을 품고 있는 것 같으니 속히 없애는 것이 좋겠습니다."

원소는 어떤 반응을 보였을까요? 그는 신하들의 제안을 뒤로 물리며 이렇게 말했습니다.

"조정이 새로이 바로잡혔는데 함부로 움직여서는 안 되오."

그동안 황실이 너무 혼란스러웠으니 그냥 지켜보자고 한 것입니다.

대체 왜 원소는 누가 봐도 문제 행동을 일삼는 동탁을 내버려두자고 한 걸까요? 동탁이 더 큰 권력을 잡기 전에 싹을 잘라버리면 자기에게도 도움이 될 텐데요. 추정을 해보자면, 원소는 자기가 또 나서서 일을 벌이는 상황이 부담스러웠던 듯합니다. '십상시의 난'을 주도하며 환관을 몰살했던 사람이 누구였죠? 바로 원소입니다. 십상시를 제거할 방법을 고민하는 하진에게 전국의 제후들을 불러모으자는 의견을 낸 사람도 역시 원소입니다. 그 결과 동탁이 낙양으로 들어온 것인데, 이제 와서 동탁을 죽이면 결국 자신의 전략이 잘못되었음을 인정하는 것이나 마찬가지니 주저할 수밖에요.

아이러니한 점은, 원소 자신은 하진에게 십상시를 처단하라고 강력하게 권했으면서 정작 다른 신하들이 동탁을 저단하자고 권하자 미적지근한 반응을 보였다는 것입니다. 하진이 십상시를 단번에 처리하지 않은 결과, 그들에 의해 목숨을 잃게 된 것 기억하지요? 나중에 얘기하겠지만, 원소도 이때 동탁을 제거하지 않아 결국 추한 꼴을 당하게 됩니다.

 옆에서 말만 할 때는 쉬워도 막상 본인이 결정권자가 되면 쉽사리 칼을 빼 들기가 쉽지 않은 것 아니겠어요?

또 원소는 동탁 정도야 언제든 쉽게 제거할 수 있다고 여겼던 것 같기도 합니다. 원소는 많은 군사를 거느리고 있었고 집안도 좋았던 반면, 동탁은 지방관 출신에다가 황건적 토벌에도 별 공을 세우지 못한, 어찌 보면 변변치 않은 인물이었거든요.

한편 동탁은 원소가 그러거나 말거나 열심히 할 일을 하며 대장군 하진의 수하에 있던 중앙군을 자기 밑으로 포섭하는 데 성공합니다. 정말 낙양을 좌지우지할 군사력을 갖게 된 거죠. 어떻게 이 군사들의 마음을 얻었는지 추정할 수 있는 기록을 살펴봅시다.

"군사마가 되어 공을 세우니 고운 비단 9,000필을 하사받았는데 동탁은 이 모두를 관원과 병사들에게 나눠주었다."

《삼국지》, 〈동탁전〉

요즘으로 따지면 상사가 자기 앞으로 나온 성과금을 모두 자기 밑에 있는 직원들에게 나눠줬다는 얘기인데요. 큰 야망을 위해 작은 욕심을 통제한 것이죠. 이 구절은 하진의 군사들을 포섭하는 것과는 무관한 장면에서 등장합니다만, 아마 하진의 군사들에게도 물질 공세를 취한 것은 아닐까 하고 짐작할 수 있습니다.

사실 이런 행실은 칭찬받을 만한 일 아닌가요? 소설에서 악인으로 등장하니까 '동탁이? 의외인데?' 생각하는 사람이 많죠.

황제를 바꿀 계략을 세우다

어느 날, 동탁은 잔치에 문무백관을 불러놓고는 갑자기 폭탄 발언을 합니다. 황제를 폐하고 진류왕을 세우고자 하는데, 어떻게 생각하느냐고 물은 것이지요. 한마디로 조정의 대신들을 모아놓고 "내가 지금 황제를 갈아 치울까 하는데, 너희도 함께할 거야, 말 거야?" 물으면서 협박한 겁니다. 이는 동탁이 자신의 사위이자 책사인 '이유'의 조언을 따라 의도적으로 꺼낸 말이었습니다. 이유가 동탁에게 이렇게 말했거든요.

"조정에 주인이 없으니 당장 서두르셔야 합니다. 반대하는 자가 있다면 무조건 목을 치십시오. 위엄을 세우실 때는 바로 지금입니다."

이탈리아 피렌체 출신의 정치 사상가 니콜로 마키아벨리가 쓴 《군주론》에는 이런 구절이 등장합니다.

"인간은 사랑을 베푸는 자를 해칠 때보다 두려움을 불러일으키는 자를 해칠 때 더 주저한다."

이유의 주장도 공포로 상대를 압박하라는 제안이었습니다.

보통 이럴 때는 "애매하게 하지 말라"고 하죠. 살릴 거면 살리고, 죽일 거면 확실히 죽이라는 거예요.

동탁의 말에 모두가 숨을 죽이며 눈치만 보고 있는데, "네가 감히 역적질하려는 게냐? 지금 적자를 폐하고, 황제 자리를 찬탈하려 하는 것이냐!" 호통을 치며 술상을 박차고 일어나는 이가 있었으니, 바로 형주 자사 '정원'이라는 사람이었습니다.

정원이 누구냐고요? 동탁처럼 하진의 편지를 받고 십상시를 처단하기 위해 지방에서 낙양으로 올라와 있던 사람이에요.

동탁은 이유의 말대로 곧장 칼을 빼어 들어 정원을 베려고 했지만, 대신들의 만류로 칼을 휘두르는 데 실패하고 맙니다. 정원은 곧 집으로 돌아가 버리죠. 그리고 동탁은 연이어 또 다른 신하의 직언을 마주하게 되는데, 이번에 말을 꺼낸 주인공은 유비의 스승이기도 한 인망 높은 인물, 노식이었습니다.

"황제께서는 비록 나이가 어리시기는 하나 총명하십니다. 그런데 나라 정사에 참여한 적도 없고, 재주 있는 인물도 못 되면서 어찌 폐위를 논한단 말이오?"

동탁은 이 말에도 노발대발하지만 역시 주변 신하들의 만류로 노식을 죽이지는 못합니다. 수많은 제후와 대신들이 자기 뜻에 반박하면 어쩔 도리가 없다는 사실만 확인했지요.

그런데 여기서 한 가지 의문이 생깁니다. 동탁은 왜 자기가 모셔온 황제를 버리고 새 황제를 앉히려 할까 싶잖아요. 사실 동탁은 진류왕과 만난 적이 있어요. 동탁에게 아홉 살밖에 안 된 진류왕이 "그대는 어가를 호위하러 왔는가, 핍박하러 왔는가?" 당차게 말한 순간 기억나죠? 그때 진류왕의 인상이 동탁의 뇌리에 깊게 박힌 거예요.

소설에서는 동탁이 진류왕을 황위로 세우려는 이유를 이렇게 기록합니다.

"진류왕은 부드러운 어조로 동탁을 칭찬하며 격려하는데, 처음부터 끝까지 한마디의 실언도 없었다. 동탁은 마음속으로 은근히 탄복하며, 황제를 폐하고 진류왕을 옹립할 뜻을 품었다."

그러니까 이 아이가 너무 똑똑한 것에 동탁이 놀라 '아, 얘를 황제로 만들어야지' 생각했다는 것입니다. 그런데 사실, 이 이유도 조금 이상하죠. 황제가 멍청해야 권력을 휘두르기가 쉬울 텐데, 더 똑똑한 진류왕을 황제로 삼으려고 하는 거니까요. 좀 더 그럴듯한 답을 찾아볼까요? 영제의 죽음 이후 하황후와 동태후가 잔치 중에 대판 싸움을 벌였던 일 기억나지요? 동태후가 돌보던 유협을 진류 지역의 왕으로 세웠기 때문이었는데요. 이때의 유협이 바로 진류왕입니다.

동탁은 동태후와 자신이 같은 성씨, 즉 '동'씨라는 점에 주목합니다. 따져보니까 자기가 유협의 친척이었던 것이죠. 동탁은 진류왕이 더 똑똑하고 능력 있다는 명분을 내세워 자기 손으로 새로운 황제를 옹립하고, 외척이자 후견인으로서 권력을 행사하고자 했던 겁니다. 동탁은 서량을 떠나 낙양으로 향할 때부터 이런 계획을 품고 있었던 것으로 보입니다. 십상시를 제거해 자기 이름을 알리든 수도를 점령하든 둘 중 하나는 할 수 있으리라고 생각한 것이지요. 유협의 후견인이 자기와 같은 가문인 동태후라는 점도 이미 염두에 뒀을 것입니다.

무력 최강자 여포를 향한 회유

그러나 신하들을 협박해 황제를 바꾸려는 술수는 실패로 돌아가고, 동탁은 자신의 계획을 이뤄줄 인물을 수하로 끌어들이려 합니다. 바로 당대 최고의 무장, '여포呂布'입니다.

> 동탁이 끌어들이려는 인물은 누구일까?

 침GPT

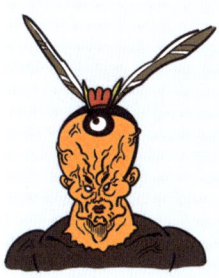

- 이름: 여포
- 자: 봉선奉先
- 출생지: 병주 오원군 구원현
- 가족: 양아버지 정원
- 직업: 중랑장(황제 호위 및 수도 방위 담당)

#삼국지 무력 최강자 #방천화극
#패셔니스타

여포는 화려한 옷차림으로도 유명합니다. 소설에서 보면 묶은 머리에 금을 비단처럼 얇게 펴서 만든 관을 쓰고, 온갖 꽃을 수놓은 전포를 입고, 허리에는 사자 모양이 새겨진 보석을 박은 띠를 두른 채 동탁 앞에 등장하거든요.

여포는 관우와 장비처럼 자기를 상징하는 전용 아이템 '방천화극'도 갖고 있었습니다. 하지만 이 또한 나관중의 창작 아이템이라고 합니다. 실제로 방천화극은 10세기 이후 중국 송나라 때에 개발된 무기라고 해요. 그마저도 살상용으로는 실용성이 떨어져서 주로 제사 의식용으로 많이 쓰였다고 하고요. 여포의 옷차림이 화려했다는 기록 역시 정사에는 없습니다. 이 또한 나관중이 덧붙인 설정인 듯합니다.

방천화극은 다목적 창이에요. 창 양쪽에 초승달 모양의 칼날이 붙어 있는데, 적을 찍어서 끌 수도, 벨 수도 있는 무기입니다. 실제로는 송나라 때 개발됐다고 하니까 사실상 미래 병기를 쥐어준 셈이네요.

여포가 대단한 무력을 가졌던 것은 사실이었던 듯합니다. 진수가 쓴 《삼국지》의 〈여포열전〉에는 여포가 궁술과 말타기뿐 아니라 근육의 힘을 의미하는 '여력'이 뛰어나서 '비장군'으로 불렸다는 기록이 있습니다. 비장은 '날 비' 자에 '장수 장' 자를 합한 단어인데요. 행동이 빠르고 용맹해 전장을 날아다니는 장수를 뜻하는 말입니다.

이렇게 보면 별것 아닌 듯 보이지만 한나라 400년 역사를 통틀어 이 칭호로 불린 이는 단 두 명뿐이라고 해요. 그중 한 명이

한 무제 때 서역을 평정한 명장 '이광'이고, 나머지 한 명이 바로 여포입니다.

 '여포' 하면 힘캐의 상징인데요. 요즘에는 집에서만 기세등등한 '방구석 여포', 키보드 앞에서만 힘 있는 척 당당한 '온라인 여포'라는 말도 쓰이죠.

사실 여포는 앞서 동탁에게 반기를 든 정원의 양아들이기도 했습니다. 어떻게 여포를 구슬릴까 고민하던 동탁은 곧 꾀를 내어 여포 스카우트 프로젝트에 돌입합니다. 당시 동탁의 휘하에는 호분중랑장 '이숙'이라는 인물이 있었습니다. 이숙은 여포와 동향 출신이라 친분이 좀 있는 사이였죠. 이숙은 동탁의 명을 받들어 어마어마한 선물을 하나 가지고 여포를 찾아갑니다. 이 선물의 정체는 화룡火龍! 이 화룡은 과연 무엇일까요? 게임이나 소설로 여포를 접했다면 알 거예요. 붉은 털의 명마, 바로 '적토마'입니다. 이숙은 여포에게 적토마를 건네며 이렇게 말했습니다.

"자네처럼 호랑이 같은 위용이 있는 자가 이 말을 가지는 게 좋겠네."

요즘으로 치면 "내가 보니까 이 차를 타려면 너 정도는 돼야 하는 거 같아"라면서 엄청난 성능의 스포츠카를 준 거죠. 칭찬도 듣고 갑자기 명마도 생긴 여포는 기분이 굉장히 좋았겠죠?

 요즘에도 "소개할게, 내 적토마야~" 이렇게 말하잖아요? 소설에서는 이 적토마가 하루에 천 리(약 400킬로미터)를 간다고 쓰여 있어요. 엄청나게 멀리, 빨리 가는 말이라는 거죠.

이때, 이숙은 여포에게 한마디를 더 던집니다. "경천가해지재 擎天駕海之才." 해석하면 이런 뜻입니다. '아우님은 하늘을 떠받치고, 바다를 거침없이 떠다니는 재주를 지녔네.' 즉, 너는 엄청난 재주가 있는 사람이라며 여포를 띄운 거예요.

그런데 이 말을 들은 여포가 이런 때가 오기를 기다렸다는 듯 냉큼 한숨을 푹 쉬며 "아직 주인을 제대로 못 만나 한스럽습니다"라고 해요. 자기는 부득이한 사정이 있어 양아버지 정원에게 의탁하고 있을 뿐, 아직 제대로 된 주인을 만나지 못했다는 거지요. 이어, 형님이 보기에 조정에서 영웅이라 할 자는 누구냐는 여포의 질문에 이미 그의 속내를 읽은 이숙은 황금 1,000냥과 금은보화를 꺼내놓으며 쐐기를 박습니다.

"내 여러 사람을 두루 보아왔지만 정말로 동탁만 한 이가 없다네. 동탁은 어진 이를 공경하고, 선비를 대접할 줄 알며 상과 벌이 분명하니! 마침내는 대업을 이루고야 말 것이네."

이렇게 달콤한 소리와 조건으로 남을 꾀는 말을 '**감언이설**甘言利說'이라고 합니다. 이때 여포는 적토마에다가 보너스로 금은보화까지 주는 걸 보고 '동탁이 정말 나를 원하는구나' 생각했겠지요.

손잡은 동탁과 여포, 끝없는 폭정

다음 날, 여포는 동탁을 찾아가서 이렇게 말했습니다.

"주공께서 이 몸을 버리시지만 않는다면 삼가 의부義父로 모시겠습니다."

그러고는 둥그런 무언가를 내려놓았지요. 그 물건의 정체는 무엇이었을까요? 끔찍하게도 그것은 조금 전까지도 섬기고 있던 양아버지 정원의 머리였습니다. 양아들이라 믿었을 텐데, 가장 가까운 사람이 적으로 돌변한 순간입니다.

사실, 여포에게는 동탁이 좋은 사람인지 아닌지는 별로 중요하지 않았던 것 같습니다. 중국 최고의 전략가로 불리는 손자가 쓴 《손자병법》에 '능인적변화이취승能因敵變化而取勝'이라는 말이 나옵니다. 상대의 변화와 상황에 맞춰 승리를 쟁취하라는 뜻입니다. 여포는 굉장히 단순한 사람이었습니다. 언제든 자기에게 더 좋은 주군이 나타나면 기존의 주군을 버릴 준비가 되어 있었지요. 동탁은 물욕이 많은 여포를 잘 파악해 손 안 대고 코 푸는 식으로 손쉽게 정적을 제거할 수 있었습니다. 거기다 당대 최고의 무장을 양아들로 둘 수 있었고요.

여포의 무기는 방천화극, 말은 적토마! 배트맨이 배트카도 가진 것이나 다름없죠. 이런 표현이 있어요. 마중적토馬中赤兎, 인

중여포시마여포(中與布師馬呂布). 제일 빠른 말은 적토마, 제일 강한 사람은 여포! 이런 뜻이죠. 그렇게 여포는 무력의 대명사이자 동탁의 호위무사가 됩니다.

여기서 잠깐, 이 장을 시작할 때 봤던 삽화로 다시 돌아가 보겠습니다. 아래에서 칼을 치켜든 사람은 누구일까요? 동탁입니다. 남들 보란 듯이 위세를 부리고 있지요. 그 옆에서 눈물을 흘리며 끌려나가고 있는 사람은 바로 소제, 동탁이 폐위시킨 황제입니다. 그 위에서 이 모습을 보는 이는 아홉 살의 헌제, 진류왕이고요. 여포를 호위무사로 둔 동탁이 결국 자신의 뜻을 이룬 것입니다.

그런데 헌제가 즉위한 지 얼마 지나지 않아 시 한 편이 동탁의 심기를 거스릅니다.

멀리 보이는 구름 깊은 저곳
내 있던 옛 궁전이 아니던가
어느 누가 충의를 지켜
원한 맺힌 이 심사를 풀어줄거나

쓸쓸한 마음이 느껴지는 이 시, 딱 봐도 누가 썼는지 알겠죠? 폐위된 황제, 소제가 쓴 것이었습니다.

 이런 소설에서 보면 조용히 살겠다고 약속해도 권력자한테 죽임당하는 경우가 많잖아요? 동탁 입장에서는 소제의 행동이 제 명을 재촉하는 행위로밖에 보이지 않았겠죠. 동탁을 싫어하는 사람들이 소제 주변으로 몰려들 수도 있으니 거슬렸겠고요.

"나를 원망하는 시를 지어 스스로 명을 재촉하는구나!"

분노한 동탁은 이유를 시켜 소제에게 독주毒酒를 전달합니다. 길게 끌지 말고, 알아서 목숨을 끊으란 소리입니다. 옆에서 그 모습을 지켜보던 하태후는 "역적 동탁이 우리 모자를 괴롭히는구나. 머지않아 네놈들도 멸족당할 날이 있을 게다!"라며 소리쳤어요. 그러자 격분한 이유는 그 자리에서 하태후를 누각 아래로 내동댕이쳐 버립니다. 그러고는 소제의 아내 당비를 목을 졸라 살해하고, 소제에게도 강제로 독주를 먹여 살해합니다. 동탁이 악당의 실체를 드러내는 비극적인 순간입니다.

그리고 동탁은 스스로 상국相國의 자리에 오릅니다. 상국은 그 당시 신하가 올라갈 수 있는 최고의 자리로, 오늘날 국무총리 격인 승상보다 더 높은 직위였어요. 한나라 건국에 앞장선 개국공신 정도는 되어야 주는 자리였지요. 그런데 쿠데타를 일으켜 중국 최초의 군부 독재자가 된 동탁은 이 자리를 스스로 수여합니다.

상국이 된 동탁은 황제에게 절을 할 때도 이름을 말하지 않았다고 합니다. 허리를 굽히거나 종종걸음으로 걷지도 않았고요.

칼을 찬 채 궁에 들어가 황제를 만나고, 궁녀들을 간음하며 용상에서 자기까지 합니다.

동탁의 잔악무도한 행동은 여기서 끝나지 않습니다. 그의 잔인함을 보여주는 일화가 있어요. 어느 날 동탁은 군사를 이끌고 성 밖으로 나갑니다. 한 마을에 이르러 그곳을 스윽 둘러보니 남녀가 모여 축제를 즐기고 있는 거예요. 그 모습을 본 동탁은 부하들을 슬쩍 부른 다음 "다 죽여!"라고 소리쳤습니다. 궁중 내에서만 칼을 휘두른 게 아니라 아무런 죄 없고 힘없는 백성들에게도 칼을 휘두른 것이지요. 본래 포악무도한 성격을 가졌던 동탁은 절대 권력을 쥐게 되자 자신의 폭력성을 마음껏 분출한 것으로 보입니다. 주변 사람들이 느끼는 공포를 보며 자신의 지배력을 확인하고 이에 만족감을 느낀 거예요.

폭군 동탁을 향한 분노의 칼날

자, 이렇게 정신 나간 한 사람 때문에 수많은 사람이 고통을 겪고 있던 어느 날, 한 남자가 누각에서 낮잠을 자려던 동탁을 찾아옵니다. 동탁은 왜 이렇게 늦었냐면서 남자에게 이유를 묻는데, 그 남자는 "말이 여위고 약해 걸음이 늦었습니다"라고 답합니다. 앞에서 이미 동탁이 어떻게 아랫사람을 대하는지 보셨죠? 우리의 악당 동탁, 포악하지만 부하들에게만큼은 아낌없이 베푸는 너그러운 상사입니다. 동탁은 양아들 여포에게 명했습니다.

"여포야, 가서 좋은 말 한 필을 내오거라."

그러고는 자신의 경호실장격인 여포가 자리를 비운 사이, 피곤하다며 평상에 드러누웠습니다. 말 한마디로 새 말을 갖게 된 이 남자, 얼마나 좋을까요? 그런데 어째서인지 등을 보이고 누운 동탁을 향해 살금살금 걸어가더니 품 안에서 날카로운 칼을 꺼내 듭니다. 여포가 잠시 자리를 비운 사이, 동탁을 암살하려 한 것입니다. 당대 최고의 권력자 동탁을 죽이려 한 이 남자, 정체가 무엇일까요? 이후 유비, 손권과 더불어 천하를 삼분하는 '조조曹操'입니다.

 침GPT

동탁을 암살하려 한 남자는 누구일까?

- 이름: 조조
- 자: 맹덕孟德
- 출생지: 예주 패국 초현
- 출신: 고위 환관의 손자
- 직업: 효기교위(수도경비사령부 사령관)

#현실주의자 #야망가 #꾀돌이

| 2장 | 적은 가장 가까운 곳에 있다

조조의 자는 '맹덕'으로 맹자의 덕을 가진 인물이란 뜻입니다(물론 소설에서 조조의 행동은 이와는 정반대입니다). 키는 7척이니 대략 161센티미터고, 굉장히 가는 눈에 긴 수염을 가지고 있었어요. 유비, 조조, 손권이 각각 촉, 위, 오의 지도자기는 합니다만, 《삼국지연의》에서는 그중 유비와 조조에게 특히 더 초점을 맞추지요. 그런 의미에서 조조는 유비와 양대 산맥을 이루는 인물입니다.

조조의 한 가지 특이한 점은 바로 고위 환관의 손자라는 것입니다. 할아버지가 모든 대신에게 존경을 받은 환관이었죠. 환관은 생물학적으로 자식을 가질 수 없지만 대가 끊기는 불효를 막고자 양자를 들일 수는 있었습니다. 이 덕에 조조의 할아버지도 조숭을 양자로 들이게 된 겁니다. 이 조숭이 낳은 아들이 바로 조조였지요.

조조의 할아버지는 그냥 환관이 아니라 레전드 환관이었어요. 30년 동안이나 황제를 모신 환관이었거든요. 십상시 때문에 환관의 이미지가 나쁜데, 조조의 할아버지는 착한 환관이었어요. 존경도 받는 명망 높은 인물이었습니다.

조조는 할아버지 덕분에 스무 살 때부터 관직에서 일했는데요. 등용되고 얼마 지나지 않아 낙양 북부위에 임명됩니다. 북부

위는 궁문 수비를 맡는 경비대라고 생각하면 됩니다. 또 조조는 어린 시절부터 남달랐던 것 같습니다. 하루는 관상 잘 보기로 소문난 사람을 찾아가 "장차 나는 어떤 인물이 되겠습니까?"라고 물어봐요. 질문부터가 보통이 아니죠. 그 관상가는 조조의 얼굴을 쫙 스캔하더니 이런 말을 내뱉습니다.

"치세지능신治世之能臣, 난세지간웅亂世之奸雄."

태평한 시대에는 유능한 신하가 될 것이고, 혼란한 시대에는 간사한 영웅이 될 것이라는 뜻입니다.

관상가의 말에 기분 나빠할 법도 한데 조조는 오히려 좋아합니다. 기본적으로 야망이 있었고, 간사한 영웅이라면 혼란스러울 때 크게 해먹을 수 있겠다고 생각했을지도요!

다시 원래 이야기로 돌아오자면, 조조가 막 동탁에게 칼을 내리꽂으려는 그 순간! 동탁이 "지금 무슨 짓을 하는 것이냐!" 소리를 지릅니다. 맙소사, 잠결에 눈을 뜬 동탁이 앞에 있던 거울에 비친 조조를 본 것입니다. 동탁은 조조를 향해 잽싸게 돌아누웠습니다. 그런데 웬걸, 자신을 찌르려는 줄 알았던 조조가 공손히 칼을 받쳐 들고 있는 것입니다.

"제게 보검 한 자루가 있기에 특별히 은혜로운 승상께 바치려고 합니다."

〈조맹덕모살동탁曹孟德謀殺董卓〉

조조가 동탁을 죽이려 계획하다

동탁은 '잠결에 헛것을 봤나?' 생각하면서 때마침 돌아온 양아들 여포에게 조조가 바친 화려한 보검을 잘 보관하라 말합니다. 임기응변으로 겨우 위기에서 벗어난 조조는 여포가 가져온 말을 한번 타보고 싶다고 말하죠. 그러고는 그 말을 타고 곧장 줄행랑을 칩니다.

'삼십육계三十六計 줄행랑'이라는 말은 《삼십육계》라는 병법서에서 유래한 것입니다. 이 책은 전쟁의 상황을 크게 여섯 개의 상황, 즉 승전계, 적전계, 공전계, 혼전계, 병전계, 패전계로 나누고 각 상황마다 여섯 가지의 군사적 계책을 제시하는데요. 그러면 여섯 가지 상황에 여섯 가지 계책이니, 총 서른여섯 개의 계책이 생겨나겠지요? 그중 가장 마지막 계책, 36계가 '주위상계走爲上計'로 '도망가는 것이 상책'이라는 뜻입니다. 불리하면 달아나 후일을 도모하라는 거예요. 무조건 칼을 빼 들고 싸우는 것만이 능사가 아니란 뜻입니다. 도둑이 제 발 저린다고, 동탁은 도망친 조조를 보고 자기가 잠결에 본 게 맞았다고 생각했겠지만요.

조조는 왜 동탁 암살에 직접 나섰나

사실 동탁 입장에서는 조조에게 배신을 당한 것이라고 할 수 있습니다. 생각해 보세요. 동탁은 당대 최고의 권력자인데, 어떻게 조조가 그런 동탁과 독대할 수 있었던 걸까요? 이 사건이 벌어질 때 조조의 벼슬은 효기교위였는데, 요즘으로 치면 궁성 수비를 맡아서 관리하는, 수도경비 사령관급의 고위직입니다. 동탁이 승진시켜 준 자리지요.

조조는 사실 동탁의 픽이었어요. 조조가 능력도 좋았지만 뒷배가 있었잖아요. 명망 있는 환관의 손자니까요. '명문가의 자손도 동탁을 지지한다'를 내세워 정통성을 얻으려 한 거죠.

또 다른 궁금증을 하나 더 풀고 가겠습니다. 조조는 과연 이 위험천만한 계획을 혼자 세웠을까요? 아닙니다. 소설은 이 사건이 한 남자의 눈물에서 시작되는 것으로 묘사합니다. 어느 날, 대신 한 명이 생일 파티를 연다며 다른 대신들을 잔치에 불러 모았습니다. 그런데 그 자리에서 대신은 불라는 촛불은 안 불고 대뜸 다른 얘기를 꺼내기 시작했어요.

"실은 오늘이 내 생일이란 말은 거짓이오. 동탁이 황제를 속이고 권력을 마음대로 휘둘러 나라의 앞날이 암담한 지경에 이르렀소. 천하가 동탁의 손에 망하게 될 줄이야 누가 알았겠소."

말을 끝내기가 무섭게 눈물을 뚝뚝 흘리면서요. 눈물로 대신들의 마음을 울린 이 남자! 대체 누구일까요? 바로 충신 '왕윤王允'입니다.

왕윤은 동탁이 정권을 잡고 난 뒤, 사도 자리에 올랐는데요. 사도는 오늘날로 치면 재무·행정 담당 총리입니다. 왕윤은 황제를 도울 만한 재능을 가진 신하라 해서 '왕좌지재'라고 불렸다고 합니다.

아마 왕윤은 누군가가 나서서 "제가 동탁을 처리하겠습니다!"라고 말해주기를 바랐던 것 같습니다. 그런데 다들 앞장서기는 싫었는지 앞서거니 뒤서거니 왕윤을 따라 눈물 파티를 벌였지요. 바로 그때, 한 남자가 손뼉을 치고 껄껄 웃으며 "이렇게 밤이 새도록 울기만 하면 동탁이 저절로 죽는답니까?"라며 앞으로 나섭니다. 당당히 앞에 나선 이 사람, 누구였을까요?

"사도께서 보검을 잠시 이 조조에게 빌려주신다면 당장이라도 승상부로 들어가 동탁을 찔러 죽이겠소."

바로 조조였습니다. 조조는 왕윤에게 집안 대대로 내려오는 가보인 '칠보도'를 달라고 합니다. 앞서 조조가 동탁에게 어쩔 수 없이 선물하고 온 칼이 왕윤의 것이었던 겁니다.

사실 조조는 과거에 하진이 지방의 제후들을 불러들일 때 말렸던 인물이에요. '부르지 말랬더니 괜히 불러서 말이야, 폭군이 탄생해 버렸잖아? 나와 봐, 내가 해결할게!' 이렇게 생각하지 않았을까요?

그런데 사실, 조조가 동탁을 죽이려고 암살을 시도한 기록은 역사서에 남아 있지 않습니다. 《삼국지 위서》의 〈무제기〉를 보면 동탁이 조조를 효기교위에 임명하자 직을 버리고 고향으로 도망쳤다고 나오거든요. 그러니까 암살 시도가 실패로 돌아가자 바로 태세를 전환한 다소 우스꽝스러운 전개는 나관중의 소설에서 창작된 것이지요.

조조의 두 얼굴, 여백사 사건

동탁 입장에서는 죽을 뻔했으니 조조를 그냥 살려둘 수 없겠죠? 동탁은 즉시 전국에 조조 수배령을 내립니다. 조조는 잡히면 죽는다는 심정으로 발에 불이 나도록 도망치지만 얼마 못 가 관을 지키던 현령에게 붙잡히고 맙니다. 그냥 떠돌아다니는 장사꾼이라며 거짓말로 정체를 숨기려는 조조에게 현령은 이렇게 말했지요.

"벼슬을 구하러 낙양에 갔다가 너를 본 적이 있는데 어째서 신분을 숨기려 하느냐! 경사로 압송해 상을 청하겠다."

둘은 하필 구면이었던 거예요. 그런데 그날 밤, 그 현령이 조조에게 찾아와 묻습니다.

"동탁이 나쁘게 대하지 않았는데 어찌 화를 자초했는가?"

조조는 어차피 죽을 운명이니 이판사판이라고 생각한 걸까요? 오히려 의연한 태도로 이렇게 대답합니다.

"제비나 참새 따위가 어찌 기러기와 고니의 큰 뜻을 알겠는가. 운이 좋아 나를 잡았으니 끌고 가서 상이나 청할 일이지, 무엇을 귀찮게 묻는가?"

그런데 놀랍게도 조조의 이 도박수가 통합니다. 현령이 조조를 풀어주거든요. 이 현령의 이름은 '진궁陳宮'. 진궁은 조조가 '충의지사', 그러니까 천하에 둘도 없는 충신이라며 그와 동행하겠다고 말하며 따라나서기까지 합니다.

당장의 위험은 피했지만 여전히 진궁과 함께 도망자 신세인 조조는 아버지의 의형제인 여백사가 근처에 살고 있다는 것을 떠올립니다. 그리고 일단 그곳으로 가서 몸을 숨기기로 하지요. 오랜만에 절친의 아들을 본 여백사는 조조를 반갑게 맞아줍니다. 그러고는 한상 대접하려면 술이 필요하니 옆 마을에 가서 술을 구해오겠다며 길을 나섭니다. 조조는 혹시 자기를 신고하러 가는 건 아닐까 의심이 되었지요. 긴장을 풀지 못하고 신경을 곤두세우고 있는데, 집 뒤에서 '스윽, 스윽' 하고 칼 가는 소리와 함께 여백사의 가족이 속닥속닥 조용히 대화를 나누는 소리가 들려옵니다.

"묶어서 죽이는 게 어떨까?"

함정에 빠졌다고 생각한 조조는 곧장 칼을 빼어 들고 여백사의 가족들을 전부 죽입니다. 그런데 아뿔싸! 조조는 남은 사람이 더 없는지 집 안을 이리저리 둘러보다가 뒤늦게 자신의 잘못을 깨닫고 맙니다. 부엌 한구석에 돼지 한 마리가 꽁꽁 묶여 버둥대고 있었던 것입니다. 어백사의 가족이 묶어서 죽이려고 한 것은 조조가 아니라 도망자 신세로 고생했을 조조에게 대접할 돼지였던 거예요.

여러분이 이런 상황에 처한다면 어떻게 할 건가요? 조조는 곧장 말을 끌고 여백사의 집을 나섰습니다. 여백사가 돌아오기 전에 현장을 벗어나려는 것이었지요. 하지만 무엇이든 생각대로만 흘러가지 않는 것이 인생 아니겠습니까. 조조는 얼마 못 가 이웃 마을에서 술과 음식을 한가득 사서 돌아오는 여백사와 딱 마주치고 맙니다.

여백사는 조조에게 왜 갑자기 집을 나서냐고 물었죠. 조조는 죄인 신분이라 오래 머물 수가 없다며 대충 둘러댔어요. 그렇게 서로를 뒤로 하고 각자 길을 떠나려는 찰나, 조조가 급히 여백사를 불러세웠습니다. 바로 그때! 깜짝 놀랄 장면이 펼쳐집니다. 조조가 자신의 외침에 뒤를 돌아본 여백사를 곧장 칼로 베어 죽여 버린 겁니다.

여백사의 가족을 오해해서 죽인 것까지는 실수로 봐주겠는데, 여백사까지 죽여버린 건 또 다른 문제잖아요? 이 장면은 많은

사람이 삼국지를 처음 접할 때 가장 충격을 받는 부분이기도 합니다. 조조라는 인물의 캐릭터를 확실히 잡아주는 부분이기도 하고요.

옆에 있던 진궁도 어이가 없었는지 "함부로 사람을 죽이는 것은 옳지 않은 처사요. 대체 왜 그런 거요?"라며 따집니다. 바로 이때 조조는 만약 여백사가 집에 돌아가 식구들이 몰살당한 것을 보면 반드시 우리를 뒤쫓거나 관가에 알릴 거라며 세기의 명대사를 던집니다.

"내가 천하를 버릴지언정, 천하가 나를 버리게 할 수는 없소."

이 일화를 보면 조조도 동탁 못지않게 도덕관에 문제가 있어 보이지만 사실 이는 허구일 수도 있습니다. 진수의 《삼국지》에 배송지가 주를 달며 왕침의 《삼국지 위서》를 인용하는데, 거기서는 조금 다른 이야기를 전하거든요.

"백사는 집에 없었고 그 아들과 빈객들이 함께 조조를 겁박하여 말과 재물을 빼앗으려 하는데, 조조는 손수 칼을 휘둘러 여러 명을 죽였다."

《삼국지》 배송지 주

이 기록에 근거하면 조조는 순전히 자기 목숨을 구하고자 살

내가 천하를 버릴지언정,
천하가 나를
버리게 할 수는 없다.

인을 저지른 것입니다. 하지만 역사가가 아닌 소설가 나관중은 이 이야기로 유비와 대비되는 조조의 냉혹한 성격을 보여주려고 했을 거예요.

자, 다시 본래 이야기로 돌아와 봅시다. 조조가 여백사를 살해한 사건이 있은 뒤, 조조와 진궁은 객주에 들러 잠을 청합니다. 진궁 옆에 조조가 무방비 상태로 잠들어 있었죠. 여러분이 진궁이라면 이때 무슨 생각을 했을 것 같나요? 진궁은 슬며시 칼을 꺼내 조조 위로 번쩍 들어올렸습니다. 절체절명의 순간! 조조는 어찌 되었을까요? 목숨을 부지합니다. 진궁이 조조를 죽이지 않고 그냥 사라지기로 결정하거든요.

'이자를 따라 여기까지 온 것은 나라를 구하겠다는 일념에서였는데, 이까짓 위인을 죽이는 게 어찌 의로운 일이겠는가.'

다음 날, 자신이 홀로 남았다는 사실을 알게 된 조조는 혹시라도 진궁이 관군에게 자신의 거처를 알릴까 싶어 잽싸게 짐을 싸서 고향으로 향했습니다.

거짓 밀서로 결성된 반동탁 연합군

자신을 돕던 진궁까지 떠나버리고 궁지에 몰린 조조. 도망만 다니면서 살 수는 없는 노릇이라 생각했는지 닥친 위기를 극복하고자 거짓말을 하기로 합니다. 그것도 아주 거대한 스케일로요. 황제가 쓴 비밀 조서인 것처럼 문서를 조작해 각 지역에 있는 제후들을 불러들인 것입니다. 하진을 말릴 때는 언제고, 이런 발칙한 일을 벌이다니요. 조조가 꾸며낸 거짓 밀서의 내용은 이랬습니다.

"동탁은 하늘을 속이고 땅을 속이며, 나라를 망하게 하고 황제를 시해했다. 우리는 황제의 밀조를 받들어 의병을 일으켜 흉악한 무리들을 소탕하고 나라를 구하고자 한다."

반동탁 연합군을 만들어 동탁을 죽인 뒤 자기가 살려는 작전이었지요. 그렇게 해서 열일곱 명의 제후가 조조 곁에 모입니다. 이 '반동탁 연합군 결성'은 소설에서 굉장히 중요한 장면인데요. 앞으로 삼국지를 이끌어 갈 영웅들과 군벌들이 드디어 한자리에 모여 이야기의 전면부에 등장하기 때문입니다. 역사적으로도 권력의 중심이 명문 사대부에서 군사력 중심의 지방 군벌로 옮겨 가는 중요한 시기지요.

이쯤 되니 유비 삼 형제는 어디서 뭘 하고 있는지 궁금하지 않나요? 영 소식이 뜸하니까요.

반동탁 연합군에 합류하기 위해 출정한 제후 중에는 공손찬이라는 인물이 있었습니다. 공손찬이 반동탁 연합군 집결지로 가던 중에 한 사람을 만났으니, 바로 유비였어요. 이때 유비는 여전히 평원에서 머물며 현령으로 일하던 중이었습니다. 사실 유비와 공손찬은 노식 밑에서 함께 공부한 인연이 있었습니다. 공손찬은 장비가 독우를 매질한 사건 이후 유비를 다시 조정에 천거해 주기도 했었고요. 공손찬은 유비와 마주치고는 이렇게 제안했습니다.

"아우도 그 하잘것없는 벼슬은 집어치우고, 나와 함께 역적을 물리치고 한나라 황실을 구하러 가지 않겠나?"

유비는 기다렸다는 듯이 공손찬을 따라나섰지요.

사실 유비는 반동탁 연합군이 결성되었다는 소식을 먼저 듣고 연합군에 합류하고 싶어하던 중이었어요. 하지만 제후가 아닌 그저 현령일 뿐이라 그럴 수가 없었죠. 그래서 자기를 도와줬던 공손찬이 지나는 길목에 나가 기다리다가 우연히 마주친 척한 거예요.

그런데 사람의 관계란 참 묘합니다. 언제, 어디서 다시 마주칠지 모르니 항상 경거망동하지 않도록 행동을 조심해야 해요. 사실 유비 삼 형제는 이미 동탁을 만난 적이 있거든요. 1장에서 유비 삼 형제가 황건적을 몰아낼 때, 위험에 처한 장수를 구해줬는데 오히려 무시당한 일 기억하나요? 그때 삼 형제를 무시한 장수가 바로 동탁이었습니다! 유비 일행으로서는 복수할 기회기도 했던 것이죠.

그렇다면 반동탁 연합군의 리더는 누가 되었을까요? 조조가 나서서 이 사람을 리더로 추천합니다.

"집안 대대로 사대에 걸쳐 삼공을 지냈고, 그 문중에서 관리들도 많이 나왔으니 가히 맹주로 받들만하오."

조조가 추천한 이 사람, 누군지 알겠나요? 사대에 걸쳐 삼공을 지낸 명문가의 후손이라고 하니 기억나는 사람이 있죠? 맞아요. 원소입니다. 그렇게 원소가 연합군의 대장이 됩니다. 그런데 기껏 거짓 밀서까지 써서 제후들을 모은 조조는 왜 자기가 전면에 나서지 않았을까요?

조조는 만약 연합군이 패하면 책임을 져야 하는 자리에 앉기보다는 참모장 역할을 하면서 원소를 이용해 연합군을 자기 뜻대로 움직이려 했을 겁니다. 조조의 철두철미한 성격이 돋보이는 부분입니다.

플랜 B를 생각하는 조조! 조조가 동탁을 암살하려고 했을 때를 생각해 보자고요. 아무 칼로 죽여도 되는데 굳이 왕윤의 화려한 칠보도를 빌려간 것도 일이 잘못될 경우 빠져나갈 구멍을 생각해 둔 것 아니겠어요?

동탁군과 반동탁 연합군, 마침내 맞붙다

대권을 장악한 후 매일 술판을 벌이던 동탁에게도 반동탁 연합군 결성 소식이 전해집니다. 동탁은 급히 여러 장수들을 불러 대책을 상의했지요. 동탁의 호위무사이자 양아들인 여포가 자기가 가서 전부 쓸어버리겠다고 나서는데, 누군가가 감히 그런 여포를 가로막으며 앞으로 나섭니다. 간이 배 밖으로 나온 이 인물! 잠깐 등장했다가 금방 사라지지만 그래도 우리에게 중요한 사자성어 하나는 남기고 가는 인물, 바로 '화웅華雄'입니다.

화웅의 키는 관우와 같은 9척입니다. 2미터가 넘는다는 거죠. 커다란 체구에 늑대처럼 늘씬한 허리, 표범과 같은 넓은 이마에 원숭이 같은 긴 팔을 가진 것으로 묘사되는데요. 체형 자체가 '본 투 비 파이터'였던 것 같습니다. 여포 앞으로 나선 화웅은 명대사를 남깁니다.

"그까짓 닭 잡는 데 소 잡는 칼을 쓸 필요가 있습니까?"

이 말이 바로 '우도할계牛刀割鷄'라는 사자성어의 유래입니다.

"여포는 소 잡는 칼인데, 그 조무래기들은 닭 잡는 칼 정도면 되지 않을까요? 여포 정도는 아니지만 나도 한 싸움하는데 맡겨주시죠~"라고 한 거예요. 동탁은 화웅이 마음에 들지 않았을까요? 호방하잖아요!

화웅, 일명 '닭칼좌'의 듬직한 태도를 본 동탁은 화웅에게 효기교위라는 벼슬을 내립니다. 앞서 조조에게 내렸던 벼슬이기도 하죠? 화웅은 첫 전투에서 자기가 한 말을 지킵니다. 상대로 나온 반동탁 연합군의 여러 제후 중 한 명인 포신의 동생! 포충의 머리를 베고 승전고를 울리거든요. 화웅의 활약에 반동탁 연합군의 분위기는 급격히 가라앉고 말지요.

하지만 이대로 반동탁 연합군이 물러서면 영 소설이 시시하겠죠. 반동탁 연합군에서 반가운 인물이 앞으로 나서는데요.

"소장이 나가서 화웅의 머리를 베어오리다!"

당당히 한마디 던진 이 남자는 우리가 이미 잘 알고 있는 인물이에요. 대춧빛 얼굴과 긴 수염을 가진 이 남자! 바로 무력 끝판왕 관우입니다. 이때 제후들은 관우를 비웃습니다. 원소의 이복형제 '원술袁術'은 "네가 우리 제후 중에 장수가 없다고 업신여기는 게냐? 저놈을 당장 밖으로 끌어내라!" 노발대발 화를 내기까지 하고요. 유비 삼 형제가 별 볼 일 없는 출신이라고 대놓고 무시한 겁니다.

그런데 이때 관우의 예사롭지 않은 태도를 눈여겨보고 싸우도록 해보자고 이야기한 사람이 있었어요. 바로 참모장 조조였습니다.

"큰소리를 칠 때는 그만한 용기와 지략이 있을 테지. 만약 이기지 못하면 그때 책망해도 늦지 않으리다."

조조는 관우가 말에 오르기 전에 따뜻한 술 한 잔을 건네는데, 이때 삼국지를 대표하는 또 다른 명대사가 등장합니다.

"이 술잔이 식기 전에 돌아오겠소."

빨리 처리하고 오겠다는 의지를 표현한 말이지요. 원전에는 "술은 일단 따라두시오. 내가 갔다가 바로 돌아오리다"라고 나옵니다.

관우는 날아가듯 전장으로 튀어 나가고, 곧 천지를 뒤흔드는 북소리와 함께 함성이 울려 퍼집니다. 모두가 깜짝 놀라 무슨 일인지 소식을 알아보려는 그때, 말을 탄 관우가 나타나 보란 듯이 무언가를 바닥에 내팽개칩니다. 그것은 바로 화웅의 머리였습니다. 따라놓은 술은 여전히 식지 않고 있었지요.

관우가 황건적을 무찌를 때 정원지를 한칼에 댕강 썰었었잖아요? 화웅도 반동탁 연합군의 강력한 군사를 한칼에 썰면서 무력을 어필합니다. 이런 화웅과 관우가 무력 대결로 맞붙었는데, 관우가 이긴 걸 보고 '역시 관우가 굉장히 세구나' 인식하게 되는 부분이에요.

이번 장에서 다룬 이야기를 살펴보면 끝없는 배신의 연속이었습니다. 정원은 믿었던 여포에게, 동탁은 조조에게 배신당하고요. 심지어 여백사는 선행을 베풀려다가 조조에게 배신을 당했습니다. 난세에서는 늘 가장 가까운 곳에서부터 배신이 시작되기 마련입니다.

자, 그럼 누구도 믿을 수 없는 이 혼란한 세계 한복판에서 과연 여포와 동탁은 어떤 모습을 보여줄까요? 과연 반동탁 연합군은 동탁을 물리칠 수 있을까요?

2장 주요 인물 관계도

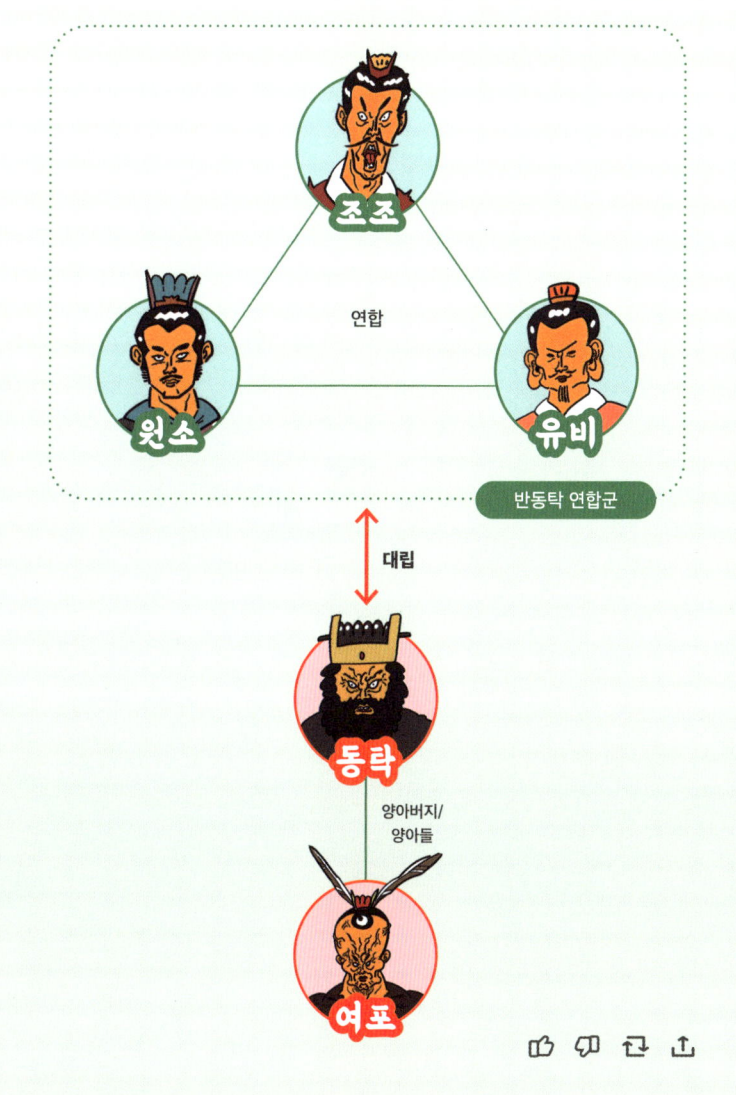

| 2장 | 적은 가장 가까운 곳에 있다

보이는 건 빙산의 일각일 뿐이다

여포의 배신과 초선의 음모

   양아버지 정원을 배신하고 새로운 권력자 동탁의 오른팔이 된 여포. 그의 선택은 그를 더 높은 자리로 끌어올렸지만 동시에 배신자라는 낙인을 새겼습니다. 권력만을 좇은 길의 끝에는 과연 무엇이 기다리고 있을까요? 또 결국 자기 뜻대로 황제를 갈아치우며 조정의 우두머리로 우뚝 선 동탁은 어떤 상황을 마주하게 될까요? 힘이 모이는 곳에는 크나큰 혼란이 뒤따르기 마련이지요. 권력을 잡은 동탁과 여포는 과연 그들에게 반기를 든 세력을 꺾을 수 있을까요?

   동탁군과 반동탁 연합군이 서로 한 번씩 '잽'을 주고받으며 기세를 탐색하던 이 시점에서 드디어 '소 잡는 칼' 여포가 등장합니다. 다음 삽화를 보면 왼쪽에서 긴 창을 들고 말에 타 있는 사람이 여포라는 것을 단번에 알 수 있습니다. 그의 전용 무기, 방천화극을 들고 있잖아요.

팽팽한 긴장감이 감도는 뜨거운 전장에서 누군가는 권력을 위해, 또 누군가는 명분을 위해 싸우고 있습니다. 누구도 물러설 수 없는 이 승부의 결말은 어떻게 될까요?

여포에 대항한 유비 삼 형제의 사투

여포가 적토마를 타고 방천화극을 든 채 연합군을 향해 돌진합니다. 그런 여포 앞에 나타난 것은 말을 탄 여덟 명의 제후들! 가장 앞장선 이는 공손찬이었습니다. 유비, 관우, 장비를 반동탁 연합군으로 데리고 왔던 인물이지요. 이 사람, 알고 보면 변방에서 매일 이민족과 부대끼고 투닥거리면서 살아온 강골이었어요. 하지만 여포가 누구겠습니까? 무력 최강자 아닙니까. 공손찬은 몇 합 겨루지도 못하고 달아나고 맙니다.

여포는 적토마를 몰아 공손찬을 뒤쫓습니다. 여포의 창이 막 공손찬의 등을 찌르려는 그 순간! 뱀처럼 생긴 창이 나타나 방천화극을 튕겨냅니다. 네, 그렇습니다. 장팔사모를 든 장비가 공손찬을 도우러 나타난 것입니다. 바로 그때 장비는 딱 한마디를 내

⋮

〈호뢰관삼전여포 虎牢關三戰呂布〉
호뢰관에서 삼 형제가 여포와 싸우다

뱉어서 여포가 이성을 잃게 만들었어요. 뭐라고 했을까요?

"성을 세 개나 가진 여포야, 게 섰거라!"

아버지를 무슨 물건처럼 바꿔치기하는 여포를 두고 장비가 제대로 '팩폭'한 거죠.

여포도 그렇고 장비도 그렇고, 아마 살면서 싸움으로는 져본 적이 없었을 겁니다. 방천화극과 장팔사모가 서로를 가로막은 1합, 장비는 소문으로만 듣던 여포의 무력을 실감했을 겁니다. 이름 없는 무명의 장수를 얕보던 여포도 방천화극을 좀 더 꽉 움켜쥐었겠죠. 이런 상황을 한자로 표현하면 용호상박龍虎相搏! 여포와 장비의 치열한 공방전은 무려 50합이 넘도록 이어집니다.

장비랑 여포가 50합을 겨뤘는데 승부가 안 나니까 관우가 조바심이 난 거예요. '실력은 비슷해도 우리는 적토마가 없잖아?' 이런 생각이 들었을 겁니다. 그래서 못 기다리고 일대일 대결 룰을 어기고 뛰쳐나갑니다. 관우도 화웅을 댕강 썰었던 자 아닙니까. 이제 2 대 1로 싸우는데 '고무래 정丁' 자로 싸웠다고 묘사해요. 삼각형의 꼭짓점 형태로 주거니 받거니 하면서 싸운 거예요.

그런데 시간이 지날수록 승기가 여포 쪽으로 조금씩 기울지 않았나 싶어요. 관우에 이어서 유비도 등판해 같이 싸웠거든요. 여기서 잠깐, 앞에서 봤던 삽화의 오른쪽 면에 있는, 나란히 말을 타고 있는 세 사람이 누구인지 이제야 알 것 같네요. 쌍고검을 든 유비, 청룡언월도를 든 관우, 장팔사모를 든 장비입니다. 삼 형제는 여포를 둘러싸고 어지럽게 몰아치고, 다른 제후들과 군사들은 그저 넋을 잃은 채 그 모습을 바라볼 뿐이었습니다.

'이거 딱 보니까 저녁 먹을 시간까지 안 끝나겠는데?' 싶던 유비가 합류하면서 3 대 1의 싸움이 됩니다. 셋 중에서는 유비가 제일 약하잖아요. 여포가 유비 쪽으로 방천화극을 돌려 한번 훅 찌르니까 유비가 움찔해요. 관우와 장비도 이 광경을 보고 놀라서 유비 쪽으로 시선을 둡니다. 바로 그 순간! 여포는 잽싸게 튀어버립니다.

결국 여포는 유비, 관우, 장비 삼 형제에게 패배해 후퇴하고 맙니다. 이 전투가 바로 삼국지 팬들이 열광하는 '호뢰관 전투'입니다. 여포와 삼 형제가 겨룬 장소인 호뢰관은 낙양에서 동쪽으로 약 90킬로미터 떨어진 곳에 위치한 관문으로, 소설에서는 그보다 더 가깝게 20킬로미터 정도 떨어진 것으로 그려지고 있어요. 동탁을 제거하고자 낙양으로 향하던 연합군이 반드시 뚫어야 할 요새로 보이도록 한 것이지요. 유비, 관우, 장비는 소설 설정상 메이저 무대라고 할 수 있는 이곳에서 수많은 영웅이 지켜보는 가운데 인상적인 데뷔전을 치릅니다.

 3 대 1로 싸운 게 아무래도 좀 걸린다고요? 여포는 악역이에요. 악역은 뭘 해도 악당 짓으로 해석되니까 넘어가자고요. 그래도 부당하다고 느껴진다면 성이 세 개나 되는 여포니 여포, 정포, 동포가 유비 삼 형제에 맞섰다고 생각해 3 대 3으로 균형을 맞추면 어떨까요?

백성을 고통에 빠뜨린 천도의 비극

한편 호뢰관 너머 동탁 진영에서는 여포가 패배하자 난리가 났지요. 최고의 카드를 꺼내 들었는데도 패배했으니까요. 대책을 강구하던 동탁에게 책사 이유가 좋은 계책을 하나 가져옵니다. 거리에 떠도는 동요라며 노래를 하나 들려주는데, 동탁이 현재 상황을 타개할 좋은 방안이 노래 가사에 들어 있었습니다.

"서쪽에도 한이 하나, 동쪽에도 한이 하나 있네. 사슴이 장안으로 들어가야 비로소 이 난리가 그칠 수 있으리라."

이게 무슨 뜻일까요? '서쪽의 한'은 고조 유방이 세운 전한의 수도 장안을 뜻합니다. '동쪽의 한'은 황실 후예인 광무제가 부흥시킨 후한의 수도 낙양을 말하지요. 중국에서 사슴은 예로부터 황제를 상징합니다. 그러니까 이유는 "하늘이 정해준 운수가 마땅히 돌아가야 한다고 하니, 응당 장안으로 돌아가셔야 근심 걱정이 사라질 것입니다"라며, 낙양의 기운이 다했으니 기운을 회복한 장안으로 수도를 옮기기를 권한 겁니다.

옛날이야기나 역사 얘기에는 꼭 이런 동요가 등장하는데, 대체 아이들이 어디서 이런 동요를 배우는 걸까요? 원래 동요는 어른들이 만드는 것 아니겠어요? 의미심장한 가사가 어른이 만들었다는 걸 알려주잖아요.

만약, 그 당시에 정말 이런 동요가 있었다면 아마 이 동요를 퍼뜨린 사람은 다름 아닌 동탁이었을 겁니다. 동탁은 혼란을 틈타 전광석화처럼 권력을 장악했지요. 하지만 낙양 내의 권문세가를 견제하는 동시에, 주로 동쪽에 근거를 둔 반동탁 연합군을 물리쳐야 하는 과제를 안고 있었습니다. 즉 안과 밖 양쪽에 적을 두고 싸움을 벌여야 했던 거지요. 하지만 장안은 연합군의 세력권과는 거리가 멀고 자신의 본거지인 서량과 가까웠습니다. 유사시에 안전하게 도망칠 곳이 마련되는 거지요. 거기다가 장안으로 수도를 옮기면 낙양의 권문세가 세력을 무력화시킬 수도 있었습니다. 동탁 입장에서는 밑질 게 없는 장사였던 것입니다.

그런데 말이 쉽지 한 나라의 수도를 옮기는 게 여간 큰일이 아닙니다. 막대한 비용이 드는 것은 물론이고 수많은 절차가 필요하겠지요. 국가적으로 얻는 이득과 손해도 면밀하게 따져봐야 할 것이고요. 반대하는 사람들도 많을 것입니다.

당시에도 마찬가지였는지, 수도를 옮기자는 동탁의 주장에 사도를 맡았던 '양표'가 반대 의견을 냅니다. "아무 까닭도 없이 종묘와 황릉을 버리고 떠나간다면 백성들이 놀라서 동요할까 봐 두렵습니다"라면서요. 그리고 이 의견에 태위 황완과 사공 순상도 차례로 동의를 표하지요. 조정의 최고 벼슬을 지닌 삼공이 모두 반대한 것입니다. 그치만 우리의 동탁, 한다면 하는 사람이지요. 반대 의견을 낸 삼공의 벼슬을 모조리 박탈합니다.

여기서 끝이 아닙니다. 수도를 옮기려면 어마어마한 비용이 필요할 겁니다. 그런데 그 돈이 어디서 솟아날 리가 없죠. 어떻게 예산을 마련할 것인지 고민하던 동탁. 또다시 칼을 휘두르기로 합니다. 동탁은 사람들을 싸그리 잡아들인 뒤 반신역당反臣逆黨, 그러니까 '반역한 무리'라고 못 박고는 몰살해 버려요.

반신역당으로 불린 이들이 누구냐면, 낙양에 살고 있던 부자들이에요. 동탁은 이들을 죽이고 재산을 몰수한 거였죠. 무전유죄가 아니라 오히려 유전유죄예요. 보통 돈이 있으면 안 죽는데 후한 말 낙양에서는 돈이 있으면 죽는 겁니다.

결국 동탁은 장안으로 천도를 단행합니다. 낙양에 살던 수백만의 백성들도 함께 데리고 갔어요. 그런데 이때 동탁은 군사들이 마음대로 여성들을 겁탈하고 양식을 약탈하도록 허락합니다. 걸음이 느려 뒤처지는 백성들은 죽이기까지 했죠. 장안으로 가는 길은 백성들의 피눈물로 얼룩진 고난 그 자체였습니다.

동탁을 쫓은 조조, 위기를 맞다

장안 천도 이후 동탁을 낙양에서 몰아낸 것에 만족한 반동탁 연합군은 해체됩니다. 열일곱 명의 제후들은 적당한 명분이 생기면 본거지로 돌아가고 싶었거든요. 하지만 조조만이 포기하지 않고 군사 1만여 명을 이끌고 밤을 새워가며 동탁을 쫓았습니다. 원소를 비롯한 다른 제후들이 무리해서 동탁을 공격할 이유가 없었던 것과는 다르게, 지역과 군사 등 세력 기반이 확보되지 않은 조조는 확실한 공을 세워 입지를 다지고 싶었을 겁니다.

 사실 반동탁 연합군이 결성되고 조조가 한 일이 딱히 없어요. 관우에게 따뜻한 술을 준 것밖에 없었잖아요? 그러니 이쯤에서 나서줘야죠.

조조는 곧 동탁군의 후미를 지키고 있던 여포를 발견하고는 이렇게 외쳤습니다.

"이 역적 놈아! 황제를 협박하고 백성들을 유랑하게 하면서 어디로 가느냐?"

여포도 질세라 마주 소리쳤습니다.

"주인을 배신한 겁쟁이 주제에 어디 함부로 지껄이느냐!"

두 사람이 감정을 고조시키던 순간, "와아!" 하는 함성과 함께 동탁의 군사들이 좌우에서 덤벼들기 시작했습니다. 동탁군이 매복해 있었던 것입니다.

양옆과 앞에서 갑작스레 시작된 공격에 조조군은 순식간에 무너졌습니다. 조조도 정신없이 말에 채찍질을 하며 달아났지요. 그런데 동탁군, 준비를 단단히 했나 봅니다. 도망치던 조조는 퇴각로에 매복해 있던 서영이라는 장수와 마주치고 말아요. 조조는 다시 몸을 돌려 살길을 찾지만 서영이 쏜 화살에 어깻죽지를 맞고, 풀숲에 숨어 있던 매복군에게 다시 기습을 당합니다. 매복군이 내지른 창에 말이 찔려 조조는 땅바닥에 나뒹굴었습니다.

절체절명의 순간! 그런데 저 멀리서 누군가가 다가와 순식간에 동탁군 둘을 베어 죽이고 조조를 부축했습니다. 조조와 같은 집안사람인 조홍이 온 것이었어요. 조홍은 조조에게 자신의 말을 양보하며 이렇게 말합니다.

"천하에 저 조홍은 없어도 되지만 공께서는 없어서는 안 됩니다."

이 말을 듣고 정신을 번쩍 차린 조조는 패잔병 500여 명과 함께 가까스로 도망칩니다. 목숨은 건졌지만 1만여 군사 대부분을 잃고 처절하게 패배한 것이지요.

여포를 사로잡은 초선, 시작된 왕윤의 계략

조조를 대패시킨 동탁은 무사히 장안에 도착합니다. 하지만 달도 차면 결국 기우는 법, 동탁은 앞으로 드리울 위험의 징조를 읽지 못하고 있었어요. 그 위험은 장안성 내부에서 다가오고 있었습니다. 그리고 이 얘기를 하려면 먼저 이 인물부터 만나봐야 합니다.

> 삼국지 인물 왕윤에 대해 알려줘.

 침GPT

- 이름: 왕윤
- 자: 자사子師
- 출생지: 병주 태원군 기현
- 출신: 권문세족
- 직업: 사도(재무·행정 담당 총리)

#조정 고인물 #칠보도 찐주인
#처세술의 달인

'사도' 왕윤은 영제부터 헌제까지 총 세 명의 황제를 모시며 조정에서 활약한 거물 정치인이었습니다. 이 왕윤이라는 인물, 바로 앞 장에서도 등장한 적이 있는데 기억나나요? 생일 파티를 벌인답시고 사람들을 모은 뒤 울음을 터뜨렸었죠. 조조의 동탁 암살을 돕기 위해 칠보도를 빌려주기도 했고요.

그 당시 조조는 현행범으로 발각되어 곧장 줄행랑을 쳐야 했지만, 다행스럽게도 왕윤은 살아남을 수 있었습니다. 오히려 겉으로는 "암살 시도라니! 어떻게 그런 험한 일이 있을 수 있단 말입니까?"라며 조조를 욕하고, 아무것도 모르는 척 시치미를 떼고 있었겠지요.

칠보도에 왕윤이라고 써 있지가 않았던 거예요. 나중에라도 왕윤은 최대한 불쌍한 표정을 지으면서 "공교롭게도 집에 도둑이 들었는데 가보인 칠보도가 없어져서 안 그래도 찾고 있었습니다. 감사합니다!" 하면 된 거예요.

이 왕윤이 어느 날 여포에게 진주 여러 알이 박힌 금관을 은밀히 보냅니다. 그러자 여포는 감사 인사를 하러 집에 찾아왔지요. 여포와 대화를 나누던 왕윤은 이렇게 말했습니다.

"지금 천하에 진정한 영웅이라고는 오직 장군 한 분이 계실 뿐이외다. 내가 이렇듯 모시는 것은 장군의 직책 때문이 아니라 장군의 재주를 공경하기 때문이오."

 네, 맞아요. 아부하고 있는 겁니다. 왕윤은 미리 준비한 향기로운 술을 내놓고 끊임없이 여포의 덕을 칭송했습니다. 그렇게 여포를 달콤한 말과 술에 취하게 한 뒤, 시녀에게 누군가를 데려오라고 명령을 내렸어요. 누구였을까요? 드디어 등장하는 삼국지의 몇 안 되는 여성 캐릭터! 만화에서 툭 튀어나온 듯한 비현실적인 비주얼의 소유자, 삼국지는 몰라도 한 번쯤은 들어봤을 그 이름, 바로 '초선貂蟬'입니다.

> 왕윤이 부른 초선에 대해 알려줘.

 침GPT

- 이름: 초선
- 출생지: 불명
- 출신: 불명
- 직업: 가기歌妓

#왕윤의 수양딸 #세젤예

 초선은 서시, 왕소군, 양귀비와 함께 중국 4대 미녀로 일컬어지고는 합니다. 초선의 직업인 '가기'는 노래와 연주를 하는 기녀를 의미하는데요. 초선은 왕윤 집안의 기녀였습니다. 초선은 왕윤의 집에 온 어릴 때부터 춤과 노래 실력이 범상치 않았다고 합니다. 왕윤은 그 재주를 높이 평가해 초선을 특별히 아끼며 딸처럼 여겨왔고요.

"제 딸 초선입니다. 너는 얼른 장군께 한잔 올리거라."

왕윤의 말에 초선은 여포의 잔이 넘치도록 가득 술을 따릅니다. 여포는 술을 따르는 초선을 바라보며 홀딱 넘어가고 말아요. 왕윤은 그런 여포를 못 본 체하고는 말을 건넸습니다.

"부족한 자식이기는 하나, 이 아이를 장군께 첩으로 보낼까 하는데 어떠신지요?"

여포는 기다렸다는 듯 자리에서 일어나 이렇게 말했어요.

"그렇게 해주신다면 이 여포는 견마지로犬馬之勞를 다해 보답하겠습니다."

견마지로는 '주인을 위해 최선을 다하는 개와 말의 노력'이라는 뜻이니 여포가 이때 얼마나 기뻤는지 알 수 있습니다.

왕윤은 조만간 길일을 잡아 초선을 보내겠다고 약속하고, 여포는 거듭 감사를 표한 뒤 집으로 돌아갑니다.

여포와 초선, 동탁 사이에 벌어진 치정극

며칠 뒤, 조정에 들른 왕윤은 홀로 있는 동탁과 마주칩니다. 그러자 왕윤, 납작 엎드려 이렇게 말합니다.

"누추하오나 내일 태사를 저의 집에 모셔 작은 연회를 베풀까 하는데 왕림해 주시겠습니까?"

이번에는 동탁을 집으로 초대한 것이지요. 동탁도 왕윤이 가까이 지내 나쁠 일이 없는 인물이기에 흔쾌히 승낙합니다.

왜 승낙했는지 알겠네요. 사람들이 다 자기를 무서워만 하는데 잔뼈 굵은 정치인의 인정을 받았다고 생각했을 것 아닙니까.

왕윤은 산해진미를 두루 갖춘 잔칫상을 준비합니다. 바닥에는 비단으로 길을 내고, 대청 안팎엔 수놓은 휘장을 두르고요. 오늘날로 치면 미슐랭 스타 셰프를 부르고 집 앞에다 레드카펫을 까는 등 만반의 준비를 한 것입니다. 왕윤은 자신의 집으로 온 동탁을 맞이하기 위해 특별한 행사 때나 입는 관복을 입고 마중 나가 동탁에게 두 번 절하고 인사를 올립니다. 밤늦도록 동탁과 주거니 받거니 술을 나누던 왕윤은 연회의 흥을 돋우겠다며 누군가를 부르는데… 이 여인이 누구일지 예상이 가지요? 맞습니다. 이번에도 초선입니다.

주렴 달린 창 너머 등장한 초선은 음악에 맞춰 춤을 추기 시작했습니다. 춤추는 새처럼, 한들거리는 꽃처럼, 주렴 사이로 언뜻언뜻 보이는 초선의 자태는 동탁의 애간장을 녹였지요. 춤이 끝나자마자 동탁은 초선에게 가까이 다가오라고 말합니다. 동탁은 그 아름다운 외모를 보고 단번에 빠져들었어요. 동탁은 춤에 이어 초선의 노래까지 감상하고는 왕윤의 집을 떠납니다. 이때 왕윤은 초선을 동탁에게 보내기까지 합니다.

뒤늦게 이 사실을 알게 된 여포! 가만히 있었을까요? 펄펄 뛰며 곧장 왕윤을 찾아갔습니다.

여포는 "왜 사람을 갖고 노냐!" 자신과 맺어주기로 해놓고 왜 자신의 양아버지 동탁에게 초선을 보여줬냐고 왕윤에게 따졌겠죠.

하지만 왕윤은 당황하지 않고 침착한 말투로 설명했습니다.
"태사께서 어디서 들으셨는지 장군님과 초선이 맺어진다는 얘기를 알고 계셨습니다. 그래서 초선을 데려와 시아버지께 미리 인사시켰는데, 마침 오늘이 딱 길일이라며 장군님과 결혼시킨다고 온 김에 데리고 가셨습니다."

여포는 자기가 실수했다고 생각하고 왕윤에게 사과한 뒤 돌아갑니다. 그리고 긴가민가하면서 동탁의 집을 찾아가죠. 그런데 여기서 시대를 초월한 막장 드라마가 펼쳐집니다. 초선이 동탁의 침실 안에 있는 것입니다! 여포는 자기가 주인공으로 등장하는 막장 치정극의 한 장면을 현장에서 직접 목격하게 된 거죠.

기회를 엿보던 여포는 동탁이 잠시 궁궐에 간 틈을 노려 황급히 초선에게로 갑니다. 동탁의 집 안쪽 별당에 있던 초선은 달려온 여포를 보고 후원에 있는 정자 봉의정에 가 있으면 자신도 곧 뒤따라가겠다고 말합니다. 그곳에서 여포는 무슨 생각을 했을까요? 따지고 보면 동탁에게 찾아가 자초지종을 묻는 게 순서인 것 같은데, 양아버지한테는 못 가고 초선에게 온 자신이 한심했을까요?

그렇게 연못 위 정자를 서성이는데, 곧 초선이 나타납니다. 그리고 갑자기 돌발 행동을 해요. 난간으로 향하더니 연못으로 뛰어들려고 한 것입니다. 예상 밖의 상황에 깜짝 놀란 여포는 가까스로 초선을 붙잡아 부둥켜안았습니다.

"아니, 도대체 왜 그러는 거요?"

그러자 초선이 겨우 입을 들썩이며 대답했지요.

"이번 생에서는 장군의 아내가 될 수 없으니 우리 내세에 다시 만나기로 해요."

여포와 맺어질 수 없다면 자신은 더 이상 살 의미가 없다는 것입니다. 동탁과 함께 있으면서도 이날까지 치욕을 참고 견딘 건 마지막 인사를 하기 위해서였다면서요. 여포는 그런 초선에게 감동하여 "이번 생에 너를 아내로 맞이하지 못한다면 나는 영웅이 아니리라!"라는 말을 내뱉습니다. 그러자 초선은 자신을 구해달라 애원하고, 여포는 초조해하며 "지금은 내가 잠시 틈을 내서 온 것이라 늙은 도적에게 의심을 살지 모르니 돌아가야 한다"라고 말했습니다. 초선은 그런 여포의 옷자락을 움켜잡았어요.

"장군께서 이렇게 늙은 도적을 무서워하시니 첩이 하늘을 볼 날은 다시 없을 것 같습니다."

초선이 "여포 너 동탁한테 쫄?" 이런 거잖아요. 여포는 수치스러움에 얼굴이 벌게져서 들었던 방천화극을 다시 난간에 세워 놓고 초선을 안은 뒤 달랬어요. 그런데 여포와 초선, 동탁의 막장 치정극이 지금까지 드러난 게 전부일까요? 이야기가 좀 기묘하게 흘러가잖아요. 초선의 멘트도 적재적소에 들어가는 느낌이고요. 초선을 한번 파헤쳐 볼 필요가 있어요.

초선, 미인계로 이간질을 계획하다

자, 여기서 이야기를 멈춰놓고 시간을 뒤로 돌려봅시다. 봉의정에서 초선과 여포의 밀회가 있기 몇 달 전이었습니다. 그날도 동탁은 신하들을 모아놓고 잔치를 벌이고 있었어요. 잔치가 한창이던 와중에 시종 한 명이 소반을 들고 들어왔습니다. 피가 뚝뚝 떨어지는 사공 '장온'의 머리를 얹은 채 말입니다!

동탁은 그 모습을 보며 껄껄 웃고는 말합니다.

"장온이 원술과 손잡고 나를 해치려 해서 그의 목을 벤 것이오. 공들과는 아무 관련이 없으니 놀랄 필요 없소."

아무 관련이 없으면 굳이 잘린 머리를 보여줄 필요도 없겠죠. 동탁은 '너희들, 까불지 마. 딴짓하다가 걸리면 이렇게 된다?'라는 경고를 한 것입니다. 그런데 이 자리에는 왕윤도 있었습니다. 왕윤은 좌불안석, 칼날 위를 걷는 듯했을 겁니다.

사공이면 삼공 중에 하나니까 굉장히 고위직이에요. 그런데 그런 사공도 목이 베어졌잖아요? 왕윤 자신은 조조의 동탁 암살 작전에 연루되어 있으니 엄청 불안했겠죠. '동탁이라는 러시안룰렛이 나한테서 터질 것 같은데?' 생각했을 거예요.

나중에라도 누군가가 칠보도를 보고 자기 정체를 알아차리지는 않을지 걱정이 태산이었겠지요. 그렇게 걱정에 젖은 왕윤이 눈물을 흘리며 밤을 지새우고 있을 때 후원 한편에서 누군가가 크게 한숨 쉬는 소리가 들려옵니다. 왕윤의 수양딸, 초선이었습니다. 왕윤이 불러 그 이유를 묻자 초선은 이렇게 답합니다.

"대감께서 소녀를 은혜로 기르시어 노래와 춤을 가르치고 예로써 대접해 주시니 만약 소녀를 쓰실 곳이 있다면 저는 골백번 죽더라도 사양하지 않겠습니다."

눈치 빠른 초선이 양아버지 왕윤의 상황을 짐작하고 자신이

대감께서 소녀를
예로써 대접해 주시니
만약 소녀를 쓰실 곳이 있다면
저는 골백번 죽더라도
사양하지 않겠습니다.

도울 수 있는 일을 물은 거예요. 초선의 각오를 들은 왕윤은 이렇게 말을 건넸습니다.

"네가 할 일은 동탁과 여포 사이에서 부자간을 이간질하여 여포로 하여금 동탁을 죽이도록 하는 것이다."

병법서 《삼십육계》는 '패전계敗戰計'라고 해서 아군이 위기에 빠졌고 적군이 강할 때 필요한 계책을 소개하고 있습니다. 그중 하나가 바로 31계, '미인계美人計'입니다. 미녀를 이용해서 적을 유인하는 전략이죠.

그러니까 초선이 적재적소에 멘트를 친 게 다 계획되어 있었던 거죠. 왕윤이 손 안 대고 코 푼 격이에요.

초선의 권모술수로 격돌한 여포와 동탁

다시 멈춰둔 장면으로 돌아와서, 다음 장의 삽화를 보며 이야기해 보겠습니다. 가장 왼쪽에 초선이 보이고, 그 옆에 방천화극을 세워둔 여포가 보이지요? 조금 떨어져서 머리를 감싸쥐고 있는 이 사람은 누구일까요? 바로 동탁입니다. 궁궐에 갔다가 집으로 돌아온 동탁이 이 광경을 목격하고야 만 것입니다. 사실 초선은 일부러 여포를 자극해 시간을 끌었던 거지요. 동탁이 돌아와

〈봉의정포희초선鳳儀亭布戲貂蟬〉

봉의정에서 여포가 초선을 희롱하다

서 이 모습을 목격하도록요.

방 안에서 얘기해도 되는데, 봉의정으로 나오라고 한 게 다 이유가 있었던 거예요. 야외인 봉의정에서 계속 이 얘기 저 얘기하면서 시간을 끈 거죠. 동탁이 올 때까지!

동탁은 초선을 끌어안은 여포를 보고 머리끝까지 화가 나 소리를 지르고 난간에 기대어 있던 방천화극마저 집어들어 여포를 향해 던졌습니다. 그리고 일단 도망치고 보는 여포를 뒤쫓았지요. 그치만 뚱뚱하고 나이 든 동탁이 여포를 잡을 수야 있나요? 그렇게 여포는 재빨리 달아나버립니다.

여포를 놓친 동탁은 후원으로 돌아와 초선에게 물었습니다.

"너는 어찌하여 여포 그놈과 사사로이 정을 통하였느냐?"

절체절명의 위기의 순간! 초선은 미리 준비해 두었던 대사를 술술 읊었습니다.

"여포가 못된 마음을 품은 듯해 연못에 몸을 던져 자결하려고 했는데, 그놈이 달려들어 껴안고는 놓아주지 않았던 것입니다."

그런데 어찌 된 일인지 동탁은 그런 초선에게 이렇게 묻습니다. "내 이제 너를 여포에게 줄까 하는데 네 생각은 어떠하냐?"라고요. 하지만 이는 초선의 마음을 떠보려는 동탁이 판 함정이었지요. 놀랍게도 초선은 속지 않았습니다.

"소첩은 이미 나리를 섬기는 몸인데 이 몸을 가노에게 하사하신다니 소첩은 그런 모욕을 받으니 차라리 죽겠사옵니다."

가노는 집안의 노비라는 뜻입니다. 초선은 동탁에게 당신과 여포는 주인과 노예의 관계라면서, 차원이 다른 위치라는 것을 상기시킨 것입니다. 그러더니 말이 끝나자마자 벽에 걸린 검을 빼 들고 자기 목을 찌르려고 하는 것 아니겠어요? 놀란 동탁은 서둘러 초선을 말립니다.

한편 초선의 연기에 완전히 속아 넘어간 여포는 왕윤과 만나 상황을 설명하고 동탁을 죽이고 싶다고 말합니다. 그러면서 자신이 양아버지 동탁을 죽이면 사람들이 뭐라고 떠들지가 걱정이라고 덧붙입니다. 왕윤은 그런 여포에게 뭘 그런 걸 걱정하냐는 듯 이렇게 말했지요.

"장군의 성은 여씨요, 태사의 성은 동씨인데 두 사람을 어떻게 부자 사이라 할 수 있겠소?"

"아니, 동탁이 아버지면 여포가 아니라 동포겠지~ 동씨면 죽여도 되는 것 아니에요?"라고 한 거죠. 성이 다른데 어떻게 부자지간일 수 있냐며 여포의 배신을 합리화해 준 겁니다. 설득돼죠?

며칠 뒤, 동탁은 궁에서 내려온 조서를 하나 받습니다. 내용인

즉 황제 자리를 동탁에게 양보하겠다는 것. 동탁은 서둘러 궁으로 입궁합니다. 그런데 갑자기 쏟아져 나온 100여 명의 무사들이 동탁을 둘러쌌습니다. 황제의 자리를 양위하겠다는 조서, 그것은 왕윤이 쓴 가짜였습니다.

무사들은 들고 있는 창칼로 동탁을 마구 공격했지만 어찌 된 일인지 동탁은 쓰러지지 않습니다. 평소에도 의심이 많던 동탁은 겉옷 안에 갑옷을 껴입고 있었던 거예요. 하지만 수많은 사람에게 둘러싸인 이상 살아나갈 방도는 없었지요. 바로 그때! 상황을 지켜보던 여포의 방천화극이 갑옷으로 미처 가리지 못한 동탁의 목을 거침없이 찌릅니다. 여포가 또다시 양아버지의 목숨을 거둔 것입니다.

이렇게 삼국지 초반을 책임지는 메인 빌런 동탁은 무대 뒤편으로 사라집니다. 반동탁 연합군에게도, 조조에게도 아닌 양아들 여포에게 죽임을 당하면서요.

동탁의 시신은 얼마나 기름졌는지, 그 배꼽에다 심지를 달아 불을 켜자 며칠 동안이나 꺼지지 않고 탔다고 합니다. 풍선을 계속해서 불면 결국엔 터져버리듯, 끝없이 욕심을 채워 넣다가 결국 비참한 최후를 맞은 것입니다.

사실 초선은 나관중이 만들어낸 가상의 인물입니다. 하지만 역사서 《삼국지》에 여포가 동탁의 시녀와 통정하여 그 일이 발각될까 봐 두려워했다는 기록, 동탁이 조그만 일에도 화가 나면

〈홍탁즉위여포삭사哄卓卽位呂布搠死〉

황제로 즉위한다는 거짓말로 동탁을 꾀어내니 여포가 찔러 죽이다 여포에게 창을 던져서 여포가 동탁을 원망했다는 기록이 있습니다. 소설은 이런 기록을 바탕으로 보다 드라마틱하게 재구성됐다고 볼 수 있습니다.

동탁이 죽은 이후 여포와 왕윤, 초선은 어떻게 됐을까요? 왕윤은 동탁이 사라진 뒤 빠르게 권력을 잡지만 며칠 만에 살해당하고 맙니다. 쥐도 궁지에 몰리면 고양이를 문다는데, 왕윤이 자신들을 모두 제거하려 하자 물러날 길이 없어진 동탁의 수하들이 왕윤을 죽여버린 것입니다.

여포는 동탁이 죽은 이후 초선을 첩으로 맞이했지만, 동탁 수하들의 전략을 당해내지 못해 처자식도 버려두고 도망칩니다. 초선은 이후에도 소설 속에서 아주 가끔 등장하기는 하나, 두드러지는 역할을 맡지는 못한답니다.

서주 침공에 감춰진 조조의 야심

황실의 권위가 땅에 떨어진 상황에서 실권자였던 동탁과 왕윤이 연달아 사망하자, 나라는 다시 혼란 속으로 빠져들게 됩니다. 그 틈에 도적 떼와 황건적 잔당이 날뛰는데요. 이 무렵, 동쪽의 도적 떼를 소탕하는 데 적임자라며 조정에 거론된 인물이 있었습니다.

"조조의 군대가 이르는 곳마다 항복하지 않는 자가 없어 군사들을 일으킨 지 불과 100일 만에 무려 30여 만 병사와 그 지역 백성으로 100여 만의 남녀가 항복해 왔습니다."

동탁군에게 완패하고 사라졌던 조조가 다시 화려하게 등장한 것입니다. 당시 청주에서 황건적이 다시 일어났었는데 조조는 불과 100일 만에 황건적을 깨끗이 소탕합니다. 그리고 황건적이었던 병사 30만을 그대로 자신의 세력으로 흡수했어요. 이때부터 조조는 자신의 근거지인 연주에서 인재들을 불러 모으며 산동 일대의 강호로 떠오릅니다. 도망자 신세에서 그 누구도 얕볼 수 없는 세력으로 발돋움한 것입니다.

그런데 이렇게 한창 잘나가던 조조에게 청천벽력 같은 일이 생깁니다. 아버지가 살해당한 것입니다. 아버지 조숭과 일가친척 약 40명이 자기에게 찾아오던 길에 함께 몰살된 거예요. 인간사 인과응보, 조조가 여백사의 가족을 죽인 일을 떠올리는 사람이 한둘은 아닐 것입니다.

절대 같이 살 수 없을 만큼 큰 원한을 가진 상대를 '불공대천不共戴天'이라 합니다. '같은 하늘을 함께 머리에 이지 못할 사이'라는 뜻입니다. '함께 공共' 자 대신 '함께 구俱' 자를 써서 '불구대천'이라고도 합니다. 조조는 "내 부친을 살해한 원수와는 같은 하늘 아래 살 수 없다!" 부르짖었지요.

조조의 아버지 조숭은 낭야라는 지역에 피신해 지내고 있었어요. 조조가 지금 어떤 상황이죠? 연주라는 지역도 확보했고 성공했잖아요. 조조는 이제 효도할 일만 남았다고 생각했을 거예요. 그런데 안전한 연주로 가족을 모시려고 하다가 이런 일이 벌어진 겁니다. 자기 때문에 이런 일이 벌어진 것 아닌가 하는 생각도 했겠죠.

조조는 피의 복수를 다짐하고 이 인물을 원수로 지목합니다. 그 인물은 바로 서주 태수 '도겸陶謙'이었습니다. 도겸은 무슨 억하심정이 있어서 조조의 아버지를 살해한 걸까요?

그런데 사실 도겸 입장에서는 좀 억울한 면이 있습니다. 도겸은 조조의 열렬한 팬이었거든요. 전부터 조조와 친해지고 싶었지만 기회가 없었는데 때마침! 조조의 아버지가 근처를 지난다는 소식이 들려온 거예요. 도겸은 이 기회를 놓치지 않았죠. '조숭 환영' 피켓을 들고 직접 마중을 나가 이틀 동안 잔치를 베풉니다. 그리고 특별히 '장개'라는 사람에게 군사 500명을 주면서 호위까지 맡깁니다.

도겸은 "조조한테 가면 얘기 좀 잘 해주세요~ 연주랑 서주랑 같이 연대해서 지내면 좋지 않겠습니까~" 하면서 이런 호의를 베풀었겠죠. 문제는 도겸이 경호업체를 잘못 골랐다는 거예요.

이 장개라는 사람이 황건적 출신이었거든요. 조숭에게 딸려온 금은보화에 눈이 먼 장개가 옛 버릇 못 고치고 '이거 가지고 산으로 들어가 버리면 뭐가 좀 되겠는데' 싶었던 거예요.

지난날을 청산하고 떳떳하게 살아가려 했으나… 장개는 결국 조숭과 일가족을 모두 죽이고 재물을 빼앗아 달아났습니다.

분노에 휩싸인 조조는 도겸이 다스리던 서주를 침공하고 그 안에 있는 백성들을 무자비하게 죽여버립니다. 이때 수만 명이 죽었고, 강은 시체로 막혀 물이 흐르지 않을 정도였다고 해요. 이것이 일명 '서주 대학살'로 불리는 사건입니다.

도겸이 사람을 잘못 썼다가 이런 일이 벌어졌다고 말했지만 사실 정사에 따르면 이조차 불분명합니다. 역사서《삼국지》의 〈무제기〉에는 '조조의 아버지 조숭이 동탁의 난을 당하여 낭야로 피난 가다가 도겸에게 당했다. 그런 까닭에 조조가 동쪽을 쳐서 복수하고자 하는 뜻을 품게 되었다'라고만 기록돼 있습니다. 즉, 역사 기록만으로는 도겸이 직접 조숭 일가를 죽였는지, 사주했는지, 아니면 부하의 단독 범행인지 알 수가 없는 것이죠.

확실한 것은 조조가 아버지의 죽음을 기회로 삼아 서주를 자신의 세력으로 편입시키려고 했다는 것입니다. 조조의 근거지인 연주는 기주, 청주, 서주, 예주 사이에 있었습니다. 이 중 기주와 청주는 원소의 세력권이지요. 당시 조조는 원소와 직접 맞설 힘이 부족했습니다. 하지만 천하를 노리는 조조로서는 언젠가 원소와 맞붙어야 하는데, 그러려면 연주 뒷마당에 있는 데다가 상대적으로 세력이 약한 서주를 손아귀에 넣어야 했죠. 그런데 아버지 조숭의 죽음이 조조에게 서주를 칠 명분을 준 것입니다. 그러니까 조조는 단순히 아버지 복수에만 눈이 멀었던 게 아니라 세력 확장이라는 실리까지 챙기려고 했던 거예요.

그런데 조조는 서주 침공 이유를 오로지 아버지의 원한으로 이야기하거든요? 그래서 서주 대학살을 서주 대효도라고 비꼬는 사람들도 있어요.

열 길 물속은 알아도 한 길 사람 속은 모른다는 말이 있습니다. 이번 장에 등장한 인물들도 모두 그렇습니다. 초선은 동탁과 여포 사이를 오가며 이간질했고, 겉과는 전혀 다른 속내를 가지고 있었습니다. 동탁은 왕윤의 숨겨진 적의를 알아차리지 못했다가 목숨을 잃었지요. 조조는 천하를 가지려는 거대한 야심을 숨긴 채 아버지의 죽음마저 기회로 이용했습니다.

이런 인물들의 모습은 못마땅하기도 하지만, 사실 우리도 이와 꽤 비슷하지 않나요? 우리도 속마음을 숨기고 이득을 꾀하거나 다른 목적을 둔 채 곧잘 행동하고는 합니다. 이들은 우리의 반면교사인 셈입니다.

삼국지에 등장하는 인물은 1,000명 이상이라고 합니다. 이 중에는 우리가 본받을 만한 인물도, 아닌 인물도 있을 것입니다. 이렇듯 인물 한 명 한 명을 거울삼아 자기를 비추고 또 세상을 바라보는 잣대로 삼는 것, 그것이 바로 삼국지를 읽는 재미가 아닌가 싶습니다.

3장 주요 인물 관계도

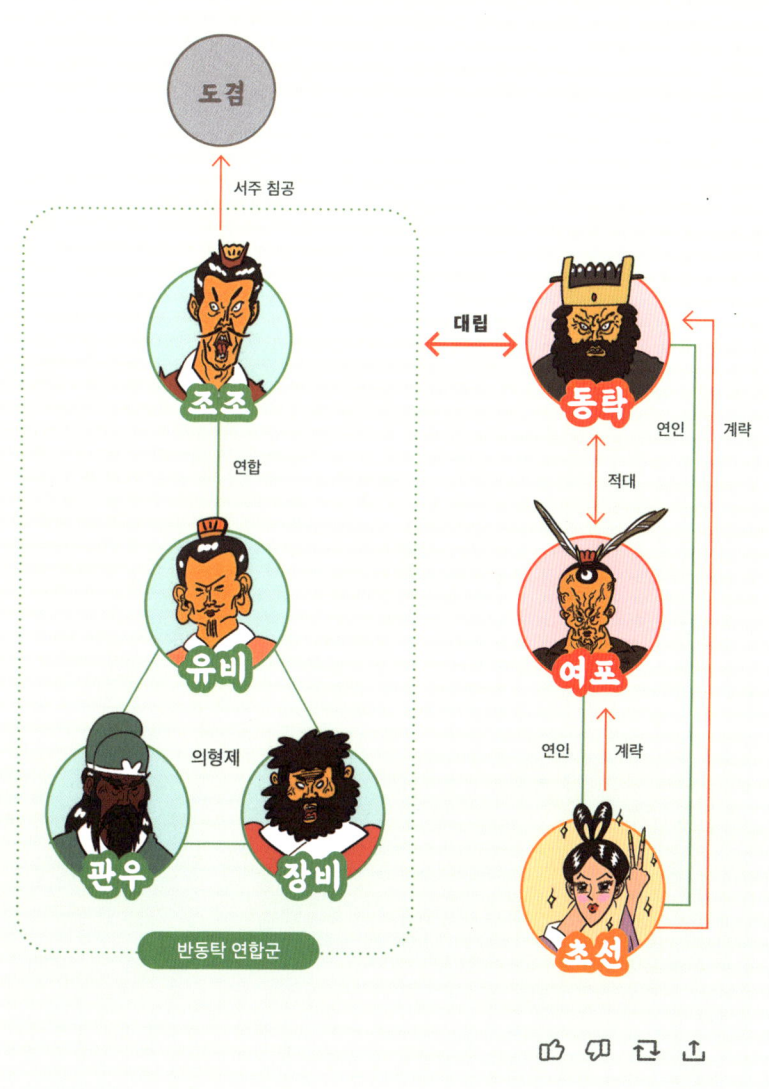

인간은
같은 실수를 반복한다

서주 공방전

여기까지 책을 읽어 보니 문득 이런 생각이 드는 독자분도 있을 것 같아요. '뭐야, 삼국지 주인공 유비, 관우, 장비 아니었어? 왜 다른 인물들만 잔뜩 나오는 거야?'

나관중이 쓴 《삼국지연의》의 주인공을 따지자면 유비 삼 형제가 맞기는 하지만, 삼국지는 기본적으로 군상극입니다. 여러 등장인물들이 나와 조금씩 커다란 줄기를 엮어 나가는 장르지요. 특히 삼국지 초반에는 아직 유비 삼 형제가 힘을 갖추지 못해 여기 치이고 저기 치이는 신세다 보니 다른 인물들이 이야기를 이끌어가는 것처럼 보여요. 지난 장에서 다룬 조조의 서주 대학살 이후의 이야기도 그렇습니다.

아버지의 복수를 다짐하며 서주에 피바람을 몰고 온 조조는 얼마 후 돌연 군사들을 데리고 서주를 떠납니다. 복수하러 힘들게 들어온 곳에 자리까지 잡았는데 이게 무슨 일일까요? 이 같은 결정에는 이유가 있었습니다. 자신의 근거지 연주에서 급보가 날아왔기 때문입니다.

급보의 내용은 누군가가 연주를 쑥대밭으로 만들고 복양성을 점령했다는 소식이었습니다. 조조가 서주에 와 있는 동안 주인이 없는 집을 빈집털이한 거죠. 이 재빠른 이는, 놀랍게도 바로 여포였습니다! 초선 때문에 양아버지 동탁을 죽인 뒤 여포는 동탁의 잔당들과 벌인 전투에서 밀리며 도망자 신세가 되었습니다. 그런 그가 군사를 이끌고 조조를 공격한 것이죠.

떠돌이 여포, 조조의 뒤통수를 치다

여포가 조조를 공격하기 이전의 이야기를 좀 살펴보겠습니다. 동탁의 수하들에게 쫓기던 여포는 일단 반동탁 연합군의 일원이었던 원술을 찾아갔습니다. 하지만 원술은 양아버지를 연달아 배신한 전적이 있는 이 배신의 아이콘을 받아주지 않아요. 다시 길 위로 쫓겨난 여포는 이번엔 반동탁 연합군의 수장이었던 원소를 찾아갑니다. 원소는 반동탁 연합군의 수장이었으니 동탁의 수하에 있던 여포와 사이가 안 좋았던 게 맞죠. 그렇다면 원술처럼 안 받아줬을 것 같은데, 삼국지에는 참 의외의 변수들이 많아요. 놀랍게도 원소는 여포를 받아줍니다. 인성이야 어떻든 재능을 더 높이 산 거지요. 여포가 그 당시 제후와 군벌들에게 쓰기 좋은 칼임은 분명했기 때문입니다.

여포는 원소 아래에서 전투를 치르며 많은 공을 세우지만, 얼마 지나지 않아 다시 목숨을 잃을 위험에 처합니다. 원소조차 여포의 오만방자함을 더 이상 참을 수 없었던 것입니다. 여포가 전투에서 공 좀 세웠다고 우쭐대며 원소의 부하들을 깔보고 안하무인이 되었거든요. 분노한 원소는 여포를 죽이려 했고, 도망 다니다가 눈치만 빨라진 여포는 발 빠르게 도망쳐 버립니다.

다시 자신을 받아주는 곳을 찾아 떠돌게 된 여포는 조조가 지배하고 있던 연주의 한 지역인 진류의 태수 '장막'에게 의탁하게 됩니다. 그리고 바로 이 장막의 군사들과 함께 조조를 공격한 거예요.

그런데 여포가 무력은 뛰어나지만 머리가 그리 좋은 인물은 아니잖아요? 그런 여포가 꾀를 내어 조조의 빈집을 털었으니 자기 머리에서 나온 계책일 리 없겠죠. 여포를 이용해 조조를 공격하라고 장막에게 입김을 불어넣은 누군가가 있었던 것입니다. 그 정체는 놀랍게도 조조와 끈질긴 악연으로 얽힌 인물, 진궁이었습니다.

삼국지 인물 진궁에 대해 알려줘.

 침GPT

- 이름: 진궁
- 자: 공대公臺
- 출생지: 연주 동군 무양현
- 직업: 정치인

#여백사 사건 목격자

   진궁은 동탁 암살에 실패해 도망치던 조조의 목숨을 살려준 사람이었지요. 조조와 함께 대의를 도모하려다 조조가 여백사 가족을 몰살하는 것을 목격한 뒤 조조 곁을 떠난 인물입니다. 그렇게 떠났던 사람이 이제 와서 왜 다시 조조를 공격하기로 마음먹은 걸까요?

   진궁에게도 히스토리가 있습니다. 도겸과 친분이 있었던 진궁은 조조가 서주를 침공하려 한다는 소식을 듣고 직접 조조를 찾아갔습니다. 죄 없는 많은 사람이 죽어나가지 않게 조조를 말려야 한다고 생각했기 때문이죠. 그런데 뒤끝이 길고 째째한 조조, 진궁이 자기를 구해준 은혜는 까맣게 잊고 자기의 큰 뜻을 이해하지 못하고 떠났다는 앙심은 계속 품고 있었나 봅니다. "과거에 나를 버리고 가더니 무슨 면목으로 나를 찾아와? 도겸을 위해 날 설득하러 온 모양인데 더는 듣고 싶지 않아"라며 진궁을 무시하거든요.

진궁이 무슨 생각이 들었겠습니까? '이 놈은 몹쓸 놈이다, 재활용이 안 된다, 내가 그때 죽였어야 했는데' 이런 생각을 했겠죠. '그때 안 죽였던 게 나비효과를 일으켜 서주 백성들이 고통받게 되는구나' 하고 엄청나게 후회했을 거예요.

하지만 진궁이 권력이 있나요, 군사가 있나요. 별 수 없이 진궁은 조조를 막지 못한 채 서주를 떠나게 되고 이후 연주 안의 진류라는 지역에 잠깐 머물게 됩니다. 이때, 마침 태수 장막에게 의탁하고자 여포가 진류에 온 거예요. 그러자 진궁의 머릿속에 조조의 발목을 잡을 묘책이 떠오릅니다.

먼저 진궁은 장막에게 가 솔깃한 한마디를 던집니다.

"공께서는 넓은 땅과 많은 백성을 거느리고 있는데, 어째서 조조의 통제를 받고 있습니까?"

자본도 있고 능력도 있는데, 조조 밑에서 월급쟁이 노릇하지 말고 그냥 이번 기회에 독립하자고 말한 거예요. 안 그래도 조조가 지금 서주에 가 있어서 연주를 비웠는데, 여포랑 손을 잡고 공격할 좋은 기회라며 언질을 준 거죠.

 삼국지를 보면 인물들이 처음부터 적극적으로 설득을 안 해요. 살살 긁으면서 구슬립니다.

장막이 진궁의 말을 듣고 생각해 보니까 나름 일리가 있단 말이죠? 빈집털이를 하는 거니까 패배할 확률도 낮은 것 같고, 거기다 여포라는 용장도 자기편이잖아요. 곧 장막은 여포에게 군사를 주고 출병 명령을 내립니다. 이렇게 진궁은 장막과 여포를 앞세워 조조를 공격하는 데 성공합니다.

서주 침공을 앞두고 조조에게 충언했다가 야멸차게 거절당한 진궁은 어떻게 해서든 조조를 쳐야겠다는 생각을 했을 겁니다. 하지만 그 마음만으로는 부족하니 이런 일을 꾸민 거예요. 인재를 많이 보유했으나 야망이 없는 도겸, 인재풀이 부족한 장막, 무력은 뛰어나지만 지혜가 부족한 여포. 이 중 장막과 여포의 조합에서 가능성을 본 것이죠. 진궁은 전략가일 뿐만 아니라 일이 성공해 자신의 역량이 돋보이게 된다면 언젠가 자신도 모사가 아닌 우두머리가 될 수 있겠다는 야망을 품었던 것 같아요.

 어떻게 보면 약간 모자란 부분이 하나씩 있는 인물들을 모아 퍼즐을 딱 맞춰가지고 일을 꾸미겠다는 구상을 한 것 자체가 똑똑한 부분이죠. 확실히 비상한 인물이었습니다.

진궁의 지략 아래 떠돌이였던 여포는 적토마와 함께 산동의 강호 조조의 근거지를 쑥대밭으로 만들며 날아다닙니다. 지략가 진궁과 무력가 여포의 조합은 거의 천하무적이었습니다. 당시 조조가 얼마나 수세에 몰렸냐면 80개의 현으로 나뉘어 있던 넓은 연주 땅에서 여포의 공격으로 조조에게 남은 지역은 견성현, 범현, 동아현 겨우 세 곳뿐이었습니다. 사실상 다 뺏긴 거나 다름없지요. 조조 입장에서는 뒤통수가 얼얼했을 테고, 여포 입장에서는 드디어 자기 인생에도 볕이 드나 싶어 신이 났을 겁니다.

벼랑 끝 조조, 여포를 속인 신의 한 수

이대로라면 연주 땅에서 조조를 확실히 몰아내는 것도 불가능하지 않을 것이라 생각한 여포. 이후 그는 연주의 또 다른 지역, 복양에서 조조와 마주하게 됩니다. 이때 조조는 여포에게 "내가 너랑 원수진 일이 없는데, 왜 내 땅을 빼앗은 것이냐?"라고 묻습니다. 그런데 이에 대한 여포의 대답이 가관입니다.

"한나라 땅을 가지고 네 땅 내 땅이 어디 있단 말이냐!"

애초에 네 땅, 내 땅 할 게 없다는 겁니다. 사실 조조는 한나라 황제에게 '동쪽을 진압하고 평화롭게 만드는 장군'이란 뜻인 '진동장군'으로 임명받은 상태였어요. 그런데 여포가 '네가 왜 주인이냐'

며 조조를 무시하고 거들먹거린 거예요. 이 대화를 끝으로 여포와 조조는 원수지간이 됩니다. 그리고 펼쳐진 여포와 조조의 대격돌! 결과는 어땠을까요? 놀랍게도 여포의 압승으로 끝납니다. 여포가 거짓 항복으로 조조를 유인해 함정에 빠뜨렸거든요. 조조는 이 함정에 빠져 수염과 머리털까지 불에 탄 채 겨우 도망칩니다.

여포가 그냥 싸워도 강한 장수인데, 진궁이라는 뇌까지 끼워졌으니 얼마나 대단했겠어요. 싸움도 잘해 거기다 함정도 팔 수 있어, 그러니까 쉽지 않게 된 거예요.

그렇게 연승행진을 하던 어느 날, 기세등등하던 여포의 앞을 가로막는 사건이 발생합니다. 수세에 몰린 조조가 기획한 계책에 그대로 당한 거예요. 여포를 유인해 기습공격을 가하기 위해 조조는 부하들에게 헛소문을 내라고 지시합니다. 바로 조조 자신이 심한 화상으로 죽었다는 소문이었습니다.

체면 따위는 이미 집어던진 지 오래인지, 조조는 여포를 완벽하게 속이고자 모든 부하에게 상복까지 입힙니다. 전투에서 대장이 죽었는데 군사들이 제대로 싸울 수 있을 리 없잖아요? 평소 꾀가 없는 여포가 이 사실을 알면 분명히 쳐들어올 거라고 조조는 확신합니다. 여포의 정찰병과 염탐꾼들은 상복을 입은 조조의 부하들을 보고 조조가 사망했고, 분위기도 심상치 않다며 여포에게 보고합니다. 그러자 기회는 지금이라고 생각한 여포가 조조의 예상대로 냅다 공격에 나섰어요.

하지만 이 판은 조조가 깔아 놓은 판. 조조는 이미 주변에 병사들을 매복시켜 놓고 여포가 들어올 때까지 기다리고 있었습니다. 결국 여포는 조조 군대의 기습으로 호되게 당합니다. 도망친 여포는 그래도 연주를 떠나지 않고 복양성으로 들어가 문을 걸어 잠그고 버텨요. 조조 역시 군량미 문제로 견성으로 돌아가며 잠시 싸움을 멈췄습니다.

재정비에 들어가나 싶었는데 얼마 후, 또다시 조조가 뒷목을 잡게 되는 일이 벌어집니다. 이번에 조조를 뒷목 잡게 한 사람은 바로 유비입니다. 대체 왜냐, 조조가 여포와 싸우는 사이 유비가 서주를 손에 넣은 것입니다.

유비는 조조가 서주를 침공할 당시 서주 백성과 도겸을 돕고자 서주에 와 있었습니다. 그러던 중 조조가 여포의 공격을 받고 떠났고, 서주의 관리자 도겸은 갑자기 찾아온 병 때문에 앓아눕고 말아요. 후사를 정해야 하는 상황이 되자 도겸은 아들이 아니라 유비가 적임자라고 생각합니다. 그래서 유비에게 서주를 맡기고자 하지요.

그러나 유비는 도겸의 부탁을 두 번이나 거절합니다. 도겸의 아들들이 뻔히 있는데 본인이 서주 땅을 물려받을 명분이 없다고 생각한 것입니다. 하지만 도겸은 포기하지 않고 죽기 직전에 유비에게 또 부탁해요. 도겸이 사망하자 이번엔 백성들까지 유비에게 간청하고요. 결국 유비는 서주를 맡기로 합니다.

  조조의 반응은? 자신은 서주를 차지하기 위해 이것저것 기획하고 학살까지 일으켰는데 유비는 가만히 앉아서 서주를 차지했으니 얼마나 얄밉고 분노가 치밀었겠어요. 조조는 아버지의 원수를 갚겠다는 명분을 내세웠지만 한편으론 서주를 차지해 동쪽을 전부 정리하고 북으로 올라가고 싶은 야망이 있었을 겁니다. 그래서 서주에 그렇게 공을 들였는데 유비가 어부지리로 냅름 가로채 버린 것이죠. 화가 머리끝까지 난 조조는 유비를 죽이겠다고 노발대발합니다.

 조조 입장에서는 채무자인 도겸에게 빚을 상환받아야 하는데 채무자가 죽어버린 거예요. 그래서 어디에서 상환받아야 할지도 모르겠는 난감한 상황에 처한 거죠. 명분도 사라지고 스트레스가 엄청난데 유비는 백성들의 추대까지 받으니까 자기가 좀 못난 것 같고, 더 열받을 만한 상황이었어요.

  당장이라도 유비를 잘근잘근 씹어먹고 싶었을 조조는, 어찌된 일인지 얼마 후 유비를 뒤로 하고 다시 여포를 공격합니다. 모든 일에는 순서가 있잖아요. 조조가 서주를 얻으려고 장거리 전투

를 나가면 여포가 연주에서 또 활개칠지 모르니, 일단 안부터 단속하고 서주로 가는 게 순서라고 생각한 것입니다.

여포는 조조가 다시 복양을 공격하러 온다는 소식을 듣고도 기세등등합니다. 조조의 함정에 빠져 군사를 잃긴 했지만, 여전히 연주 땅을 상당수 차지하고 있었으니까요. 하지만 진궁의 생각은 달랐습니다. 진궁은 섣불리 전투에 나서려는 여포를 뜯어말려요. 그런데 옛 버릇 못 버린 여포, 머리가 지시하면 들어야 할 텐데 참모 진궁의 말을 무시하고 계책 없이 군대를 이끌고 전장에 나갑니다. 결과는 어땠을까요? 결국 조조에게 박살이 납니다. 여포와 달리 조조는 "여포는 한 사람이 붙어 싸워서 이길 수 있는 사람이 아니다"라고 부하들에게 말하며 아주 신중하게 전투를 치르거든요. 결국 여포는 복양을 빼앗기는 것은 물론 군사의 3분의 2를 잃고 연주 땅에서 도망쳤고, 조조는 이후 여포와 손을 잡았던 장막까지 몰아내며 산동 일대를 독차지하게 됩니다.

도망친 여포의 손을 잡아준 유비

하지만 이때는 삼국지의 땅따먹기가 활발하게 일어나던 시절! 승승장구하던 조조에게 또다시 기가 막힌 소식이 들려옵니다. 이번에는 여포가 유비에게 의탁했다는 것입니다. 오갈 데 없는 여포에게 진궁이 유비를 찾아가 보자 제안했던 것이지요. 서주에 도착해 유비를 만난 여포는 그동안의 거만하고 오만방자한 태도는 버리고 "공께 의탁하여 함께 큰일을 도모하고 싶은데, 공의 뜻은 어떠시오?"라며 예의 바르게 유비를 대했습니다.

그런데 말입니다, 여기서 의문이 생깁니다. 두 사람 사이에는 안 좋은 기억이 있거든요. 호뢰관 전투에서 유비 삼 형제와 여포가 적으로 맞붙었었죠. 동탁군 대 반동탁 연합군으로 만나 치열하게 싸운 사이인데, 유비는 왜 여포를 받아준 걸까요?

 여포는 저주받은 검, 독이 든 성배 느낌이 있어요. 그래서 건드렸다가 꼭 탈이 나요.

사실 여포가 서주로 온다는 소식이 전해졌을 때 유비 진영에는 한바탕 소란이 일어났습니다. 호랑이 같은 여포를 받아들이면 안 된다는 참모부터, 형님은 마음이 너무 너그러워서 탈이라며 툴툴거리는 장비까지! 수많은 이들이 여포의 방문을 고운 눈으로 보지 않았죠. 그런데 유비는 부하들에게 이런 말을 합니다.

"여포가 연주를 습격하지 않았으면 조조는 끝내 이 서주를 손아귀에 넣고 말았을 거요. 덕을 보았는데, 어찌 모른 척할 수 있겠소? 여포도 생각이 있는 사람이니 딴마음은 먹지 않을 테요."

여포의 덕을 봤으니, 외면할 수 없다는 거예요. 한술 더 떠서 유비는 사신을 찾아온 여포에게 아예 서주 땅을 넘기겠다며 관아에서 쓰는 도장인 패인까지 주려 합니다. 그렇게 되면 여포가 서주 땅을 차지하고 도리어 자신이 손님이 되는 신세인데도 말이죠. 하지만 다행스럽게도 이 이상한 거래는 이뤄지지 않아요. 서주의 패인을 집어 가려는 여포를 향해 유비 뒤에서 관우, 장비가 레이저를 쏘거든요. 어색한 분위기 속에서 덩달아 무안해진 진궁도 여포를 대신해 빠르게 상황을 수습합니다.

"아무리 강해도 의탁하는 자는 주인 행세를 할 수 없다는 말이 있습니다. 그러니 공연한 의심은 거두십시오."

그러자 눈치 없이 도장을 집어 가려던 여포도 아차 싶었는지 "아닙니다. 괜찮습니다"라며 손을 거둬들였죠. 애써 얻은 땅을 여포에게 갖다 바치려는 유비의 행동이 납득되시나요? 사실 쉽게 이해하기 어려운 행동입니다. 이런 유비의 행동을 이해하려면 당시 상황을 좀 더 자세히 살펴봐야 합니다.

당시 여포는 조조에게 패한 뒤 갈 곳이 없어 유비에게 온 상황이었습니다. 그렇다고 혼자 오지는 않았겠죠? 추측해 보자면, 수하의 군사들을 전부 데리고 왔을 겁니다. 이런 상황에서 여포를 받아들이지 않는다? 아마 여포 진영과 유비 진영 사이에 전쟁이 벌어졌을지도 모릅니다. 그래서 유비는 여포의 뛰어난 무예 실력과 관직 경력을 치켜세우며 서주를 양보하는 제스처를 보인 거예요. 여포가 기분 좋게 거절한 상황을 연출해 준 것입니다.

뒤늦게 눈치를 챙긴 여포 덕분에 다행히 상황은 아름답게 마무리되었고, 이후 유비는 여포 일행에게 숙소를 내어주고 후하게 잔치까지 베풀어 줍니다.

여포의 서주 입성 2일 차, 여포는 답례의 뜻으로 유비 삼 형제를 자기 숙소로 초대합니다. 그리고 술을 마시다가 기분이 좋아졌는지 유비에게 자신의 아내를 보여주겠다고 말하죠. 갑작스러운 제안에 깜짝 놀란 유비는 극구 사양해요. 그런 유비에게 여포는 돌발 행동을 벌입니다. "아우님께서 그렇게까지 사양할 건 없지 않소"라며 유비를 '아우'라고 낮춰 부른 것입니다. 처지가 안 좋아져서 몸을 의탁하고는 있지만, 커리어로 보나 나이로 보나 본인이 유비보다는 더 위니까, 은근슬쩍 '내가 형이지?' 하고 떠본 것으로 보입니다.

집도 절도 없이 와서 "공께서~" 하던 사람이 어떻게 이틀 만에 이렇게 여유가 생길 수 있었을까요? 아마 유비가 황제가 임명한 서주의 관리자가 아니라서 아래로 생각한 것 같아요.

안 그래도 형님이 여포를 받아준 것도 탐탁지 않은데, 여포가 이런 태도까지 보이니 가만히 있을 수 없었겠죠? 여포의 말을 들은 장비가 곧장 고리눈을 부릅뜨고 소리칩니다.

"네 이놈! 우리 형님으로 말하자면 황실의 후예로 더없이 귀한 분이시다!"

험악해진 자리는 유비의 중재로 마무리되었지만, 여포는 다음 날 유비를 찾아가 떠나겠다고 말합니다. 장비한테 한 소리 들었다고 삐진 거예요.

여포의 말에 유비는 다 자기 잘못이라며, 양식과 군수품을 대줄 테니 서주성에서 약 40리 정도 떨어진 곳에 위치한 '소패'라는 고을에 가 있으면 어떻겠냐고 말합니다. 여포에게는 거절할 이유가 전혀 없는 파격 제안이었습니다.

유비는 조조가 연주를 다시 장악했으니 다음 타깃은 서주, 즉 자신이라고 생각했습니다. 그러니 조조의 공격에 대비해 어떻게든 여포를 자기편으로 만들어야 했습니다. 물론 여포가 배신의 아이콘이기는 합니다만 이미 원술과 원소에게서 쫓겨났고, 조조와는 죽기 살기로 싸워 더 이상 갈 곳도 없으니 자기를 배신할 확률은 극히 낮았습니다. '적의 적은 나의 친구'라고, 천하제일의 무력으로 명성이 높은 여포에게 땅을 좀 내어주더라도 자기편으로 삼는 게 낫다고 생각한 것이지요.

유비는 자신의 보석함에 여포를 딱 수납해 놓고 싶었던 거예요. 보석함에 넣어두고 잘 길들이면 든든한 힘이 되지 않을까 생각했던 거죠.

유비 VS 원술! 여포를 이용한 조조의 계략

유비의 배려로 소패성에 머물게 된 여포는 이후 한동안 큰 잡음 없이 동거를 계속합니다. 그런데 얼마 뒤, 유비는 서주 관리자가 된 뒤 첫 번째 전투를 치르게 됩니다. 상대는 무려 10만 대군이었어요. 유비를 향해 총공세를 펼치려는 인물, 과연 누구일까요? 유비가 반동탁 연합군에 있을 때 잠깐 만난 적이 있는 인물이죠. 바로 원술입니다. 과거 여포를 매몰차게 내쫓은 인물이기도 합니다.

> 유비를 공격하는 원술에 대해 알려줘.

 침GPT

- 이름: 원술
- 자: 공로公路
- 출신: 원씨 집안 원봉의 아들(원소의 동생)
- 직업: 지방 호족의 군사 지도자

#삼국지 다이아수저 끝판왕
#거리의 한귀 #야심가

이 원술은 반동탁 연합군의 수장 원소의 이복동생이에요. 이

복동생이니 두 사람의 어머니가 다르겠죠? 원소의 어머니는 노비 출신이고 원술의 어머니는 원씨 종가의 안주인이었어요. 더 귀한 혈통이었죠. 당시 원술의 집안은 중국 장강의 이남 지역에 펼쳐진 넓은 땅을 차지한 어마어마한 세력가였습니다. 원술은 원소를 넘어서는 최고의 다이아수저였던 겁니다.

그런데 이런 원술에게도 부족한 게 있었습니다. 워낙 부족함이 없이 지내다 보면 안하무인이 되는 경우가 있잖아요, 바로 인성이 부족했습니다. 당시 사람들은 원술을 '거리의 한귀'라고 불렀다고 합니다. 한귀는 사나운 귀신, 악귀를 뜻합니다. 이런 별명이 붙을 만했던 것이 원술의 취미가 화려한 옷을 입고, 화려한 수레를 끌고 거리를 무한 질주하는 것이었다고 합니다. 요즘으로 치면 오픈카를 타고 거리를 질주하며 속도 위반하는 망나니나 마찬가지였어요.

그런 원술이 뜬금없이 유비를 공격한 것은 얼마 전 의문의 소식을 들었기 때문입니다. 유비가 자기 땅을 빼앗겠다고 황제께 비밀리에 표문을 올렸다는 소식이었죠. 원술은 이를 듣고 어찌 돗자리나 짜던 자가 나를 넘보냐며 대노합니다. 그런 뒤 곧장 10만 군사를 모아 선제 공격에 나선 것입니다.

그런데 이상한 일이 벌어집니다. 이 무렵 유비에게 천자의 이름으로 된 조서가 도착하는데, 이 조서에 즉시 군사를 일으켜 원술을 토벌하라고 쓰여 있던 것입니다. 즉, 원술은 유비가 먼저 나서서 황제에게 자신을 공격하겠다고 한 것으로 알고 있는데, 사실 유비는 황제의 명을 받아 원술을 공격하러 가야 하는 상황이었던 것이지요. 대체 왜 양쪽에 서로 다른 이야기가 전해진 걸까요? 모든 일을 꾸며낸, 거대한 흑막이 있었기 때문입니다.

두 사람 사이에 싸움을 일으킨 사람, 다름 아닌 조조였습니다. 오만한 원술에게는 자존심을 자극하는 방법으로, 황제의 명이라면 끔뻑 죽는 유비에게는 충성심을 자극하는 방법으로 두 사람 사이에 싸움을 일으킨 것입니다.

"원술에게 사람을 보내 유비가 치려 한다고 전하면, 격노한 원술은 반드시 군사를 일으켜서 유비를 칠 것입니다. 그때 공께서는 유비에게 조서를 내려 원술을 치게 하십시오. 이렇게 해서 유비와 원술이 싸우게 되면, 여포가 딴마음을 품을 것입니다."

조조의 책사 순욱이 조조에게 한 말입니다. 조조는 유비와 여포를 눈엣가시처럼 생각하고 있었죠. 이 둘이 함께 힘을 합쳐 더 큰 세력이 되는 걸 방지하고 싶었을 것입니다. 생각 끝에 유비와 여포가 서로를 적으로 돌릴 방법을 찾았고, 계략을 성공시키고자 원술까지 이용한 것입니다. 조조가 바라는 것은 유비와 원술이 싸우는 것 그 자체가 아닙니다. 둘이 싸우는 동안 여포가 난장판을 벌이는 것입니다. 여포는 눈앞의 이익만 바라보는 기회주의자입니다. 배신을 밥 먹듯이 하죠. 조조는 유비와 원술이 맞붙으면, 틈을 엿보던 여포가 날뛸 거라고 확신했던 겁니다.

물론 유비도 이 조서가 조조의 계략인 것을 알았습니다. 하지만 함정인 줄을 알아도 조조가 술수를 썼음을 밝히지 못하는 이상, 걸려들 수밖에 없었던 것입니다.

유비는 읽자마자 황제의 뜻이 아니라는 걸 알았어요. 하지만 유비 성격을 알잖아요. 다른 사람이라면 "조조의 계략인 것 같으니까 무시해~" 했겠지만, 유비는 어쨌든 황제의 이름으로 왔으니 성격상 무시를 못합니다. 결국 명령을 받아들였죠.

전쟁에 응할 수밖에 없었던 유비는 서주성을 장비에게 맡기고 자신은 관우와 함께 전쟁터로 향합니다. 다혈질에다가 술 좋아하는 아우가 좀 걱정스럽기는 했지만 그래도 장비의 무력이라면 어떤 침입에도 버틸 수 있을 거라 믿은 것입니다.

장비의 치팅데이가 부른 여포의 습격

혼자서 서주를 지키는 임무를 맡은 장비는 유비의 우려와 달리 중요한 업무는 직접 챙기고, 술도 멀리하며 서주를 잘 지킵니다. 그런데 한 달쯤이 지나자 긴장이 풀린 것인지, 아니면 더는 참을 수 없었던 것인지, 부하들을 모아놓고 파티를 열고 맙니다.

그러면서 딱 오늘만 마시고 내일부터는 모두들 열심히 성을 지키자고 해요. '내일부터 다이어트할 거니까 오늘까지는 괜찮아!'라는 것과 비슷한 소리죠. 결국 술을 입에 댄 장비는 얼마 안 가 고주망태가 됩니다.

오랜만에 술을 마셔서 신이 난 장비는 그간 감춰 왔던 악덕 상사의 모습을 유감없이 드러냅니다. 부하들에게 술을 강요하기 시작한 겁니다. 한두 잔이면 부하들도 분위기를 맞춰줄 수 있었을 텐데 장비는 엄청난 주당이었어요. 주량이 10말 정도였다고 하거든요. 이 당시의 곡주는 오늘날의 막걸리와 비슷한 도수로 추정된다고 하는데요, 그러면 장비의 주량은 막걸리 16~20병 정도로 추측할 수 있어요.

장비가 쉴 새 없이 술을 권하자 '조표'라는 장수가 더는 참을 수 없었는지 장비가 주는 술을 거절합니다.

술버릇 안 좋은 사람한테 꼭 하는 말이 있잖아요. '술 안 마시면 참 좋은데.' 참을 꼭 붙이잖아요, 너무 대비되니까. 그 말은 술을 마시면 참 안 좋다는 뜻이에요. 술버릇이 안 좋았던 장비도 마찬가지였어요. 급발진합니다.

조표가 술을 거절하자 화가 난 장비는 독우를 매질했던 것처럼, 조표를 50대나 때립니다. 죄도 없이 괜히 두드려 맞은 조표,

당연히 억하심정이 생겼겠죠. 그래서 소패에 있는 여포에게 편지를 보냅니다. 장비가 술에 만취했으니 군사를 이끌고 와서 서주성을 빼앗으라는 내용이었죠.

그런데 조표는 어떻게 여포에게 이런 편지를 보낼 수 있었던 걸까요? 사실 조표는 여포의 장인어른이었습니다. 여포에게는 두 명의 부인과 한 명의 첩이 있었습니다. 여포는 초선을 만나기 전 엄씨 여인을 부인으로 삼았고, 소패에 머물 때 조표의 딸을 두 번째 부인 삼아 새 장가를 든 것이지요. 첩은 초선이었고요. 평소 여포를 굉장히 싫어했던 장비는 술을 거절한 조표가 여포의 장인이란 이유로 더 가혹하게 매질했던 겁니다. "내가 너를 치는 것은 곧 여포를 치는 것이다!"라고 했다니 말 다했지요.

조표의 편지를 받은 여포는 곧장 공격에 나서는 대신 급히 진궁을 호출했습니다. 똑똑한 진궁과 논의하고 싶었던 거죠. 편지를 읽은 진궁은 여포에게 "지금 이 기회를 놓치면 후회막급일 겁니다"라고 곧장 출전할 것을 제안합니다. 진궁의 허락이 떨어지자, 그제서야 여포는 얼른 갑옷을 챙겨입고 서주성으로 쳐들어갑니다.

여포는 순식간에 서주성을 휩쓸었고, 장비는 술 때문에 전투 한번 제대로 못 해보고 성을 빼앗겼습니다. 그런데 여포에게 빼앗긴 것은 성만이 아니었습니다. 장비가 술에 취해 부랴부랴 도망치느라고 서주성 안에 있던 유비의 아내들을 단 한 명도 구하

⋮

〈여포월야탈서주 呂布月夜奪徐州〉

여포가 달밤에 서주성을 빼앗다

지 못한 거예요.

유비의 상황도 좋지 않았습니다. 원술과의 전투에서 불리한 상황에 몰려 결국 일찍 후퇴해야만 했죠. 그런데 여기서 조금 황당한 일이 벌어집니다. 공격할 때는 언제고, 길 위의 떠돌이가 된 유비에게 다시 돌아오라며 다른 사람도 아닌 여포가 편지를 보낸 것입니다. 서주로 오라는 것이었지요. 이 또한 모두 진궁의 생각이었습니다.

"유비를 소패로 돌아오게 해 오른쪽 날개로 삼도록 하시지요. 유비를 앞세워 제후들을 쳐부수면 가히 천하를 주름잡을 수 있을 것입니다."

진궁은 안 그래도 주변에 적이 많은 여포가 유비까지 적으로 돌리는 건 손해라고 생각했던 듯합니다. 그래서 싸운 것은 싸운 것이고, 지금은 갈 곳 없는 유비를 불러들여 오른팔로 삼는 게 어떠냐고 제안한 것이지요. 한 황실의 후예 유비를 이용해 천하를 호령하려는 야망을 품은 것입니다. 그럴듯한 진궁의 말을 따라 여포가 유비에게 편지를 보냈던 거예요.

그렇게 서주성에는 여포가, 소패성에는 유비가 돌아와 불편한 동거를 하게 됩니다. 셋방살이 사람이 집주인이 되고, 집주인이 셋방살이하게 되었다고 할까요? 하지만 이 불편한 관계마저 오래가지 않습니다. 또다시 여포가 군사를 이끌고 쳐들어오거든요. 어안이 벙벙한 유비에게 여포는 이런 말을 합니다.

"장비를 시켜 내 좋은 말 150필을 빼앗고도 딴소리를 할 셈이냐?"

여포가 부하들을 시켜 좋은 말 300여 필을 사 오게 했는데, 뒤끝이 남았던 장비가 산적으로 위장해서 말을 훔친 것입니다. 유비는 모르게, 단독으로요. 장비는 이런 사태를 예견했는지, 여포에게 한마디를 쏘아붙입니다.

"네 이놈! 내가 말 빼앗은 건 분하고, 네놈이 우리 형님의 서주 땅을 빼앗은 데 대해선 왜 말이 없느냐!"

덩치는 이만한 사람들이 "네가 더 잘못했잖아", "아니야 네가 더 잘못했잖아" 말싸움 하는 거죠. 유치한 말싸움 속에서 장비는 '원래 서주는 우리 형님 거니까, 이 말을 살 돈도 우리 형님 거고, 그러면 이 말의 주인도 우리 형님이야!'라는 기적의 삼단 논법을 펼친 거고요.

화가 머리끝까지 난 여포는 방천화극으로 장비를 공격했고, 그렇게 벌어진 여포와 장비의 대결은 100합이 넘도록 승부가 나지 않습니다. 성안에서 둘을 지켜보던 유비는 여포에게 화해를 청하고 장비가 훔친 말을 돌려주겠다고 말합니다. 이만하면 됐다 싶었는지 여포도 그 요청을 받아들이려 하고요. 그런데 이번에는 진궁이 태도를 달리합니다. 이 기회에 유비를 죽여야지, 아니면 뒷날 반드시 화를 입을 거라고 말한 거예요. 이렇게 계속 트러블이 생겨 유비를 오른팔로 삼지 못할 바에야 결국 제거하는 게 맞다고 생각한 것입니다. 여포는 진궁의 뜻을 따라 소패성을 공격하고, 유비와 관우, 장비는 식솔들과 함께 야반도주해야만 했습니다.

혼돈 속에 맺은 의외의 연합

다시 떠돌이 신세가 된 유비 삼 형제. 또 누구에게 가서 몸을 의탁할지 고민에 빠집니다. 그런데 이때 유비는 의외의 선택을 합니다. 불과 얼마 전까지 치고박고 하던 조조에게 가기로 한 것입니다. 유비의 부하 손건이 '여포를 가장 미워하는 사람은 조조이니, 허도로 가서 의탁한 다음 군사를 빌려 여포를 치는 게 좋겠다'고 조언했는데, 유비가 이 말을 따른 것입니다. 적의 적은 친구나 다름없으니까요.

조조의 반응은 어땠을까요? 조조는 유비가 형제와 다름없다고 말하면서 유비를 흔쾌히 성안으로 초대합니다. 게다가 여포는 의리 없는 놈이니 함께 힘을 합쳐서 여포를 묵사발 내자는 말까지 해요. 영원한 적도, 아군도 없는 혼세를 그들은 살아가고 있었던 것입니다.

바야흐로 영웅을 써야 할 때
한 사람을 죽여
천하의 마음을 잃어서는
아니 된다.

 국제 뉴스를 보면 감정이 안 좋아도 필요하면 연합하고, 그러다가 또 헤어지고 그러잖아요. 삼국지도 마찬가지예요. 계속 이렇게 저렇게 조합이 만들어졌다가 헤어지고 하는 거죠.

  사실 조조의 부하 중에는 유비가 훗날 걱정거리가 될 거라며 유비를 받아들이는 것에 반대하는 이도 있었습니다. 서주를 차지함으로써 유비는 이미 조조에게 한 번 대항한 셈인데, 다시 그러지 않으리라는 법이 없으니 화근을 제거하자고 한 것입니다. 하지만 조조는 이렇게 대답합니다.

  "바야흐로 영웅을 써야 할 때 한 사람을 죽여 천하의 마음을 잃어서는 아니 된다."

  어질기로 소문난 유비를 죽였다가, 의탁하러 온 사람도 죽이는 비정한 인간이라는 프레임이 씌워질까 봐 경계한 것입니다. 유비를 살려둠으로써 대외적으로 좋은 이미지를 만들고 신임도 쌓고자 한 것이지요. 당시에도 정치를 하는 사람들에게 이미지 메이킹은 중요했나 봅니다.

 또 유비를 안 받아주면 유비가 다시 여포와 연합할 수도 있잖아요. 조조는 야심이 되게 크거든요. 갈 길이 먼데, 한 황실의 후예 유비를 내쳐서 얻는 이익보다 그의 이미지를 가져가는 게 낫겠다는 계산을 한 거예요.

그렇게 서로의 이득을 위해 탄생한 유비와 조조 연합! 조조는 일단 유비를 소패성으로 돌려보냅니다. 이렇게 비유하면 될까요? 매일 투닥거리는 친구 셋이 있는데, 그중 둘이 싸우니까 나머지 한 명이 나서서 '야, 너희 왜 싸우고 그래? 사이좋게 지내야지'라며 둘을 화해시킨 거예요. 물론 조조의 의중은 다른 데에 있었지만요. 소패성의 위치가 연주에서 서주로 가는 길에 있었거든요. 조조는 여포를 공격하기 쉽게 유비와 소패성을 전진 기지로 삼은 것입니다. 타이밍을 노리다 가까운 곳에서 곧장 여포를 공격하려는 거였죠. 이 사실을 꿈에도 몰랐던 여포는 돌아온 유비 삼 형제와 그럭저럭 사이좋게 지냅니다.

수면은 평화로웠지만 물밑은 바빴습니다. 조조와 유비는 계속 연락을 주고받으며 여포를 칠 기회를 노립니다. 그런데 둘이 편지를 주고 받던 중, 여포가 유비의 편지를 가로채는 사건이 발생합니다.

"승상의 명을 받들어 여포를 공격하려 합니다. 다만 제게 군사가 적고 장수 또한 많지 않아서 가볍게 움직이지는 못합니다. 승상께서 대군을 일으키신다면 제가 마땅히 선봉에 서겠습니다. 삼가 병기와 갑옷을 정비하여 지시를 기다리겠습니다."

승상, 즉 조조가 여포를 공격할 계획을 묻는 편지에 유비가 보낸 답장이었습니다.

 유비가 너무 민망했을 것 같죠? 겉으로는 친하게 지냈는데, 뒤에서는 '지금이야, 지금 와' 하고 있는 게 걸린 거잖아요. 수치사감이에요.

자신이 배신당했음을 깨달은 여포는 분노하며 조조가 있는 연주는 물론이고 유비가 있는 소패까지 짓밟아버리라는 공격을 명했습니다.

갑작스럽게 유비가 맹장 여포와 대적해야 하는 상황이 펼쳐지자, 조조는 유비를 돕기 위해 정예 멤버를 꾸려 소패로 보냅니다. 조조의 뜻을 받들고 유비에게 도착한 이 장수는 누구일까요? 바로 '하후돈夏侯惇'이었습니다.

> 유비를 구하러 온 조조군 장수에 대해 알려줘.

 침GPT

- 이름: 하후돈
- 자: 원양元讓
- 출생지: 패국 초현
- 출신: 한나라 개국공신 하후영의 후손
- 직업: 장수

#조조바라기 #싸움은 기세 #다혈질

|4장| 인간은 같은 실수를 반복한다 · 169

하후돈은 꽤 팬이 많은 장수입니다. 유명하기도 하고요. 유비에게 관우, 장비가 있다면 조조에게는 하후돈이 있다고 할 수 있습니다. 이 하후돈은 화끈하면서도 섬뜩한 성격으로 유명해요. 열네 살 때부터 스승에게 무술을 배우기 시작했는데 어떤 사람이 스승을 욕보이자 그를 죽였다는 일화가 있을 정도거든요. 어쩐지 캐릭터 자체가 관우랑 장비를 섞어서 만든 것 같기도 하죠?

삼국지에서 비행청소년은 좀 위험해요. 보통 10대에 일을 저지르면 '어, 어떡하지?' 하다가 잡혀가거나 하잖아요? 하지만 삼국지의 비행청소년들은 적극적인 도망자로서의 삶을 삽니다. 하후돈도 높은 전투력과 집요한 끈기를 가진 캐릭터로 그려지죠.

도망자 생활을 하던 하후돈은 조조가 반동탁 연합군을 모을 때 조조에게 의탁합니다. 그리고 조조의 부하가 된 이후 여러 전투에서 크게 활약합니다. 조조가 동탁의 잔당들에게서 황제를 구할 때, 황제의 호위에 앞장섰던 하후돈의 군대가 벤 적군의 머리만 무려 1만여 급이라고 합니다. 이는 단순한 승리를 넘어 조조군의 기세를 천하에 과시한 상징적인 사건이었습니다.

조조의 심복 하후돈, 눈알을 먹다

조조 진영에 하후돈이 있다면 여포 진영에는 '고순'이 있었습니다. 고순도 당시 하후돈 못지않게 이름을 알린 실력자였습니다. 그때도 '귀신 잡는' 해병대처럼 특별한 별명이 있는 부대가 있었던 것 같아요. 그 당시 고순이 이끄는 부대의 별명은 '적군의 진영을 반드시 함락시킨다!'는 뜻의 '함진영'이었다고 합니다. 살벌하죠?

조조의 부하 하후돈과 여포의 부하 고순은 서로를 겨누며 치열하게 싸움을 벌입니다. 그렇게 40합 이상 창을 맞부딪힌 결과, 고순이 하후돈의 기세에 밀리기 시작했고 마침내 잽싸게 도망칩니다. 그 뒤를 하후돈이 맹렬하게 쫓았죠. 바로 그때! 어디선가 화살이 날아옵니다. 고순의 동료가 하후돈이 지나가기를 기다렸다가 활을 날린 것입니다. 화살은 하후돈의 왼쪽 눈에 박혀버리고, 이때 삼국지의 명장면 중 하나가 등장합니다.

하후돈이 크게 소리를 지르며 눈에 박힌 화살을 잡아당기자 눈알까지 그대로 뽑혀 나왔고, 하후돈이 화살 박힌 눈알을 그대로 삼켜버린 것입니다.

《삼국지연의》를 보면 하후돈은 눈알을 뽑은 직후 "아버지의 정기와 어머니의 피로 만든 것인데 어찌 버리겠느냐!"라고 외칩니다. 상상만 해도 너무 기괴한데 실제로 지켜본 사람들은 어땠을까요? 적군은 공포를 느끼고, 아군은 사기가 진작되었죠.

 이후 하후돈은 안대를 하고 다녀요. 외눈장수로 등장해서 되게 포스가 있죠.

사실 이 극적인 장면은 나관중의 '뻥'입니다. 실제로는 눈알을 그렇게 뽑아버리면 과다 출혈로 인해 사망할 거라고 하네요. 다만 하후돈이 눈에 상처를 입은 것은 사실입니다. 역사서에도 하후돈이 여포 정벌 도중 왼쪽 눈을 잃는 장면 자체는 등장합니다. 자기 눈알을 먹지는 않지만요.

"하후돈이 여포를 정벌하는 데 따라갔는데 유시에 맞아 왼쪽 눈에 상처를 입었다."

《삼국지 위서》, 〈하후돈열전〉

소설에서와는 다르게, 실제 하후돈은 한쪽 눈이 없는 것에 콤플렉스가 심했던 듯합니다. 하후돈은 거울을 보다가 집어던질 정도로 자신의 외모를 싫어했다고 해요. 하지만 그의 생각과 다르게 워낙 인상적인 장면이어서인지, 하후돈은 눈알을 잃은 장수로 유명해집니다.

⋮

〈하후돈발시담정夏侯惇拔矢啖睛〉
하후돈이 화살을 뽑을 때 딸려 나온 눈알을 먹다

최강 무력 여포의 최후

 눈알을 잃고도 흔들림 없는 용맹함을 보여준 하후돈! 하지만 자칫 죽을 수도 있는 상황이기에 조조는 일단 군사를 물려 후퇴합니다. 소패에 있던 삼 형제에게도 얼마 되지 않아 위기가 닥칩니다. 기세가 오른 여포가 그대로 유비를 공격한 것입니다. 이 공격에 관우와 장비는 힘 한번 제대로 못 써보고 여포에게 각개격파 당합니다. 유비 또한 가족의 생사도 모른 채 목숨만 겨우 부지해 도망치고요. 도원결의 이후 한 번도 떨어진 적 없던 삼 형제가 뿔뿔이 흩어져 버린 것입니다.

 조조와 유비는 여포에 이를 갈 수밖에 없는 상황이었죠. 결국 두 사람은 여포를 재토벌하기 위해 다시 의기투합합니다. 다시 뭉친 연합군은 부대를 나눠 여포를 공격했고, 결국 서주성부터 소패성까지 모두 수복합니다. 연이은 승전 덕분에 유비는 다시 관우, 장비와 재회하고요. 여포는 안 되겠다 싶었는지 서주성 인근에 위치한 하비성에서 두 달 동안 성문을 걸어 잠그고 버티기 작전에 돌입합니다.

 이를 보다 못한 조조는 계략을 세웁니다. 하비성이 '기수'와 '사수'라는 두 강으로 둘러싸인 것을 이용해 수공을 펼친 것이지요. 조조의 군사들은 강들의 둑을 무너뜨려 물줄기의 방향을 하비성으로 돌려버렸습니다. 하비성은 지대가 낮았던 터라 하룻밤

사이에 성안이 모두 물바다가 되었다고 합니다. 조조의 군사들은 높은 언덕에 자리 잡고 앉아 하비성이 물에 잠기는 것을 구경했어요.

물바다가 된 하비성 안은 아비규환인데, 성에 물이 차오른다는 보고를 받은 여포는 "나의 적토마는 물도 평지처럼 건너는데 두려울 게 뭐가 있겠느냐!"라며 현실 파악 못 하는 소리를 합니다. 겨울이라 물에 젖으면 동상에 걸릴 확률도 높아지거든요. 그런데 여포는 부하들이야 어떻게 되든 말든 내 차는 수륙양용이니 성에 물이 들어와도 괜찮다고 말한 것입니다.

하다못해 비 오는 날 신발에 물만 들어가도 너무 불편한데, 성안이 잠겼다는데 이런 말을 한 거예요. "자 모여 봐, 우리 이렇게 해서 물을 빼보자" 이런 말은커녕 그냥 호방하게 "나랑 적토마가 있는데 뭔 문제야!" 한 거죠. 잘하는 건 되게 잘하고, 못하는 건 또 너무 못하는 장단이 확실한 장수예요.

그런 여포에게도 슬슬 최후의 시간이 다가옵니다. 새벽부터 조조가 공격을 개시한 어느 날, 여포는 적토마가 사라진 것을 발견합니다.

당시 여포는 조조군에게 성이 포위되어 성안에서 술로 세월을 보내고 있었습니다. 그러다가 갑자기 각성을 했죠. 이렇게 술만 마시니까 너무 수척해진 거예요. 여포는 용모에도 자신이 있고, 대단한 무장이었는데 경각심이 들었나 봅니다. 그래서 성안 사람들에게 금주령을 내립니다. 이렇게 술만 마시면 우리 나중에 전투 못 한다고 하면서요. 그런데, 누군가가 이 금주령을 어깁니다. 바로 적토마를 훔쳐 달아난 부하 '후성'입니다.

사실 후성은 여포를 잘 모시는 여포군의 대표 장수였습니다. 기쁜 일이 있으면 술을 챙겨 여포를 찾아갈 정도로 살갑고 인간성도 좋았죠. 이날도 기쁜 일이 있어 함께 술 한잔하자고 여포를 찾아간 거예요. 아마 '우리끼린데 뭐 어때?'라고 생각했을 겁니다. 그런데 여포는 술을 마시지 말라는 자기 명을 어겼다며 곤장을 50대나 때립니다. 이에 실망한 후성이 여포의 적토마를 훔쳐 조조에게로 달아나 버린 것입니다.

후성은 몸도 상했겠지만 마음의 상처도 컸을 거예요. '여포는 자신과 자기 처자식만 생각하지, 우리 부하 장수는 도구 취급하는구나!' 생각했겠죠. '지금 상황이 안 좋아져도 같이 잘해보려고 으쌰으쌰하는데 이런 사소한 일로 나를 인간대접 안 해주다니! 나 더 이상 못해!' 할 만하지 않아요?

여포는 상실감에 빠져 있을 시간조차 없었습니다. 조조군의 공격이 계속되고 있었거든요. 새벽부터 한낮까지 전투가 계속

이어졌습니다. 그러다 잠시 조조의 군대가 공격을 멈춘 사이 깜빡 잠에 드는데, 눈을 뜬 여포는 자신의 몸이 밧줄에 묶여 있는 것을 발견합니다. 부하들에게 배신을 당한 것입니다.

전말은 이렇습니다. 지난밤, 후성이 곤장을 맞을 때 부하들이 여포에게 후성을 용서해 달라고 싹싹 빌었어요. 하지만 여포는 무시하고 후성을 처벌했죠. 아마 이런 모습에 부하들은 더는 가망이 없다고 판단했나 봅니다. 결국 반란을 일으킨 거죠.

 배신을 일삼던 여포가 역으로 배신을 당해요. '배신으로 흥한 자 배신으로 망한다' 이런 느낌인 거거든요.

여포는 진궁과 함께 하비성의 성문 앞으로 끌려갑니다. 다음 장의 삽화 속에서 무릎을 꿇고 있는 사람은? 당연히 여포입니다. 맞은편 문루에 있는 사람은 조조와 유비고요.

먼저 조조는 진궁에게 묻습니다. 왜 여포 같은 자를 섬겼냐고요. 진궁은 이렇게 대답합니다.

"여포는 비록 지혜는 없으나 너처럼 간사하고 음험하지는 않다."

어찌 보면, 진궁은 조조의 심연을 들여다보았던 것입니다. 조조는 진궁의 재주를 높게 사 그를 살리고 싶어 합니다. 하지만 진궁은 단호했죠.

⋮

〈여포패주하비성呂布敗走下邳城〉
여포가 하비성에서 패주하다

"나는 이미 사로잡힌 몸이니 죽기를 청할 뿐 아무 미련도 없다."

그는 살려달라고 애원하지 않고 죽음을 선택합니다.

그럼 여포의 마지막은 어땠을까요? 여포는 "이제 내가 항복했으니, 공은 대장이 되고 이 몸이 부하가 되면 천하를 평정하기가 어렵지 않을 거요"라며 협상을 시도합니다. 무력만큼은 최고인 여포의 제안을 들은 조조는 유비와 상의를 합니다만, 유비는 곧장 이렇게 답합니다.

"공께서는 정원과 동탁의 일을 보지 못하셨소?"

정원과 동탁, 모두 여포가 모셨던 양아버지의 이름입니다. 만약 여포를 살려준다면, 세 번째로 배신당하는 희생양은 당신일 거라고 말한 셈입니다.

이건 유비의 사용자 리뷰인 거예요. 유비는 여포를 써봤잖아요? 그러니까 여포가 저주받은 마검인 걸 아는 거죠. 유비가 '여포는 별점 반 개짜리!' 하니까 조조도 느낌이 확 옵니다.

유비의 말을 들은 조조는 좌우를 돌아보며 이렇게 명령합니다.

"여포를 끌어내 목을 베어라!"

당대 적수가 없었던 최고의 무장 여포는 이렇게 비참하게 최후를 맞이하게 됩니다.

서주 일대를 평정한 조조는 유비와 형제들에게 함께 허도로

가 황제를 만나자고 제안합니다. 황제는 자신을 찾아온 유비를 보고 무척 기뻐하면서 이렇게 말하죠.

"이렇듯 영웅다운 황숙을 얻었으니 참으로 짐에게 큰 힘이 되리로다."

황실 족보를 따져 보니 유비가 숙부뻘이라 황제는 드디어 혈족이자 자신의 편을 만났다고 생각합니다. 유비를 정식으로 좌장군 의성정후로 봉하고 잔치까지 열어주며 대접해요. 이때부터 유비는 사람들에게 '유황숙'이라고 불립니다. 드디어 중앙 정계에 발을 들이고 사람들에게 널리 이름을 알리게 된 것입니다.

인중여포, 천하의 무장 여포의 최후는 그의 명성에 어울리지 않는 초라한 모습이었습니다. 그가 배신에 배신을 거듭했기 때문이었죠. 정원, 동탁을 거쳐 자신을 도운 유비까지 모두요. 장기적인 안목 없이 행동한 결과, 사람들에게 신망을 잃고 결국 가장 믿음을 주고 믿어야 할 사람인 부하들에게 배신을 당합니다. 반성하지 않는다면 인간은 같은 실수를 반복하기 마련입니다. 1,800년 전 인물인 여포의 삶이 오늘날의 우리에게 던지는 교훈입니다.

4장 주요 인물 관계도

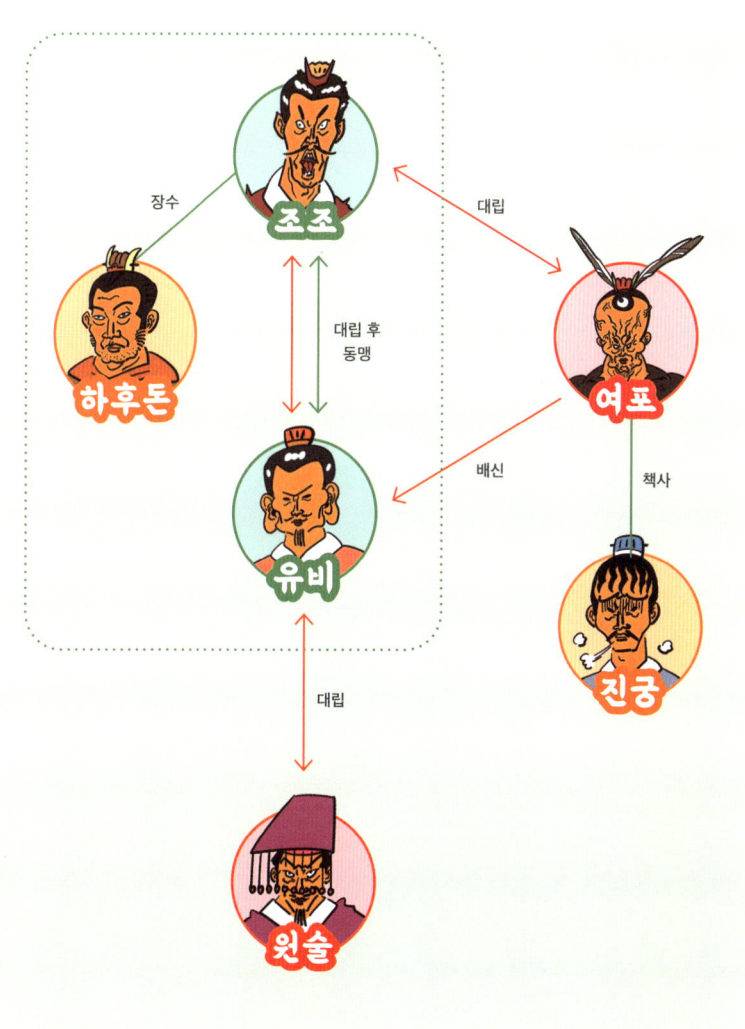

2보 전진을 위해 1보 후퇴하라

삼 형제의 위기

조조를 따라 황제를 알현하게 된 유비. 황제는 유비에게 좌장군이라는 관직을 내리며 공을 인정했지요. 그런데 유비가 황제에게 인정받고 신임을 얻는 과정을 곁에서 모두 지켜본 자가 있었어요. 황제에게 글을 올려서 유비의 공을 치하하도록 아뢰고, 어전으로 유비를 데리고 간 조조입니다.

조조는 왜 황제에게 유비를 소개했을까요? 추측하자면 자신에게 우호적인 유비를 좀 키워주려고 한 것이 아닌가 싶습니다. 또 유비는 태어날 때부터 '핏줄 수저', 황실의 자손이지요. 그런 유비를 곁에 두면서 자신의 입지를 키우려는 의도도 있었을 겁니다. 하지만 궁에서 돌아온 조조에게 모사들은 이렇게 말합니다.

"황제께서 유비를 황숙으로 인정하였으니, 승상께는 별로 이로울 게 없을까 걱정입니다."

황제와 유비가 가까워질수록 조정에서 조조의 입김이 약해지는 것은 아닐까 염려한 것입니다. 이 말을 들은 조조는 뭐라고 했을까요?

"유비가 명색은 황제 곁에 있지만 실은 내 손아귀 안에 있는데 두려워할 게 뭐 있는가?"

승상이 된 이후, 조조는 막강한 힘을 휘두르고 있었습니다. 유비가 제아무리 황제의 인정을 받고 떠받들어져도, 충분히 통제할 수 있다는 거지요. 그뿐 아니라 자신이 황제마저도 쥐락펴락할 수 있는 존재란 걸 은연중에 내비친 겁니다. 그리고 마침내 조조가 이런 자신의 본심을 적나라하게 드러내는 사건이 벌어집니다. 삽화를 보면서 그 사건 속으로 들어가 볼까요?

황제 앞에서 벌인 조조의 만행

황제가 주관한 사냥을 즐기는 모습을 그린 그림입니다. 황제의 사냥을 돕기 위해 무려 10만 명의 군사가 200여 리에 달하는 사냥터를 둘러싸고 사냥감을 몰았지요. 이 사냥에 조정의 신하들은 물론이고, 조조와 유비, 관우, 장비도 참석했습니다. 날쌔게

〈조맹덕허전사록曹孟德許田射鹿〉
조조가 허도의 사냥터에서 사슴을 쏘다

말을 타고 달리는 왼쪽 인물이 유비고요. 장비와 관우는 유비 위쪽에 있네요. 오른쪽에 활시위를 당기고 있는 인물이 조조고, 조조 뒤에 있는 인물이 바로 황제입니다.

그런데 얼마 후, 조조가 수상한 행동을 해요. 사냥을 나오면서 자기 활과 화살을 놓고 왔을 리는 없을 텐데, 황제에게 활과 화살을 빌려달라고 한 것입니다. 황제의 활은 보석이 박힌 보조궁이고, 화살은 금촉이 달린 금비전입니다. 누가 봐도 단번에 황제의 것임을 알 수 있는 물건이었지요. 조조는 황제에게 빌린 활로 사슴을 겨누어 맞추었습니다. 멀리서 지켜보던 신하들은 사냥물에 황제의 화살이 꽂혀 있으니 당연히 황제가 화살을 쏜 줄 알고 일제히 "황제 폐하 만세!"를 외쳤습니다. 그러나 곧 신하들의 표정이 순식간에 굳어 버립니다.

기다렸다는 듯이 조조가 황제의 앞을 가로막고 나서더니 신하들의 치하에 답례를 하는 것이 아니겠어요?

이게 무슨 상황일까요? "차렷, 경례!" 후에 선생님께 인사했는데 갑자기 지각생이 나타나서 "인사 잘~한다!"라고 한 거예요. 조조가 황제 대신 인사를 받은 거죠.

당시 황제는 곧 천자, '하늘의 아들'이었다고 앞서 이야기했었죠? 그런 신적인 존재에게 불경스러운 일을 저지른 것인데요. 게

다가 조조가 사냥한 사슴은 황제를 상징하는 신성한 동물이기도 했어요. 주변의 신하들은 '하필이면 다른 동물도 아니고 사슴을?' 하고 더 놀랐을 겁니다. 조조는 문무백관 앞에서 황제를 업신여기며 자기 위세를 과시한 거예요.

사실 조조의 이런 무례한 행동은 의도된 계략이었습니다. 수많은 신하가 모인 자리에서 황제를 무시하는 파렴치한 행동을 한 뒤, 반응을 보고 자신에게 적개심을 드러내는 자가 누구인지 찾으려고 한 거예요.

조조가 호기롭게 좌중을 둘러보던 그때, 유비는 심상찮은 기운을 느끼고 깜짝 놀랍니다. 도끼눈을 뜬 관우가 칼을 든 채 조조를 향해 달려갈 기세였던 것입니다! 조조의 선 넘는 행동을 참을 수 없었던 것이지요. 유비는 나서지 말라는 신호로 황급히 손을 저어 관우를 제지하며, 혹여라도 조조가 그런 관우의 행동을 눈치챌까 싶어 재빨리 조조 앞으로 다가가 이렇게 말합니다.

"승상은 참으로 세상에 보기 드문 신궁이십니다."

유비는 조조를 치켜세우는 처세술로 상황을 모면한 것입니다. 칭찬을 들은 조조, 기분이 나쁘지는 않았겠죠? 슬쩍 말머리를 황제에게 돌리더니, "이 또한 황제의 큰 복이시오"라고 말합니다.

옛날에 블로그나 유튜브에서 '나를 댓글 달게 하다니' 이런 댓글을 남기는 사람들이 있었어요. 글이나 영상을 칭찬하는데 묘

하게 자기를 높이는 식이죠. 그러니까 조조도 황제의 복이라면서 공치사를 한 겁니다.

그러더니 조조는 황제에게 빌린 활을 자기 등에 걸고 가져가 버리기까지 합니다.

그렇게 사냥이 끝나고 허도로 돌아온 날, 누군가가 유비 처소의 문을 두드립니다. 관우가 유비를 찾아온 것입니다. 관우는 어째서 형님이 자신을 말렸는지 이해가 되지 않았거든요. 그러자 유비가 이렇게 말합니다.

"쥐를 잡겠다고 그릇을 깨어서는 안 된다는 말이 있다."

중국의 역사서인《한서》속 유명한 고사인 '**투서기기**投鼠忌器'를 이야기하며 관우를 달랜 것인데요. '던질 투', '쥐 서', '꺼릴 기', '그릇 기'가 모여 완성된 고사로, 물건을 던져서 그릇 안에 숨은 쥐를 잡고 싶지만, 잘못되면 그릇이 깨질까 두렵다는 뜻입니다. 황제의 곁에서 위세를 부리고 잘못을 저지르는 측근들을 처치하고 싶지만, 도리어 황제에게 해를 끼칠 수도 있으니 그리하지 않는다는 것이지요.

우리나라 속담에도 비슷한 게 있잖아요. '빈대 잡으려다 초가삼간 다 태운다!' 사람 사는 게 다 똑같네요.

황제, 비밀 혈서를 전하다

그러던 어느 날 밤, 또 다른 누군가가 유비를 찾아옵니다. 그자는 유비를 보자마자 "지난번 사냥터에서 관우가 조조를 죽이려 할 때 장군은 왜 제지하셨소?"라고 물었어요. 유비가 깜짝 놀라 그걸 어떻게 알았냐고 묻자, 그자는 정체 모를 하얀 비단을 유비에게 내밀었습니다. 그 안에는 누군가가 피로 쓴 글이 적혀 있었어요. 그 혈서의 내용은 이랬습니다.

"조조가 권세를 부려 나라의 기강을 무너뜨리니, 짐은 밤낮으로 나라의 운명이 위태로운 지경에 처하지 않을까 근심이다. 충의에 불타는 열사를 불러 모아 간당을 제거하고 사직을 다시 바로잡는다면 다행일 것이다. 짐은 손가락을 깨물어 피로써 이 조서를 쓰나니, 짐의 기대에 어긋남이 없게 하라."

이는 황제가 직접 쓴, 승상 조조를 제거하라는 명이 담긴 밀서였습니다. 황제는 지금까지 조조의 위세를 꾹꾹 참아왔지만, 사냥터에서 조조의 행동을 보고는 언제 자신이 역모로 죽임을 당하더라도 이상한 일이 아니라고 생각했습니다. 그래서 먼저 조조를 공격하는 게 낫겠다고 판단한 것입니다. 그렇다면 이 혈서를 전달한 자는 누구일까요? 바로 황제의 처남이기도 했던 '동승董承'입니다.

동승은 중앙 상비군을 통솔하고 정벌 전쟁을 관장하는 거기장군이었는데요. 황제의 후궁인 동귀비의 오빠였습니다. 더 중요한 점은, 동승이 '타도 조조'를 외치는 황제의 비밀결사대였다는 것입니다.

 사냥터에서 관우가 화가 난 얼굴로 조조를 향해 칼을 뽑으려 한 모습을 눈여겨본 거죠. 그런데 관우는 원래 얼굴이 붉은데 화가 나서 달아오른 얼굴을 어떻게 알아봤을까요?

그런데 허도 곳곳에는 조조의 심복과 친인척이 바글바글했습니다. 특히 궁궐 여기저기에는 조조가 심어둔 눈과 귀가 숨어 있었죠. 이런 상황에서 황제는 조조를 죽이라는 명령을 어떻게 전달할 수 있었을까요? 그 비밀은 바로 다음 삽화에 나와 있습니다.

어떤 장면처럼 보이나요? 누군가가 무릎을 꿇은 사람에게 무언가를 전달하고 있습니다. 물건을 주는 이는 황제고, 그것을 받는 이는 동승입니다. 동승은 과거에 장안에서 황제를 구한 적이 있었습니다. 황제는 동승에게 단 하루도 이 일을 잊은 적이 없다며, 자신이 관복에 두르는 허리띠인 옥대와 비단으로 만든 두루마기인 금포를 벗어서 동승에게 준 것이지요.

그렇다면 혈서는 어디에 있을까요? 황제는 묘수를 생각해 냅니다. 바로 옥대 안에 감춘 것입니다. 가죽 안감 속에 혈서를 넣고, 밖에서는 보이지 않게 꿰맨 것이지요. 황제는 옥대를 건네주

⋮

〈동승밀수의대조董承密受衣帶詔〉

동승이 비밀리에 의대조를 받다

며 동승의 귀에 은밀히 속삭입니다.

"돌아가서 자세히 살펴보고, 짐의 뜻을 저버리지 말라."

 아니, 옛날에 도와준 일을 그때는 가만히 있다가 이제야 보답 한다는 것도 이상한데 황제가 "집에 가서 잘 살펴봐~ 잘 살펴보면 좋은 일이 일어날지도?" 이러니까 동승은 뭔가 이상하다 싶었겠죠. 곧 텔레파시라도 통한 듯 단번에 황제의 의도를 파악해요.

동승은 얼마나 떨렸을까요? 자칫 잘못하면 자신뿐 아니라 황제의 안위도 위험해질 수 있으니까요. 그런데, 궁 밖으로 나간 동승에게 놀라 나자빠질 만한 일이 벌어집니다. 조조가 떡하니 자신을 기다리고 있었던 것입니다.

"그 옥대를 풀어 내게도 좀 보여주시오."

동승은 최대한 자연스럽게 황제가 준 물건이니 안 된다고 거절합니다. 그러자 조조는 곧장 본심을 말하지요.

"황제가 이 물건을 준 건 특별한 이유가 있기 때문 아니겠소?"

동승은 마른침을 꼴깍 삼킵니다. 정확하게 알지는 못하지만 분명 황제가 준 물건 속에 밀서가 있다고 생각했거든요.

허도 곳곳에 심어둔 소식통이 조조에게 황제가 수상한 일을 벌인다고 알린 것입니다. 그 소식을 들은 조조는 의구심이 들어

부랴부랴 궁궐로 온 것이고요. 조조는 하인에게 당장 동승의 옥대를 풀어서 가져오라 지시합니다. 그리고 건네받은 옥대를 요리조리 살펴보더니, 이번엔 동승에게 금포까지 벗어달라고 해요. 조조는 금포와 옥대를 받아 입어보더니, 빙그레 웃으며 이렇게 말합니다.

"이 금포와 옥대를 내게 줄 생각이 없으시오?"

절체절명의 순간! 여러분이라면 어떻게 하겠어요? 동승은 이 상황을 빠져나갈 수 있을까요?

"황제께서 하사하셨지만 정 필요하시다면 승상께 드리리다."

어차피 이렇게 된 거, 이판사판이라고 생각한 것입니다. 조조의 의심을 벗어나고자 강단 있게 밀고 나갔지요. 당당한 동승의 태도를 본 조조는 어찌 황제께 하사받은 것을 함부로 빼앗겠냐며, 장난을 쳐본 것이라고 말한 뒤 돌아갑니다. 동승으로서는 가까스로 위기를 넘긴 셈입니다.

다시 동승과 유비의 만남으로 돌아와서, 동승은 유비에게 조조를 제거하고자 뜻을 모은 결사대 여섯 명의 서명이 적힌 서약서도 쓱 내밉니다. 황제의 혈서와 비밀결사대의 서약서를 받은 유비, 어떤 반응을 보였을까요?

"공께서 조서를 받들어 도적을 치신다니, 유비가 어찌 견마의 수고를 사양하리까."

유비는 흔쾌히 붓을 잡고, 동승이 내민 서약서에 '좌장군 유비'

라고 서명합니다. 조조 제거라는 거사에 몸을 바치기로 한 결사대의 일원이 된 것입니다.

유비에게 깜빡 속아 넘어간 조조

동승의 방문이 있은 뒤 얼마 후, 갑자기 유비의 집에 조조의 심복 '허저許褚'와 '장료張遼'가 수십 명의 군사를 끌고 들이닥칩니다. 두 장수는 유비를 조조의 거처로 부르는 조조의 말을 전해요. 유비는 불안한 마음을 애써 감추며 태연하게 조조를 만나러 갑니다.

"요즘 집 안에 들어앉아 큰일을 하신다고 들었소."

조조는 유비를 보자마자 이렇게 말했습니다. 혹시 동승과 결의했던 거사가 발각된 걸까요? 하지만 다행스럽게도 조조가 이렇게 말한 이유는 다른 데에 있었습니다. 서약서에 서명한 이후 유비는 집 뒤뜰을 갈아엎더니, 씨를 뿌리고 농사를 짓는 데 집중했거든요.

여기서 유비의 뛰어난 처세술을 확인할 수 있어요. '나는 소소하게 소일거리나 하고 있다' 큰 뜻이 없다는 걸 보여주기 위한 연기를 한 겁니다. 일종의 연막작전이죠. 이 소식을 들은 조조가 "요즘 주말농장 열심히 하신다면서요?" 식의 안부 인사를 건넨 거예요.

이런 유비의 모습을 '**도회지계**韜晦之計'라고 합니다. '감출 도', '어둠 회', '어조사 지', '꾀 계'를 써서 자신의 야망과 목적을 숨기고 때를 기다린다는 의미를 나타내지요. 조조는 그런 유비를 바라보며 여유롭게 말을 이어갔습니다. 마침 담가둔 술도 잘 익었겠다, 술 한잔 기울이며 흉금을 터놓고 이야기나 나누고자 초대했다면서요.

조조는 유비를 정자로 안내합니다. 따뜻한 술과 함께 파란 매실이 준비된 모습을 확인한 유비는 그제야 가슴을 쓸어내리고, 조조가 채워주는 맛 좋은 술을 거듭 들이켜며 즐거운 시간을 보냅니다.

한참 그렇게 한담을 나누는데, 갑자기 하늘에 잔뜩 먹구름이 끼더니 장대 같은 비가 쏟아집니다. 그러자 시중을 들던 하인이 손가락으로 하늘을 가리키며 이상한 말을 하지요.

"저기 용이 하늘로 오릅니다."

다음 장의 삽화로 볼까요? 유비와 조조가 마주 본 채 앉아 있습니다. 오른쪽에 앉은 사람이 조조, 그 맞은편에 앉아서 술잔을 든 사람이 바로 유비죠.

⋮

〈청매자주논영웅靑梅煮酒論英雄〉

푸른 매실을 넣어 데운 술을 마시며 영웅을 논하다

 뒤편에 무섭게 생긴 얼굴의 두 남자가 서 있네요. 무섭게 생기면 누구다? 맞아요. 관우, 장비입니다. 유비를 에스코트하러 와서 기다리고 있는 거예요.

그런데 왼쪽 하늘에 떠 있는 것이 뭔지 알겠나요? 바로 하인이 말한 용입니다. 네 개의 발톱을 가진, 전설의 사조룡이에요. 왜 용이 그려져 있을까요? 사실 진짜 용은 아니고, 용오름이 생긴 것을 보고 이 당시 사람들은 용이 올라간다고 표현한 것입니다.

그렇게 한참 용오름을 구경하던 조조가 넌지시 유비에게 말을 건넵니다.

"용이 저렇게 때를 만난 것이나 사람이 큰 뜻을 세워 천하를 종횡하는 것이나 매한가지라, 용의 됨됨이는 천하의 영웅과 비길만 하오. 오랫동안 천하를 돌아보며 당대 영웅들을 두루 만나 보셨을 터, 누가 영웅인지 어디 말씀 좀 해보시오."

유비는 그 말을 듣고 '조조가 허투루 이런 질문을 할 리 없는데?' 생각하면서 이름만 들어도 알 만한 영웅을 척척 말했습니다. 군사와 양식으로 창고가 빵빵한 곡창지대 회남의 원술, 넓은 땅과 훌륭한 인재를 거느린 기주의 호랑이 원소, 아홉 개의 군을 거느리고 명성이 자자한 형주의 유표, 물길을 장악한 강동의 뉴페이스 손책…. 그 말을 가만히 듣고 있던 조조가 고개를 가로저으면서 이렇게 말했습니다.

지금 천하 영웅은
유비 당신과
이 조조뿐이오!

"지금 천하 영웅은 유비 당신과 이 조조뿐이오!"

사실상 궁궐 내 일인자인 조조가 다른 자들은 모두 별 볼 일 없고, 오로지 유비가 자신과 동등하다고 말한 것입니다. 조조의 말을 들은 유비는 번쩍 정신을 차립니다. 야망을 드러냈다가는 조조가 자신을 가만두지 않겠다고 생각한 것입니다.

사실 조조는 유비를 처음 만났을 때부터 견제해 왔습니다. 유비가 지금은 별것 없어 보이고 야심이 없는 척하지만, 호뢰관 전투에서 삼 형제의 실력을 봤기 때문이죠. 언젠가 대업을 이룰 것 같기도 하고, 자신과 대적할 것 같기도 하니 넌지시 그런 말을 던져 떠본 것입니다.

조조는 유비가 자신처럼 야심이 있어 보여 경쟁 업체가 될까 봐 그게 되게 불안했던 것 같아요. 또 인재 좋아하는 조조니까 유비가 탐나기도 했을 테고요. 불안감과 욕심 사이에서 갈팡질팡하는 느낌이죠?

그런데 유비가 정말 조조의 말에 놀라기는 했나 봅니다. 사람이 당황하면 안 하던 실수를 하죠? 이 긴박한 순간에 유비가 실수를 저지릅니다. '내가 거사를 꾸민다는 걸 조조가 눈치챈 걸까?', '나를 낮춰서 지금 상황을 모면해야 할 텐데…' 이런저런 생각에 잠겨 있다가 그만 쥐고 있던 젓가락을 떨어뜨리고 만 거예요. 그런데 여기서 또 한 번 유비의 처세술이 빛을 발합니다. 몸을 숙여 젓가락을 집으며 이렇게 말한 거예요.
"무슨 천둥소리가 이리 대단한고…."

'내가 영웅이라고? 나 이렇게 천둥소리에도 깜짝 놀라는 소심쟁이야~'를 보여주기 위해 연기를 한 거죠.

조조는 유비의 어리숙한 연기에 깜빡 속아 넘어가고 맙니다. 그렇게 경계를 푼 조조와 유비가 한창 술을 마시고 있는데, 한 병사가 보고할 게 있다며 다급히 조조를 찾아왔습니다.
"원술이 원소가 있는 하북으로 갈 듯합니다. 두 사람이 힘을 합하면 그 기세를 막기 어려울 듯합니다. 속히 대책을 세우셔야 합니다!"

당시 원소는 황하 유역을 중심으로 한 중원을 두고 조조와 패권을 다투던 사이였습니다. 병사의 보고를 들은 유비는 담담하게 조조에게 한마디를 합니다.

"만약, 원술이 원소에게 간다면 반드시 서주를 거쳐야 합니다. 승상, 제게 군사를 주시면 서주에서 원술을 잡아 바치겠습니다."

원술이 이동하는 길목인 서주에서 원술을 격파하겠다고 말한 겁니다. 유비에게 서주는 너무나 익숙한 곳이지요. 지리는 물론

인맥까지 빠삭한 지역이었습니다. 조조 입장에서도 원소와 원술의 만남은 반드시 막아야 했습니다. 둘이 세력을 합치면 원소가 중원의 권력자로 급부상할 게 뻔했거든요.

유비는 비밀결사대 일원이잖아요? 조조의 세력권 안에 있으면 감시를 받는 상황인 거죠. 여태까지는 허도를 나올 명분이 없었는데, 마침 좋은 기회가 생긴 거예요.

문제는 조조가 유비를 얼마나 믿느냐였지요. 이제 어느 정도 유비를 신임하게 된 조조는 5만의 군사를 내줍니다.

유비를 지키려는 관우의 돌발 행동

서주에 도착한 유비는 조조의 명령으로 주둔 중이던 거기장군 '차주'의 환대를 받습니다. 그리고 얼마 후, 삼 형제는 원술의 군대가 온다는 소식을 듣고 성 밖으로 나가 전쟁터로 향했어요. 결과는 어땠을까요? 전투는 금세 판가름 납니다. 유비 삼 형제가 압도적인 승리를 거두거든요. 원술은 어떻게 됐을까요? 겨우 목숨만 구해 달아나던 길에 제 분에 못 이겨 화병으로 죽고 맙니다. 결국, 유비는 조조가 원하는 결과를 얻어냈습니다.

사세삼공 집안의 원술이 맞이한 최후는 굉장히 비참해요. 원술은 귀공자니까 평소에 맛있는 것 먹었겠죠? 땡볕에서 "꿀물 먹고 싶다" 투정 부리다가 죽어요. 그래서 삼국지 좋아하는 사람들은 원술을 꿀물좌라고 부릅니다.

그런데 얼마 되지 않아, 서주성에서 커다란 사건이 벌어집니다.
"차주를 죽였으니 남은 자들은 모두 항복하라. 그리하면 죽이지 않겠다!"

차주는 조조의 명령을 받고 서주성을 지키던 인물이었지요? 서주에 도착한 유비를 극진하게 맞이해 주었죠. 그런데 누군가가 깜깜한 새벽을 틈타 서주성에 침입해서 차주를 죽인 겁니다. 대체 누가 그랬을까요? 놀랍게도 관우였습니다.

어떤 사건이 발생하면 장비가 했는지 관우가 했는지 헷갈리는 분들이 종종 있는데요. 대개 술 먹고 행패 부리면 장비, 일대일 상황에서 누군가를 죽이려 들면 관우예요. 장비는 행패에서 끝나고, 관우는 누구든 썰어오는 경우가 많죠.

관우가 차주를 죽이게 된 데는 물론 이유가 있습니다. 조조가 유비에게 군사 5만을 빌려줬죠? 원술을 물리치고 난 뒤 유비는 어떻게 했을까요? 허도로 돌아가지 않았습니다.

사실 유비는 원술을 치겠다고 한 시점부터 조조를 배신하기로 결심했던 듯합니다. 유비가 서주로 떠난 궁극적 목적은 그곳에 눌러앉아 다시 기반을 쌓는 것이었어요. 조조의 감시망을 벗어날 틈만 보던 유비에게 원술을 격파하겠다는 건 좋은 빌미였죠. 그래서 유비는 조조의 명령이 떨어지자마자, 밤새 병마를 수습해 급히 길을 떠났었어요. 그때 관우는 유비에게 왜 이리 서두르냐고 물었습니다. 이때 유비가 자신의 심정을 '농중조 망중어 籠中鳥 網中魚'라고 빗대어 표현했지요. 풀이하면 '새장 속의 새, 그물 속의 물고기'라는 뜻입니다. 여태껏 자신의 신세가 그와 같았는데, 풀려날 기회인 지금 어찌 마음이 급하지 않겠냐고 말한 것입니다.

돌아오지 않는 유비를 보면서 조조는 '하필이면 세력을 키우기 쉬운 서주에서 5만 군사를 데리고 잠수를 타? 수상하다?' 생각하다가 유비의 메소드 연기에 깜빡 속았다는 걸 깨닫습니다. 서주는 조조 것이고, 서주 지점장이 차주잖아요? 조조는 곧 차주에게 '얘는 컨트롤이 안 되니까 네가 처리해'라는 비밀 지령을 내립니다.

차주는 조조의 지령을 받고 유비가 서주성으로 돌아올 때 환대하는 척하면서 가까이 가서 칼로 베어 죽인다는 계획을 세움니다. 그런데 어찌 된 일인지 이 계획이 새어나가 버립니다. 이 정보를 들은 관우와 장비가 가만히 있을 리 없죠. 관우는 조조가 보낸 지원병인 척하고 서주성 안으로 들어가 차주의 목을 베어 버립니다. 장비는 차주의 가족을 참살하고요. 뒤늦게야 이를 전해 들은 유비는 이 일의 후폭풍을 감당하기 쉽지 않으리라는 것을 직감하게 됩니다.

복수귀가 많이 탄생하니까 후환이 두려워서 한번에 다 썰어버린 거죠. 풀을 뽑을 때 뿌리까지 싹 뽑는 것처럼요.

조조군을 노린 장비와 유비의 계략

조조는 유비에게 맞은 뒤통수가 너무 얼얼했는지, 그만 오랜 지병인 두통이 도져 한동안 병석에 누워 지냅니다. 그런 조조에게 부하가 와서 사람이 오가는 관문과 나루터마다 웬 격문이 빽빽하게 붙어 있다고 호들갑을 떨어요. 격문이란 적군을 달래거나 꾸짖기 위한 글을 말하는데요. 부하는 그것을 병상에 누워 있는 조조에게 보여줍니다. 격문의 내용은 이랬습니다.

'조조의 머리를 가져오는 자에게는 5,000호를 거느리는 제후 자리를 주고, 상금 5000만 금을 내릴 것이다. 휘하의 장수와 부

하들은 항복한다면 그 죄를 묻지 않을 것이다.'

조조를 죽이면 큰 상을 주겠다는 이 글, 누가 쓴 걸까요? 바로 원소였습니다. 원소가 조조를 향해 선전포고를 한 것이지요. 그런데 여기에는 숨겨진 비밀이 있었습니다. 원소가 이런 격문을 낸 배경에는 유비의 공작이 있었거든요.

두 동생이 차주와 그 가족을 몰살하자 유비는 당장에라도 조조에게 공격을 당할까 봐 마음을 졸였습니다. 유비에게 서주 토박이 참모가 와서 조언을 하나 합니다.

"조조가 두려워하는 자는 원소입니다. 원소에게 도와달라는 편지를 쓰십시오."

그런데 앞에서 보았듯이, 유비는 원소의 이복동생인 원술을 죽게 만든 장본인이잖아요? 이런 유비를 원소가 도와줬을까요? 의외로 원소는 유비를 도와 조조를 제거하는 데 힘을 보태기로 합니다. 이때의 원소는 환관들을 수천 명씩 죽이기도 한 냉정함과 결단력을 갖추고 있던 젊은 시절과 달리 우유부단해져 있었거든요. 원소 세력 내부에서도 논의가 팽팽하게 갈렸는데요. 그때 한 모사가 낸 '서주의 유비와 힘을 합치면 쉽게 조조를 격파할 수 있다'라는 의견에 원소는 솔깃합니다. 게다가 유비에겐 선심을 쓰는 모양새 또한 취할 수 있기에 고민 끝에 유비를 돕기로 결정한 것입니다.

원소의 격문을 본 조조는 모사들과 함께 대처 방안을 고심합니다. 원소를 치자니 5만 군사를 지닌 유비가 서주에서 계략을 꾸밀 수도 있고, 유비를 치자니 원소가 그 틈을 노려 빈 허도를 덮칠까 걱정이었지요. 결국 조조는 유비와 원소를 동시에 공격하기로 마음먹습니다.

얼마 후, 서주성에서 100여 리 떨어진 곳에 조조의 영채가 들어섭니다. 영채 중앙에는 조조의 출정을 알리는 깃발이 꽂혀 있었고요. 삼 형제는 조조군과 물러설 수 없는 전쟁을 하게 된 것입니다.

그런데 팽팽한 대치로 긴장감이 감돌던 전쟁터에서, 장비가 또다시 한 병사를 호되게 매질하고 있었습니다.

장비가 이상 행동을 하면 뭐다? 맞습니다, 술을 마신 거예요. 만취해서 행패를 부린 것이지요.

장비에게 죽기 직전까지 얻어맞은 병사는 걸음아 나 살려라, 조조군의 장수 '유대'의 영채로 도망을 갑니다. 하마터면 죽을 뻔했으니 장비에게 앙심을 품고 적군에 투항한 것이지요. 그 병사는 장비가 오늘 밤에 급습할 거라며 기밀을 누설합니다. 유대는 가운데 영채를 비우고 양편에 군사를 매복시켰어요. 그 병사 말대로 장비가 쳐들어온다면 양쪽에서 단번에 둘러싸 일망타진할 계획이었던 것이지요.

정말 밤이 되자, 병사의 말대로 장비의 군대가 영채를 급습해 불을 지르기 시작했습니다. 그 모습을 보고 유대의 군대는 우레와 같은 함성을 지르며 장비군을 둘러싸요. 바로 그때! 생각지도 못한 장면이 펼쳐집니다. 유대군의 뒤쪽에 장비군의 또 다른 군대가 나타나서 유대군을 포위한 거예요. 생각지 못한 급습에 퇴로가 막힌 유대에게 장비가 다가와서 유대의 허리를 꺾어버렸습니다.

예전에 장비가 술을 마시고 일을 한번 그르친 적이 있잖아요? 자신의 실수를 레퍼런스 삼아서 일부러 정보를 흘렸던 거예요. 술 먹고 때렸다고 하면 장비는 그럴 만하다고 생각할 테니까 속이기가 쉬웠던 거죠.

그렇다면 유비는 장비가 잡아 온 장수들을 어떻게 했을까요? 유비는 이상한 행동을 합니다. 꽁꽁 묶인 유대를 보고는 오히려 장비를 혼내더니 이렇게 말했지요.

"내 아우, 장비가 장군을 모독하였소. 부디 용서해 주시오."

이뿐만이 아닙니다. 관우가 잡아 온 왕충까지 감옥에서 꺼내 오더니 파티까지 열어준 거예요. 그러더니 유비는 조조군의 장수들에게 이렇게 말했습니다.

"나는 승상께 큰 은혜를 입어 항시 어찌 보답할까 생각하던 터인데, 감히 모반할 리가 있으리까? 두 분 장군은 허도로 돌아가시어 좋은 말씀으로 승상께 이 뜻을 전해주십시오."

"나는 절대로 조조에게 역심을 품지 않았다. 차주가 갑자기 나를 죽이려고 하니까 정당방위한 거다" 이렇게 말하고 있는 거예요. 유비의 이 말은 진심일까요? 당연히 아니죠. 진심이었다면 허도로 돌아갔겠죠.

조조의 마음을 달래 시간을 벌려 했던 유비의 속내를 모르고 허도로 돌아간 왕충과 유대는 조조에게 가서 "유비는 반역자가 아닙니다"라고 말했습니다. 이 말을 들은 조조, 극대노하며 유비에게 넘어간 두 장군을 파직시킵니다. 조조는 '지금 유비를 치지 않고 내버려두면, 큰 화가 되어 돌아올 것이다' 생각하며 드디어 때가 왔음을 직감합니다.

조조를 향한 일격, 흩어지는 삼 형제

결심을 내린 조조는 직접 20만 대군을 이끌고 서주로 향했습니다. 유비로서는 엄청난 수의 대군을 막아내야 하니 걱정이 많을 수밖에 없었지요. 이때 장비가 나타나 말을 건넸습니다.

"형님, 염려 마시오. 조조의 군사는 먼 길을 달려와 엄청나게 피곤할 거요."

최근 전적 1승인 장비가 의기양양하게 와서는, 먼 길을 온 조조의 군사가 지쳐 있을 때 급습하자고 얘기한 거예요. 유비도 듣고 보니 괜찮은 방법이라고 생각했고요.

달빛마저 흐릿할 정도로 깜깜한 밤, 유비와 장비는 계획대로 성 밖으로 나왔습니다. 먼저 조조군의 영채로 뛰어든 것은 장비! 그런데 바로 그 순간, 횃불이 태양처럼 밝게 타오르더니 장비와 부하들을 둘러쌉니다. 사방팔방에서 군사들이 일제히 쏟아져 나오더니 무참히 공격을 시작했어요. 조조는 벌써 유비와 장비의 급습을 눈치채고 한 부대만 전진시켜 가짜 영채를 세우게 했던 것입니다. 꼼짝없이 독 안에 든 쥐 신세가 된 장비는 겨우 포위망을 뚫고 죽기 살기로 도망쳐 서주 서쪽 망탕산이라는 곳으로 피신합니다.

그렇다면 유비는 어떻게 됐을까요? 유비도 겨우 조조군의 공격에서 빠져나와 유일한 비빌 언덕, 원소를 찾아갑니다.

"장군께서 천하의 선비들을 도량 있게 받아주신다기에 부끄러움을 무릅쓰고 찾아왔습니다. 이 몸을 거두어 주신다면 맹세코 그 은혜에 보답하겠습니다."

서주는 물론이고 삼 형제와 가족들의 생사도 모른 채 겨우 목숨만 건져 홀로 원소에게 의탁한 것입니다.

유비를 격파한 조조는 이제 자신을 죽이려던 원소와 전쟁을 치르고자 황하 남쪽 백마로 향합니다. 원소도 조조와 일전을 치르기 위해 군대를 집결시키고, 원소군에 의탁한 유비도 이 전투에 출정한 상황이었습니다.

그런데 전쟁이 시작되고 얼마 후, 원소가 길길이 날뛰며 유비에게 이렇게 소리치는 것 아니겠어요?

"유비가 필시 적과 내통한 것이다! 당장 끌어내 목을 베라!"

유비는 왜 이런 오해를 산 걸까요? 전쟁터에서 원소군의 한 병사가 목격한 어떤 인물 때문이었는데요.

그 인물은 붉은 대춧빛 얼굴을 한 수염이 아주 긴 장수였는데요. 수염 달린 대추, 관우 아닙니까. 증명사진도 필요 없어요.

관우가 조조군에서 출정해, 청룡언월도를 휘둘러 원소군의 장수 '안량'을 죽인 것입니다! 충격적인 제보로 곧장 목이 달아나게 생긴 순간, 유비는 원소에게 이렇게 말합니다.

"서주를 잃고 이곳에 온 후, 저는 관우의 생사도 모르고 있습니다. 얼굴빛이 붉은 대춧빛에, 수염이 길다고 어찌 모두 관우라고 할 수 있겠습니까?"

대춧빛 얼굴에 수염이 길다고 관우라고 단정지을 수 없다는 겁니다. 원소는 일단 유비의 목숨을 살려줍니다. 당장 죽이지 않아도 언제든 처단할 수 있으니까요. 유비는 다음 전투 때 직접 전쟁터에 나가 관우가 맞는지 확인해 보겠다고 합니다.

관우를 향한 조조의 짝사랑

강 건너편 멀리서 오락가락하는 대춧빛 얼굴과 수염! 거기다 그 장수가 들고 있는 깃발에는 '한수정후 관운장'이 쓰여 있었습니다. '운장'은 관우의 자입니다. '한수정후'는 관우가 조조 밑에서 원소의 장수를 죽인 공으로 얻은 자리였지요. '후'는 제후라는 뜻으로, 관직이 아니라 인품과 공적에 따라 주는 작위인데요. 작위를 가지면 등급에 따라 영지를 하사받는데, '정후'는 그 가운데서도 낮은 '정' 등급인 작은 고을을 받는 작위입니다. 풀이하자면, 한수정후는 한수라는 동네를 영지로 가진, 정후 작위를 지닌 자라는 것입니다.

죽은 줄로만 알았던 관우가 적의 깃발 아래 서 있는 모습을 목격한 유비는 순간 눈을 의심했지만, 곧 가슴이 벅차오릅니다. '내 아우가 죽지 않고 살아 있어 다행이구나' 생각했지요. 하지만 기쁨도 잠시, 유비는 자신이 처한 곤란한 상황을 깨닫습니다. 그렇게 살아 있는 관우 때문에 자칫 잘못하면 유비의 목이 댕강 날아갈 판입니다. 대체 관우는 어쩌다 조조 곁에 있게 된 걸까요?

관우가 왜 조조 편으로 갔는지는 다음 삽화를 통해 알아보겠습니다. 이 그림의 왼쪽 중앙에 앉아 있는 인물이 관우입니다. 주변 사람들이 어째 관우의 시중을 드는 것 같죠? 오른쪽에는 열려 있는 상자가 있는데, 이 상자 안에 든 것은 무엇일까요? 다름 아닌 조조가 하사한 금은보화였습니다. 의리를 제일이라고 여기던 관우는 왜 이곳에서 문관과 금은보화에 둘러싸여 있는 걸까요?

관우에게 어떤 일이 벌어졌는지 알려면, 삼 형제가 뿔뿔이 흩어진 그날 밤으로 돌아가 봐야 합니다. 관우는 급박한 전란 속에서도 유비의 두 아내를 보호하며 열심히 달아납니다. 하지만 결국 조조군에 겹겹이 에워싸여 옴짝달싹할 수 없는 지경에 이르지요. 적에게 항복한다는 건 관우에게 있을 수 없는 일이기에 관우에게 남은 선택지는 오로지 죽음뿐이었습니다. 그때, 조조군에서 관우에게 누군가를 보냅니다. 관우가 이미 알고 지내던 장수, 장료였습니다.

장료는 본래 여포의 장수였습니다. 여포가 조조에게 패배할 때 같이 붙잡혀 죽을 위기에 처했던 인물이지요. 그런 그를 유비와 관우가 조조에게 살려주고 수하에 두는 게 어떻겠냐고 제안한 덕분에 목숨을 부지했습니다. 어떻게 보면 장료는 관우에게

⋮

〈관운장봉금괘인關雲長封金掛印〉
관우가 황금을 봉인하고 관인을 걸어두다

| 5장 | 2보 전진을 위해 1보 후퇴하라 · 215

목숨을 빚진 셈이었지요.

  관우는 자신을 찾아온 장료를 향해 싸우러 온 것인지, 아니면 항복을 권하러 온 것인지 물었습니다. 그러자 장료는 웃으면서 지금 이곳에서 죽는다면, 세 가지 죄를 짓는 것이라며 관우를 설득합니다. 첫째는 도원결의의 맹세를 깨버리는 죄, 둘째는 유비의 가족을 끝까지 지키지 못하는 죄, 셋째는 유비와 함께 한 황실의 부흥을 이끌기로 한 뜻을 아직 이루지 못했는데 이 자리에서 죽는다면 대의를 이루는 길에서는 영영 벗어나게 되는 죄, 이렇게 세 가지 죄를 짓는 것이라는 거였죠. 장료의 말은 관우가 잊지 말아야 할 책임을 다시 떠올리게 해주었습니다.

> 사면초가 관우를 찾아온 장료에 대해 알려줘.

침GPT

- 이름: 장료
- 자: 문원文遠
- 출생지: 병주 안문군 마읍현
- 출신: 불명
- 직업: 중랑장

#여포의 충복 #조조의 호랑이
#강직한 협상가

만약 관우가 먼저 죽으면 한날한시에 죽기로 한 맹세를 깨는 것이고, 유비의 두 아내는 적군에 끌려가게 되겠지요. 또 목숨을 버림으로써 중요한 명분을 포기하니, 그것이 항복하는 것보다 더 큰 죄라는 것입니다. 한마디로 아직 죽을 때가 아니라는 말이었어요. 장료는 항복하면 도원결의를 어기시 않아도 되고, 두 부인을 안전하게 모실 수 있다고 말했어요. 그리고 나중에 의로운 일을 도모할 수도 있을 테니 깊이 생각해 보라고도 합니다.

이 말을 들은 관우는 고개를 끄덕이며 항복하는 대신 세 가지 조건을 내겁니다. 첫째는 자신은 형님과 함께 한나라의 종묘사직을 바로 세우기로 했으니, 조조가 아니라 황제께 항복하는 것이라는 점, 둘째는 두 분 형수님께 봉록을 내려 부양하고, 안전을 기해달라는 것, 마지막 셋째는 유비가 있는 곳을 아는 날엔 천리만리라도 가리지 않고 그에게 돌아가겠다는 것이었지요. 비록 몸은 묶이더라도 충절만은 바칠 수 없다며 조건을 제시한 것입니다.

관우가 내건 조건을 들은 조조의 참모가 "지금 유비가 살았는지 죽었는지도 모르는데 일단 데려가자, 잘해주면 생각이 바뀌지 않겠냐"고 해요.

결국 조조는 세 가지 조건을 모두 받아들입니다. 참으로 의아

한 일이 아닐 수 없습니다. 조조는 왜 이렇게까지 하면서 관우를 포섭하려 한 것일까요? 조조는 이미 반동탁 연합군 때 관우를 만난 적이 있습니다. 그때 술이 식기 전에 화웅을 베고 돌아온 관우를 보고는 '나에게도 저런 장수가 있었으면 좋겠다' 탐을 냈었지요. 조조는 본래 인재 욕심이 많은 인물입니다. 유비까지 품을 생각을 했을 정도로요. 그런 조조에게 관우는 놓치고 싶지 않은 인재였던 겁니다.

조조는 관우의 마음을 붙들고자 가난한 유비는 절대 할 수 없는 물량 공세를 퍼붓기 시작합니다. 집 한 채, 금은보화에 열 명의 미인도 내립니다. 편장군이라는 벼슬을 주고 새 망토까지 주지요.

그렇다면 관우는 이런 조조의 선물들에 어떻게 반응했을까요? 집의 안채와 비단, 금그릇, 은그릇은 유비의 두 아내, 형수님들께 드리고 미인들은 형수님들의 수발을 들게 했습니다. 그런데 희한하게도 새 망토는 감사 인사를 하고 입은 다음, 그 위에 다시 원래 입고 있던 낡은 망토를 걸쳤습니다. 그 모습을 본 조조는 의아해하면서도 "관우 장군은 참 검소하오"라고 말했지요. 그러자 관우는 이렇게 대답합니다.

"검소해서 그런 것이 아닙니다. 이 낡은 망토는 유비 형님이 주신 것입니다. 이 망토를 입으면 형님의 얼굴을 보는 듯해서 입습니다."

조조로서는 씁쓸했을 것입니다. 하지만 조조는 관우의 마음을 얻기 위해 계속 노력했어요. 또 다른 서프라이즈 선물, 적토마를 준비합니다.

"돈도 싫어, 술도 싫어, 미인도 싫어"라고 말했던 관우. 그런데 그런 관우에게 통한 게 하나 있었어요. 그 선물은 바로 적토마! 원래 적토마의 주인은 여포인데 어째서 조조에게 있을까요? 여포의 부하가 앙심을 품고 적토마를 훔쳐서 조조에게 바쳤거든요. 이때부터 조조가 적토마를 갖고 있었던 겁니다. 관우는 "이거 제 겁니까?" 되묻고는 뛸 듯이 기뻐하면서 조조한테 절을 두 번이나 올립니다.

관우는 조조에게 받은 적토마를 타고 원소와의 전투에 임했습니다. 조조는 '이제 됐다' 생각했지요. 결국, 관우는 자신의 능력을 인정해 준 조조에게 마음을 연 걸까요? 조조와 관우에게 무슨 일이 펼쳐질까요?

이번 장에서 유비는 여러모로 안타까운 모습을 보입니다. 겨우 조조의 손아귀에서 벗어나나 싶었는데, 결국은 가족과도 흩어진 채 속을 알 수 없는 원소에게 홀로 의탁하지요. 심지어는 웬만한 친형제보다도 더 가까운 의형제 관우가 적군에 있는 모습을 보기도 합니다.

누구나 단숨에 꼭대기에 올라가지는 않습니다. 어떤 이는 계속해서 밀려나면서도 아주 조금씩 목표를 향해 걸어가지요. 이때 필요한 것은 잘 버텨내는 힘일 겁니다. 삼국지는 뺏고 빼앗기는 경쟁 속에서 밀려난 자가 더 밀려나지 않기 위해 버티는 이들의 이야기기도 합니다. 그 틈을 버티고 나면 기회가 오고, 그 기회를 잡으면 새로운 강자가 되어 중심에 서게 되지요.

하지만 강자가 되었다고 해서 모든 것이 끝나는 것은 아닙니다. 그 자리에서 얼마나 오래 버티느냐가 또 다른 이야기의 시작입니다. 지금은 원소와 조조, 유비, 관우가 자기만의 방식으로 버티기를 이어가고 있습니다. 앞으로 누가 떠오르고 누가 조용히 사라질지 궁금해집니다. 얼른 다음 장을 펼쳐 확인해 볼까요?

5장 주요 인물 관계도

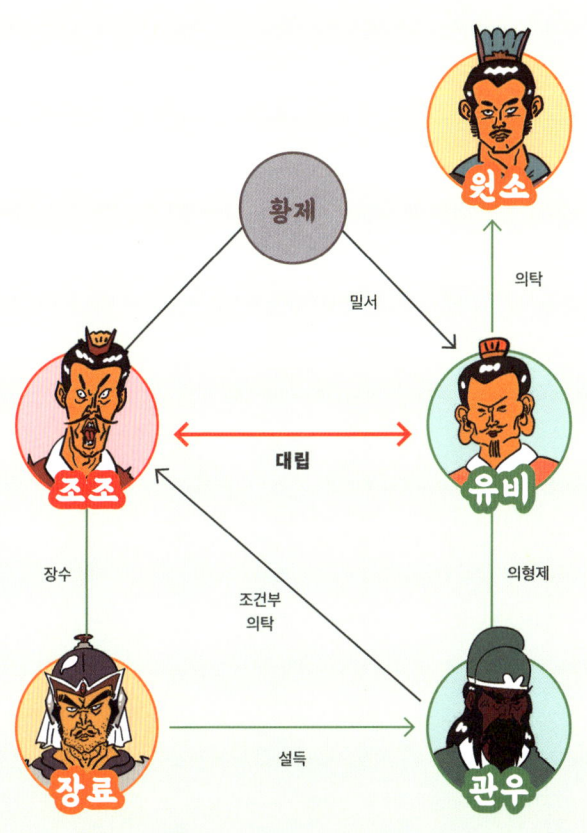

가는 사람 잡을 수 없고 오는 사람 막을 수 없다

조조와 원소의 관도대전

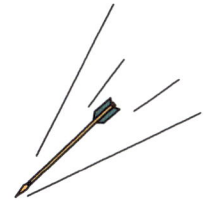

    이제 조조와 원소, 두 사람은 더 이상 대결을 피할 수 없는 상황에 마주했습니다. 이번 장은 중원을 두고 패권을 다투게 된 세기의 라이벌 조조와 원소의 이야기로 시작해 보려 합니다.

    원소는 "조조의 머리를 가져오는 이에게는 후한 상을 주겠다!"라면서 격문을 내걸었고, 이 소식을 들은 조조도 크게 분노하며 곧장 원소와의 결전을 준비했습니다. 이때 유비와 관우는 서로 다른 이에게 의탁해 적으로 만날 수도 있는 이상한 상황에 빠지게 되었지요. 과연 이 난관을 유비, 관우, 장비 삼 형제는 어떻게 헤쳐나갈까요? 그들은 다시 만나 도원결의의 뜻을 이룰 수 있을까요?

조조와 원소의 세력 확장

먼저 당시 조조와 원소의 전력을 살펴봅시다. 조조는 사예교위부와 연주, 예주, 서주 지역을 장악하고 있었습니다. 원소는 기주를 근거지로 당대 최강 전력을 자랑하던 공손찬을 꺾고 유주와 병주, 기주, 청주 지역까지 평정했지요. 황제를 끼고 중앙 조정을 장악한 조조와 제후들 중 최강 세력을 자랑하던 원소! 두 사람은 세력 확장을 위해서 전쟁을 벌일 수밖에 없는 상황이었습니다.

중원은 당시 사람들이 천하의 중심이자 자신들의 근원지라고 여겼던 황하 중하류 지역을 말해요. 저 지역을 흔히 '중국의 배꼽'이라고 부르는데요. 예부터 중국에는 '중원을 얻는 자가 천하를 얻는다!'라는 말이 있을 정도로 이곳은 전략적, 지리적으로 굉장히 중요한 곳이었습니다. 그래서 두 사람의 대결은 필수 불가결한 일이었어요. 원소 입장에서는 조조를 물리쳐야 남쪽으로 세력을 더 넓힐 수 있었고, 조조 입장에서는 북쪽의 원소를 없애야 남쪽으로 진군할 수 있었지요.

사실 조조와 원소 두 사람은 어린 시절부터 친분이 있었어요. 함께 어울려 다니며 거한 사고를 쳤을 정도로 가까운 사이였죠. 그런데 원소는 워낙 출신이 좋아서인지, 함께 잘 지내면서도 내심 조조를 무시했다고 합니다.

 원소는 사세삼공 집안의 귀공자로 금수저 출신이죠. 원소가 탄탄대로를 걸어온 반면 조조의 삶은 스펙터클했어요. 유비한테도, 여러 사람에게 뒤통수도 맞고, 조조를 노리는 이들도 많았잖아요. 물론 본인이 뿌린 씨앗이었지만… 어쨌든 원소보다는 우여곡절이 많았어요.

조조와 원소, 이 두 사람에겐 결정적인 차이가 또 한 가지 있었습니다. 원소는 집안이 워낙 좋으니 오래전부터 문하에 훌륭한 장수와 책사들이 많았습니다. 인재들이 주변으로 알아서 모여들었지요. 반면 조조는 이제 막 떠오르기 시작한 신흥 강자지 않습니까? 그래서 조조는 탁월한 장수에게 아낌없이 퍼주는 모습을 보이면서 적극적으로 인재들을 끌어모았습니다.

니콜로 마키아벨리가 쓴 《군주론》에는 이런 말이 쓰여 있습니다.

"군주는 탁월한 사람을 인정해주고 훌륭한 기술을 가진 사람들을 영예롭게 해주어 군주가 탁월함을 사랑한다는 것을 보여주어야 한다."

조조는 재능 있는 사람이라면 약간의 흠이 있어도, 또 신분을 막론하고 자신의 편으로 두었지요. 심지어 적장이나 적의 책사까지도 과감하게 품었습니다.

마치 조조가 《군주론》의 내용을 미리 예측한 것 같죠? 동양과 서양에서 똑같이 통하는 진리를 각자 알아차린 것 아니겠어요?

조조가 관우에게 공을 들였던 것도 그런 이유에서였을 것입니다. 자신이 탁월한 사람을 잘 대접해 준다는 걸 신하들에게 보여주고 싶었을 거예요. 원소와의 결전을 앞두고, 조조가 자신의 곁에 온 관우를 붙잡아 두기 위해 적토마까지 선물하며 애를 쓴 것 기억하지요? 물량 공세에 꿈쩍도 하지 않던 관우는 그제야 반응을 했었고요. 그런데 적토마를 선물받고 기뻐하던 관우, 조조의 마음을 무너뜨리는 말을 던집니다.

"형님이 어디 계신지 알게 되면 하루 만에 달려갈 수 있지 않겠습니까?"

아니, 관우가 저렇게 말하면 조조가 누구를 미워하겠어요? 유비를 미워하겠죠. 조조가 흑화하게 만드는 거예요.

관도대전의 전초전, 백마전투

이때 원소 진영에 있던 유비는 지금이 딱 조조를 공격할 타이밍이라며 원소를 자극하고 있었습니다. 조조는 임금을 속인 역적인데, 그런 조조를 그냥 놓아두면 대의명분을 잃을까 봐 두렵다고 한 것이지요. 관우가 조조 밑에 있다는 사실을 모른 채 조조를 공격하자고 부추긴 거예요. 물론 명분은 좋았습니다. 동탁의 잔당들에게 시달리던 황제를 구한 조조는 어느새 동탁처럼 국정을 농단하고 있었으니까요. 유비의 제안에 원소는 이렇게 답합니다.

"내 허도를 공격하리라 생각한 지 오래였는데, 이제 봄이 되어 날이 좋으니 군사를 일으킬 때가 왔소이다."

사실 원소도 황제 옆에서 호가호위하고 있는 조조가 마음에 들지 않았거든요. 그런데 이제 명분도 생겼으니 조조와의 결전을 벌일 때가 됐다고 이야기한 겁니다. 어릴 적 친구였던 원소와 조조. 그러나 권력 앞에서는 죽고 죽여야만 하는 적이 되어 다시 만나게 됩니다.

16강에서 떨어진 원술, 여포 기억나시죠? 동탁도 있었고요. 천하통일 토너먼트에서 이제 몇 명 안 남았어요. 이제 8강! 한 명만 남는 서바이벌 게임인 겁니다.

조조는 원소와의 전쟁을 위해 황하 남쪽, 백마로 향합니다. 원소도 곧장 조조와 맞붙기 위해 백마 인근 여양에 군대를 집결시켰지요. 조조군과 원소군이 첫 전투를 벌이게 된 것입니다. 이때 원소는 가장 강력한 장수 원투펀치를 앞세우는데, 바로 안량과 문추입니다. 젊을 때부터 인재 풀이 좋았던 원소가 특히 아끼던 장수들이었지요.

그런데 얼마 뒤 원소가 노발대발 화를 내는 일이 벌어집니다. 안량과 문추가 전투 중에 조조군의 장수로 출전한 관우에 의해 목숨을 잃고 만 것입니다. 이 소식을 들은 원소는 유비를 매섭게 쳐다보며 "절대 가만두지 않겠다!" 외치며 엄포를 놓았어요.

"네놈이 아우를 시켜 나의 아끼는 장수를 죽여놓고, 어찌 죄가 없다 하느냐! 저놈을 끌어내 당장 참수하라!"

원소는 유비의 의형제인 관우가 안량과 문추를 죽였으니, 두 사람이 내통한 것 아니냐며 유비를 의심했습니다. 관우 때문에 유비는 안량, 문추와 저승길을 함께 갈 위기에 처합니다.

그런데 어째서 관우가 바로 전투에 나왔던 걸까요? 관우 하면 뭡니까? 의리 아닙니까? 조조에게 적토마를 선물받은 뒤, 관우는 조조에게 한 가지 약속을 했습니다.

"내 반드시 공을 세워 승상의 은혜를 갚은 다음 이곳을 떠날 생각이오."

생사를 같이하기로 맹세한 형제들이 있어 조조 편에 설 순 없지만 관우도 조조의 선물과 배려를 고맙게 생각하고 있었던 것이죠. 그래서 언젠가 조조 곁을 떠나게 되더라도 그 전에 꼭 은혜에 보답하겠다고 약속한 겁니다.

그렇다면 조조는 관우가 전투에 나가서 이렇게 활약하길 바랐을까요? 아니었습니다. 혹시라도 전투에 나섰다가 관우가 목숨이라도 잃게 되면 그동안 공들인 게 물거품이 될 수도 있는 상황이었기에 관우를 전쟁터로 보낼 생각이 없었습니다.

 관우가 은혜를 갚을 기회를 제공해 버리면? 관우는 전투에서 공을 세우고 기분 좋게 떠날 것 아닙니까. 그래서 조조는 은혜를 갚게 하고 싶지 않았던 거예요.

　그런데 조조의 책사 정욱이 조조의 마음을 돌립니다. 유비가 죽지 않고 살았다면, 반드시 원소에게 의탁해 있을 것인데, 이때 관우를 앞세워 원소의 군사를 물리치면 원소가 유비를 의심하여 죽일 것이라고 이야기해 준 것이지요. 유비는 처단하고 관우를 얻을 수 있는, 일리가 있는 방책이었어요.

　한편 관우 때문에 죽을 위기에 처한 유비는 담담하게 "이것은 원소 공의 손을 빌려, 저를 없애려는 조조의 계책입니다!"라고 말합니다. 유비는 조조의 계략을 모두 꿰뚫고 있었던 것입니다. 그리고 상황을 뒤집을 승부수를 던집니다.

　"아우는 제 소식만 알면 기필코 밤낮을 가리지 않고 달려올 것입니다. 관우와 함께 조조를 멸하고, 안량과 문추의 원수를 갚으면 어떠하오리까?"

그러면서 관우에게 손을 잡고 함께 조조를 치자고 말해볼 테니 밀서를 전할 수 있도록 허락해 달라 말했습니다. 유비의 말을 들은 원소는 과연 뭐라고 답했을까요? 원소 또한 관우가 좋았나 봅니다. 흐뭇한 미소를 지으며 이렇게 말하거든요.
"관우만 얻는다면야 안량과 문추보다 열 배는 나을 게요!"

사실 원소는 얼자 출신으로 가문을 규합시킨 인물이에요. 얼자는 양인과 천민 사이에서 낳은 아들을 뜻하니 어느 정도 제약이 있었겠지요. 그런데도 큰일을 해냈으니 실제로는 카리스마도 있고 사람을 다루는 능력도 있었을 거예요. 그런데 소설에서는 우유부단의 대명사, 작은 일에 집착하는 소인배처럼 나옵니다.

조조를 떠나 유비에게 향하는 관우

백마에서 전투를 마치고 수도 허도로 돌아온 관우에게 멀리서 친구가 찾아왔다는 소식이 들립니다. 관우는 손님을 맞으러 밖에 나갔는데… 어라? 처음 보는 얼굴인 겁니다. 의아해하는 관우에게 이 낯선 사람은 무언가를 쓱 건네는데요. 다름 아닌 오매불망 기다리던 유비 형님의 소식이었습니다. 유비가 관우에게 편지를 보낸 것이지요. 그 편지에는 이렇게 쓰여 있었습니다.

"그대와 도원결의를 맺고 함께 죽기를 맹세했건만, 이렇게 헤어져 의리를 끊게 될 줄 누가 알았겠는가? 그대가 공명을 얻고, 부귀영화를 누릴 생각이라면 기꺼이 그대에게 내 목을 바치겠으니 공을 세우시오."

유비는 "나를 배신하고 공을 세워 부귀영화를 누리고 싶다면 내 목 여기 있으니까 가져가~ 조조가 나 싫어하잖아. 그러니까 내 목 바쳐서 너라도 행복하게 살아~"라고 한 거예요. 그런데 진심이었을까요? 아니겠죠. 실은 "나 죽일 생각은 아니지?" 물은 거죠.

관우는 유비의 편지를 받곤, 목 놓아 엉엉 울었습니다. 이 편지로 관우는 유비가 원소 밑에 있다는 사실을 알게 되었어요. 이때 관우의 심정은 어땠을까요? 관우는 유비가 살아 있다는 사실에 안심하면서도 마음이 덜컥 내려앉았습니다. 자신이 원소가 아끼는 장수를 둘이나 죽였으니 혹시 유비가 피해를 본 것은 아닐까 싶었던 것이지요. 또 형님이 나를 된통 오해하고 있다고 생각하니 걱정이 되기도 했을 것입니다.

원소의 진영에 가는 것은 관우로서는 호랑이 굴로 들어가는 셈입니다. 하지만 유비의 행방을 알게 된 관우는 일체의 고민도 하지 않고 곧장 길을 떠날 채비를 합니다. 조조가 관우를 자신의 밑으로 데리고 올 때 관우에게 했던 약속 기억하지요? 그중 마지막 세 번째는 '유비가 있는 곳을 알게 되면, 곧장 보내주겠다'였습니다.

관우는 마지막으로 조조를 찾아가 인사하려는데, 조조를 만날 수가 없었습니다. 왜냐? 조조의 방문 앞에 다른 이가 함부로 접근하지 못하도록 세워두는 나무패, '회피패'가 걸려 있었거든요. '조조 부재 중. 손님 받지 않겠소'라고 표현한 겁니다. 조조도 관우가 찾아온 이유를 알고 있었거든요. 최대한 시간을 끌어 관우를 보내지 않으려는 속셈이었던 것입니다. 결국 관우는 조조의 승인을 받지 않고 그냥 떠나버리기로 합니다.

이 상황을 엿볼 수 있는 삽화를 볼까요? 관우가 조조의 진영을 떠나자 멀리서 흙먼지를 일으키며 관우를 쫓아온 조조군의 모습을 그린 장면입니다. 왼쪽, 적토마를 탄 채 청룡언월도를 든 인물이 관우고 오른쪽 위, 부하들과 와서 관우를 쳐다보고 있는 인물이 바로 조조입니다. 떠나는 관우의 앞길을 조조가 턱 막아선 것을 알 수 있어요. 응징이라도 하려는 걸까요?

"장군이 먼 길 가는 동안 고생할까 봐 걱정되어 특별히 노잣돈이라도 보태주려 하오."

조조는 관우에게 이별 선물을 주면서 마지막 인사도 하려고 온 것이었어요. 어차피 붙잡지 못할 인물이라는 것을 뒤늦게 깨달은 거지요. 조조는 부하 장수를 시켜 쟁반에 황금을 가득 담아

⋮

〈관운장천리독행關雲長千里獨行〉

관우가 천리 길을 홀로 가다

관우에게 줍니다. 삽화의 오른쪽 아래에 묘사된 모습이 바로 그 장면입니다. 그런데 여기에서 관우의 성격이 확실히 드러나요. 관우는 조조의 선물을 받지 않습니다. 그러자 조조는 금은보화 대신 비단 전포를 주지요. 관우는 말에서 내리지도 않고, 청룡언월도의 칼끝으로 전포를 휙 낚아채고는, 감사하다며 인사를 하고 곧장 떠나버립니다.

요즘으로 치면 슈퍼카 한 대랑 명품 옷 한 벌 받은 거예요. 돈은 안 받았지만 알짜배기는 잘 챙겼지요. 평소의 조조라면 이런 행동을 가만히 뒀을까요? 죽이지 않고 선물까지 주며 보내준 걸 보면 조조가 관우를 특별히 아낀 건 맞는 것 같아요.

삼 형제의 눈물겨운 상봉

조조는 쿨하게 관우를 보내줬지만 관우가 가는 길은 순탄하지가 않았습니다. 관우의 앞길을 막는 자들이 있었거든요. 이 상황을 잘 모르는 조조의 부하들이었죠. 그들은 관우를 막아서고는 어디로 가는 길이냐고 물었어요. 관우는 하북으로 형님을 뵈러 간다며 솔직하게 털어놓습니다. 과연 조조의 부하들은 뭐라고 했을까요?

"하북의 원소는 승상의 적이오. 장군께서 그리로 가신다면, 승상의 증명서는 가져오셨겠지요?"

관문을 지나려면 통행증이 있어야 했어요. 그래서 통행증 검사를 한 거죠. 이 부하들은 사실 자기가 맡은 일을 한 것뿐이에요. 그런데 관우는 지금 유비와의 오해를 풀고 싶어서 안달이 났잖아요? "형님 만나러 간다는데 길을 막아?" 화가 잔뜩 나 버립니다.

관우는 동령관, 낙양, 사수관, 형양, 활주까지 다섯 개의 관문을 지나는 동안 조조의 부하들에게 계속 저지당하는데요. 그때마다 그냥 무력으로 해결해 버립니다. 요즘으로 치면 공항에서 여권 검사를 하는데 무시하고 막무가내로 뚫고 지나간 거예요. 이 장면에서 나온 사자성어가 바로 '**오관참장**五關斬將'입니다. '**오관육참**五關六斬'이라고도 하죠. 다섯 개의 관문을 지나며 여섯 장수의 목을 벤다는 뜻인데, 겹겹이 쌓인 난관을 돌파하는 것을 비유하는 말입니다.

조조한테 돌아가서 통행증 받아오는 게 더 빨랐을지도 몰라요. 요즘으로 치면 공항에서 "여권 주세요" 하는 사람을 댕강! 썰어버리고, 비행기 타기 전 여권 검사하는 사람한테 또 칼을 휘

두른 것 아니겠어요?

이후 관우는 고성이란 곳에 도착하는데요. 그곳에서 성주의 벼락같은 목소리가 들려옵니다.

"이 의리 없는 놈아! 형님을 배반하고 조조에게 항복해 벼슬을 받은 놈이 무슨 염치로 나를 보러 왔단 말이냐? 내 오늘 너와 사생결단하고 말겠다!"

관우에게 너 죽고 나 살자며 덤벼든 이 남자! 누굴까요? 바로 장비입니다. 장비는 서주에서 도망친 뒤 우연히 이곳에 오게 됐는데, 관리들을 내쫓고 성을 차지한 것이었지요. 그곳에서 장비는 관우가 조조 밑에 있단 사실을 알게 됩니다. 장비 입장에서는 관우가 배신했다고 여길 만했어요.

거기에 더해, 장비의 의심이 확신으로 바뀌는 일이 생깁니다. 바로 관우 뒤쪽으로 한 무리의 군사가 조조군의 깃발을 펄럭이며 달려오고 있었던 것입니다. 장비는 관우가 조조의 군사까지 끌고 왔다고 생각한 것이지요. 장비가 곧장 장팔사모를 들어 관우를 베려는데, 관우가 장비의 의심을 풀기 위해 청룡언월도를 들고 조조군을 향해 달려나갑니다. 이 장면을 묘사한 삽화를 보면 청룡언월도를 휘두르고 있는 관우의 모습을 확인할 수 있습니다.

⋮

〈관우고성참채양關羽古城斬蔡陽〉

관우가 고성에서 채양을 베다

관우가 장비가 준 미션을 수행하는 장면인 거죠. 관우가 "저기 오는 조조군은 나랑 상관없는 군사야. 저 군사들을 베어서 내 진심을 보여줄게!"라고 하니까 장비는 "그럼 내가 위에서 북을 세 번 치기 전까지 썰어와!"라고 말해요. 관우는 첫 번째 북소리가 끝나기도 전에 조조군을 단숨에 베어버립니다. 그제야 장비도 의심을 풀고 다시 형 대접을 해주고요.

관우와 장비가 눈물의 상봉을 하던 그 무렵, 유비도 관우가 조조 진영을 떠났다는 소식을 듣게 됩니다. 그런데 원소가 갑자기 유비에게 예상치 못한 말을 합니다.

"근래에 듣자니 관우가 조조를 떠나 이쪽으로 오고 있다던데, 오거든 내 반드시 안량과 문추의 원수를 갚을 생각이오."

원소가 손바닥 뒤집듯 유비와 했던 약속을 뒤집은 것입니다. 유비는 함께 조조를 공격하기로 해놓고 왜 관우를 죽이려 하냐며 다급하게 원소를 말렸습니다. 그리고 이때 다시 유비의 설득의 기술이 발휘됩니다.

"안량과 문추가 두 마리 사슴이라면 관우는 한 마리의 호랑이거늘, 사슴 두 마리를 잃고 호랑이 한 마리를 얻었는데 무얼 더 바랄 게 있겠소이까?"

사슴 두 마리를 내주고 호랑이 한 마리를 들이면 조조를 더 쉽게 이길 수 있다고 말한 것이지요. 이 말에 또다시 솔깃한 팔랑귀 원소는 농담이라며, 얼른 관우를 데려오라고 말합니다.

이런 상황에서 유비는 원소 곁에 오래 있기는 힘들다고 생각했나 봅니다. 계책을 써서 원소를 속이고 원소 곁을 떠날 준비를 합니다. 형주의 유표와 함께 조조를 치면 어떻겠냐며, 같은 성씨인 자신이 유표를 설득해 보겠다고 나선 것이지요. 원소는 이 말에도 고개를 끄덕입니다.

겨우 원소 곁을 벗어난 유비! 기주 끝자락에 이르러 드디어 그토록 바라고 바라던 대춧빛 얼굴을 보게 됩니다. 관우가 미리 정해진 곳으로 나와 유비를 기다리고 있던 것입니다. 유비는 얼른 말에서 내려 관우를 향해 달려갔고, 관우는 자신을 향해 달려오는 유비를 보자마자 참았던 눈물을 왈칵 쏟으며 절을 했습니다. 두 사람은 함께 장비가 있는 고성으로 향하고, 삼 형제는 드디어 한자리에 모이게 됩니다.

드디어 관도에서 맞붙은 조조와 원소

유비를 떠나보낸 원소는 기다리고 또 기다려도 유비가 돌아오지 않는다는 것을 뒤늦게야 깨닫고 여우 같은 유비가 자신을 속였단 사실을 알게 됩니다. 그래서 곧장 군사를 일으켜 유비를 죽이려고 하지요. 그런데 이때, 원소의 부하 '곽도'가 이런 말을 던집니다.

"유비 따위야 걱정할 것 없습니다만, 조조가 문제입니다. 조조는 워낙 강적인지라 제거하지 않으면 후환이 두렵습니다."

지금 상대해야 할 적은 조조니 괜히 힘 빼지 말자고 한 것입니다. 팔랑귀 원소는 곽도의 조언을 받아들입니다. 이때 원소는 유비와 유표가 손을 잡을 것이라고 생각했지만 이 둘을 경계하지는 않았어요. 유표가 야망이 없는 현상 유지형 인물이었기 때문입니다. 유표는 현재 자신의 지위와 지역을 지키는 것에 만족하고 있었죠.

곽도의 조언을 들은 원소는 곧장 70만 명의 대규모 군사를 일으켜 하북의 패권을 차지하기 위한 결전을 준비합니다. 원소가 군사를 일으켰단 소식을 듣고 조조도 7만의 군사를 이끌고 관도로 향했지요. 70만 대 7만. 10 대 1의 싸움이었습니다. 오랜 친구이자 라이벌, 원소와 조조가 중원의 관도에서 제대로 맞붙게 된 바로 이 전투가 삼국지에 등장하는 첫 번째 대전, '관도대전'입니다.

삼국지에는 큰 전투, 즉 대전이 세 개가 나옵니다. 관도대전, 적벽대전, 이릉대전인데요. 그러니까 관도대전은 미리 보는 결승전이라고 할 수 있어요.

열세한 병력이 불리한 상황이었지만 그럼에도 조조는 관도에서의 전투를 포기할 수 없었습니다. 관도는 원소의 땅 하북과 조조의 땅 하남을 이어주는 전략적 요충지였습니다. 관도에 진을 친 원소군을 막지 못한다면 한나라의 수도이자 조조의 근거지인 허도가 위험해지는 건 한순간이었습니다

원소군은 조조와 본격적인 전투를 하기 전에 명을 내려 동서남북으로 진영을 세웁니다. 진영의 길이만 해도 무려 90여 리, 약 36킬로미터나 됐다고 합니다. 그야말로 압도적인 군사력으로 조조군의 기를 누른 것입니다.

조조와 원소는 설전부터 벌입니다. 먼저 조조가 채찍을 들어 원소에게 시비를 걸죠. 조조가 한 말을 요약하면 "너, 내가 황제한테 잘 말해줘서 대장군 자리까지 얻었으면서 은혜를 원수로 갚기 있냐?" 이겁니다.

대장들이니까 아무래도 바로 사납게 싸울 수는 없고요. 트래시 토크, 비난전을 합니다. 얼굴을 봤으니 사기를 꺾어줘야 하잖아요.

이에 원소는 화가 났는지 이렇게 받아쳐요.

"네가 한나라의 승상이라 자처하지만, 실은 한나라의 도적이다! 네놈이 저지른 죄는 동탁의 죄보다 심하다! 하늘이 무섭지도

않느냐?"

동탁보다 더 고약한 놈이라고 맹비난을 한 겁니다. 조조는 아랑곳하지 않고 다시 반격을 가하죠. "나는 황제의 조칙을 받들어 너를 공격하러 왔다!"라고 말하면서요. 조조는 허도에 있는 황제를 명분 삼아 원소를 반란군으로 몰고 간 것입니다.

하지만 바로 이때! 원소는 조조에게 결정적 대사를 날립니다.

"나는 황제로부터 받은 비밀 조서를 받들어, 도적을 토벌하려는 것이다."

황제는 옥대에 조조를 살해하라는 밀서를 숨겼었지요. 원소는 '황제가 너를 죽이려 한 것, 세상 사람들이 다 안다! 그런데 감히 황제 핑계를 대?'라면서 조조를 제대로 긁은 겁니다. 황제의 밀서를 조조와의 전쟁 명분으로 삼은 거죠.

그런데 이 상황이 조금 웃깁니다. 사실 둘 다 황제는 신경도 안 쓰면서 그걸 명분으로 삼은 것이니까요. 왜 그랬을까요? 당시 황제의 권한이 실질적으론 많이 약해졌다고 해도 일반 백성들에겐 큰 의미를 지니고 있었어요. 이 명분이 서야 백성을 끌어들여 열심히 농사지어 군량미로 바치라 할 수 있고, 그 가운데 건장한 자를 골라 병사로도 징집할 수 있었겠지요.

전쟁에서 군량이 얼마나 중요하냐면, 원소의 책사 '저수'가 조조를 이길 계책으로 고려할 정도였습니다. 조조는 군량이 부족하니 싸움을 오래 끄는 게 유리하다는 거였죠. 저수의 말은 일리가 있었지만 원소는 노발대발 화를 냅니다. 열 배나 많은 전력으로 그냥 밀어붙이면 그만인데, 싸우지 말고 기다리라니 참기가 힘들었던 것 같습니다. 심지어는 저수를 옥에 감금하라 명합니다. 대군의 위세만 믿고 자만심에 빠진 것입니다.

결국 맞붙어 입씨름만 이어가던 조조군과 원소군. 조조기 먼저 장료, 허저를 내세워 기선 제압하면서 전면전에 돌입합니다. 원소군에서는 장합, 고람이 나와서 맞섰어요.

장료와 장합이 일대일로 맞붙었을 때는 40합, 50합을 겨뤄도 끝이 안 나요. 조마조마해진 조조가 허저를 내세워서 원소군에 본때를 보여주려고 합니다. 조조 쪽이 두 명이니까 원소 쪽에서도 한 명 더 나와야겠죠? 원소가 고람이라는 장수를 내보내서 미팅도 아닌데 2 대 2로 맞붙어요. 병력은 차이가 나도 대표 선수들 기량만큼은 비등비등했던 거예요.

하지만 곧 원소군 1만여 명이 동시에 화살을 쏘는 바람에 조조군은 관도 안 자신들의 진영으로 달아날 수밖에 없었습니다. 이때 조조군은 옴짝달싹 못 하는 처지가 되어 엄청난 위기를 맞습니다. 원소가 도망가는 조조의 뒤를 바짝 쫓아 관도 바로 앞에 군사들이 주둔하는 영채를 세웠기 때문이죠. 여기서 그치지 않고 원소는 조조의 영채 근처에 흙으로 산을 쌓아 올리기 시작했습니다. 왜 그랬을까요? 전투할 때는 고지 점령이 무척 중요하거든요. 위에서 적을 내려다보면 적의 동태를 파악하기도 좋고 공격할 때도 훨씬 유리하니까요.

원소군은 열흘도 채 되지 않아 50여 개의 토산을 만듭니다. 그러고는 그 위에 궁수들을 배치해 조조 진영으로 마구 화살을 쏘아대기 시작했지요. 조조의 군사들이 할 수 있는 일이라곤 방패를 찾아 뒤집어쓰는 것뿐이었습니다. 조조는 아득해집니다. 전후좌우 이미 원소의 군사들이 둘러싸고 있는데 이제는 위에서까지 원소군의 감시를 당하게 됐으니까요.

그러던 어느 날, 이번에는 반대로 원소군 진영이 아수라장이 됩니다. 조조군 진영에서 거대한 돌들이 벼락처럼 날아오기 시작한 것입니다. 조조가 꺼내든 히든카드! 바로 발석거입니다. 발석거는 '돌을 쏘는 기계'를 말해요. 돌을 날려 성벽 너머로 피해를 주거나 성벽 자체를 부수는 기계입니다. 조조군은 원소군의 토산을 돌로 부수기 위해 발석거 수백 대를 초고속으로 제작한 거예요.

원소의 군사들이 활을 쏘려고 하면 돌들이 막 날아오니까 토산에서의 공격이 어려워진 거예요. 관도대전은 신병기가 등장하는 최첨단 전쟁이라고 보면 됩니다.

원소군은 하늘에서 떨어지는 벼락과 같다면서 발석거를 벽력거라 불렀습니다. 훗날 발석거는 던지는 돌에 불을 붙이거나 적의 전사자와 포로들의 잘라낸 목을 쏘아 올려서 적군의 사기를 저하하는 심리전에 이용되기도 했죠.

이렇듯 조조군의 강렬한 저항이 이어지자 원소군은 또 다른 계책을 세웁니다. '굴자군'이라는 두더지 부대를 만든 것인데요. 굴자군은 두더지처럼 땅굴을 파서 조조군의 영채로 침입했습니다. 많은 수의 군사를 갖고 있던 원소가 또 한 번 인해전술을 펼친 것이지요.

그렇다면 조조군이 가만히 있었을까요? 조조군은 영채 주위를 빙 둘러 참호를 파서 굴자군에 맞섰습니다. 원소군 입장에서는 터널을 열심히 파 적진에 진입하려 했는데 마치 절벽을 마주하게 된 꼴이었지요. 조조와 원소는 그렇게 엎치락뒤치락 전쟁을 이어나갑니다.

원소의 책사가 조조를 찾아온 이유

속전속결로 전투를 끝내려 한 조조의 계획은 물거품이 된 상황이었어요. 저수의 말처럼 군량미도 바닥나 버립니다. 원소군은 워낙 몸집이 크다 보니 유효타를 몇 대 맞아도 별 타격이 없었고요. 관도를 버리고 다시 허도로 돌아가야 하나 고민하며 걱정하던 조조 앞에 불안을 해결해 줄 구원투수, '허유許攸'가 나타납니다.

허유는 조조의 고향 친구입니다. 동시에 원소군의 책사기도 했지요. 소조는 허유가 찾아왔단 소식에 헐레벌떡 맨발로 달려 나가 반갑게 인사를 나눕니다. 그런데 조조를 찾아온 허유는 다짜고짜 조조군에 군량미가 얼마나 남았는지 물어보는 것 아니겠어요? 조조는 밑천을 들키지 않으려고 1년은 거뜬하다고 답했습니다. 이 말을 들은 허유는 "내가 알기론 아닐 텐데?"라고 말하며 조조의 허를 찌릅니다.

사실 군량미가 똑 떨어졌던 조조는 자신의 근거지인 허도에 군량미를 보내달라는 서신을 보낸 상황이었어요. 그런데 그 서신을 허유가 중간에 입수한 것입니다. 허유는 조조군의 군량미가 떨어졌다는 사실을 이미 알고도 모르는 척하며 조조가 어디까지 진실을 말하는지 떠봤던 겁니다.

그제야 조조는 '병불염사兵不厭詐'라며, 사실 군량이 거의 바닥난 상태라고 진실을 털어놓습니다. 병불염사는 속임수는 병법의 기본 중 기본이라는 뜻입니다. 한마디로 속이는 것이야 당연하고, 속는 사람이 바보라는 얘기죠.

그런데 애초에 원소 밑에 있던 허유가 왜 조조에게 온 걸까요? 사실 허유는 조조가 허도로 보낸 서신을 중간에서 낚아챈 뒤 곧장 원소를 찾아가 이 사실을 알렸습니다. 그러면서 조조를 관도성에 고립시킨 뒤 방비가 허술한 조조의 근거지 허도를 기습 공격하자고 제안했습니다. 그런데 원소는 허유의 제안에 예상 밖의 반응을 보였지요.

"네놈은 조조와 친구 사이가 아니더냐! 조조에게 뇌물을 받아먹고 나를 속여 놈을 이롭게 하려는 수작 아닌가?"

원소는 이때도 병사 수로 밀어붙이면 승리는 자기 것이라고 생각했던 거죠. 원소의 태도를 본 허유는 몰래 나와 조조에게로 향한 것이고요.

 조조의 고향 친구여서 말도 안 들어줄 거라면 처음부터 데리고 있질 말았어야죠. 허유 입장에서는 어렵게 가로챈 서신에서 얻은 정보도 주고 좋은 아이디어도 냈는데 된통 욕만 얻어먹은 거예요. '충언이 거슬린다니, 이런 속 좁은 인간하고는 대사를 꾀할 수 없겠구나' 생각했겠죠.

허유는 자신을 반갑게 맞아준 조조에게 고급 정보 하나를 말해줍니다. 원소의 군량은 모두 오소에 있으니, 틈을 노려 쌓여 있는 군량에 불을 지르라는 것입니다. 오소만 치면, 원소군의 보급은 끊기는 것이나 다름없다는 이야기였지요. 조조는 허유가 말해준 계책을 그대로 따르고, 대성공을 거둡니다.

이 삽화는 조조군이 원소군의 보급 창고에 불을 지르는 모습을 묘사한 것입니다. 조조군은 어떻게 허유의 계책을 성공적으로 실현할 수 있었을까요? 원소군 또한 그 중요한 곳을 철저히 지키고 있었을 텐데요. 관도대전의 키 플레이어 허유는 원소군으로 위장해 군수품이 있는 오소에 잠입하라고도 알려주었습니다. 그곳을 지키는 순우경이라는 사람이 장비랑 비슷했거든요. 술꾼이었어요. 허유는 순우경이 술에 취해 방비가 소홀해진 틈을 타 보급품에 불을 지르면 된다고 조언했습니다. 순우경은 자신이 지키는 군량 창고를 조조군이 공격할 거라고는 생각하지 않았던 것 같아요. 결국 급습에 성공한 조조군으로 인해 오소의 군량미는 전부 불타고 맙니다.

그렇다면 조조는 왜 허유를 의심하지 않았을까요? 어차피 군량미가 떨어져 더는 버티기 어려운 상황이기도 했고, 허유가 굳이 자신을 속일 이유가 없다고 판단했습니다. 원소가 군사도, 자원도 더 많았잖아요? 장기전으로 가면 조조보단 원소가 유리한 상황이지요. 또 허유에게 다른 꿍꿍이가 있다고 해도, 곁에 가까이 두면 허튼 행동은 못 할 거란 계산도 했을 것입니다.

일종의 '하이 리스크 하이 리턴'이에요. 허유의 말이 사실이기만 하면 그 보상이 크게 돌아오는 거였거든요.

〈겁오소맹덕소량劫烏巢孟德燒糧〉

조조가 오소를 습격해 군량을 불태우다

사실 원소에게도 이 상황을 대비할 만한 기회가 있었습니다. 원소에게 시간 끌기 계책을 알려줬다가 옥에 갇혔던 책사 저수가 급히 아뢸 것이 있다며 원소를 찾아왔거든요.

"오늘 밤 천문을 살펴보니 적의 습격으로 해를 입을 징조인 듯 싶습니다. 군량이 있는 오소를 특별히 방비해야 할 것입니다."

저수의 말을 들은 원소는 혓바닥을 함부로 놀리지 말라고 화내며 다시 저수를 옥에 가둡니다. 적진에서 온 허유의 계책이지만 믿고 따른 조조, 진정한 충언을 한 책사 저수를 끝까지 믿지 않은 원소. 두 사람의 상반된 선택이 정반대의 결과를 불러온 것입니다.

관도대전의 결말, 리더 조조의 재발견

군량 창고인 오소가 불타면서 원소군은 사기를 크게 잃습니다. 그리고 얼마 뒤, 조조군 진영에 원소군의 맹장 장합과 고람이 찾아옵니다. 두 사람이 조조를 찾아온 이유는 당시 일어난 원소군의 내분 때문이었는데요. 장합과 고람 두 사람은 오소에 불길이 치솟는 것을 보고 직접 군량 창고를 수습하려 했습니다. 그런데 원소의 신임을 얻던 곽도는 오소에 조조의 군사가 있다면 조조의 진영이 비어 있을 테니 그곳을 급습하자고 반대 의견을 냈지요. 그리고 장합과 고람을 모함하며 이런 말까지 합니다.

"장합과 고람 두 사람은 조조에게 투항할 생각을 품고 있었습니다. 그래서 이번에 관도 땅을 습격해서도 사력을 다해 싸우지 않아 많은 군사를 잃은 것이지요."

이 말을 들은 원소는 불같이 화를 내며 당장 장합과 고람을 잡아 오라 명합니다. 장합과 고람은 그런 원소에게 실망하고 진심으로 조조에게 투항하기로 결심했던 것입니다.

기세가 높아진 조조는 이참에 원소와의 결전에 종지부를 찍으려 합니다. 군사를 여덟 길로 나누어 동시에 원소군의 영채를 습격했어요. 결과는 어땠을까요? 보급도 끊기고, 맹장도 잃은 원소군은 물밀듯이 들이닥치는 조조군을 보고 싸울 생각도 하지 않고 사방으로 흩어져 달아납니다. 원소 역시 갑옷을 입을 새도 없이 홑옷 바람에 복건만 쓴 채로 말에 뛰어올라 도망쳐야 했지요. 이 싸움에서 죽은 원소의 군사는 무려 8만 명이나 됐습니다.

전쟁에서 군사는 숫자에 불과하다는 말, 들어본 적 있죠? 10대 1의 불리한 조건에서 시작한 전쟁에서 마침내 조조가 대승을 거두었습니다. 병력만 믿고 승리를 확신했던 원소의 교만함이 패배를 부른 것입니다.

"화막대어경적禍莫大於輕敵, 경적기상오보輕敵幾喪吾寶."

《도덕경》

형세가 워낙 강했던지라
나도 이길 수 있을지
확신이 없었거늘
하물며 다른 사람들이야
오죽했겠는가.

《도덕경》에서 이야기하는 '화막대어경적, 경적기상오보'는 모든 화 중에 적을 깔보는 것보다 더 큰 것이 없고, 적을 깔보면 자신의 보물을 거의 다 잃을 수 있다는 뜻입니다. 부하들의 조언을 귀담아들었던 조조와는 달리 원소는 자기 고집대로 일을 추진한 것도 스스로 발목을 잡은 원인이 됐습니다.

전투가 끝나고 전장을 수습하던 중에 조조의 부하 몇몇이 원소군 진영에서 수상한 문서를 발견합니다. 그것은 다름 아닌 조조의 진영에서 보낸 밀서였습니다. 조조의 군사들이 원소와 내통하고 있었던 겁니다! 조조 입장에서는 그야말로 반역인 상황. 내통한 이들을 처단해야 한다는 부하들의 의견에 조조는 이렇게 말합니다.

"원소의 형세가 워낙 강했던지라 나도 이길 수 있을지 확신이 없었거늘 하물며 다른 사람들이야 오죽했겠느냐?"

내통한 자를 찾지 않고 그 밀서를 전부 불에 태워버리라고도 말했지요. 또 조조는 부하들의 입이 떡 벌어지게 되는 행동을 합니다. 원소 세력으로부터 빼앗은 금은보화와 비단을 모두 장수와 군사들에게 상으로 나눠준 것입니다.

조조는 원래 잘 의심하는 사람이잖아요? 심지어 재료가 준비됐는데도 스파이를 찾아내지 않은 게 조조스럽지는 않아요. 받은 심리적 압박이 어마어마했다는 방증일 수 있을 것 같습니다.

의심하는 한편, 믿음도 잃지 않았던 조조. 그 덕분에 조조는 떠나는 사람도 잘 보내주고, 찾아오는 사람도 자신의 사람으로 만들 수 있었습니다. 반면 원소는 어떤가요? 자신에게 충언하는 사람마저 멀리 떠나보냈습니다. 그로써 조조는 당시 최강 세력을 자랑하던 원소를 꺾고 중원의 새로운 강자로 떠오르게 됩니다. 결국 사람을 어떻게 대하느냐의 차이가 열 배에 달하는 군사력보다 더 큰 힘을 발휘한 것입니다.

이처럼 삼국지에서는 각 인물이 어떤 선택을 하고 누구와 관계 맺느냐에 따라 처한 상황이 크게 달라지는 모습을 확인할 수 있습니다. 한 번 승리했다고 해서 영원히 승자로 남는 것은 아니지요. 작은 선택 하나가 흐름을 바꾸고, 뜻밖의 인연이 새로운 국면을 열기도 하니까요. 그래서 이 오래된 이야기를 따라가다 보면 오늘 우리의 삶에도 적용할 수 있는 관계와 처세의 힌트를 얻게 됩니다.

6장 주요 인물 관계도

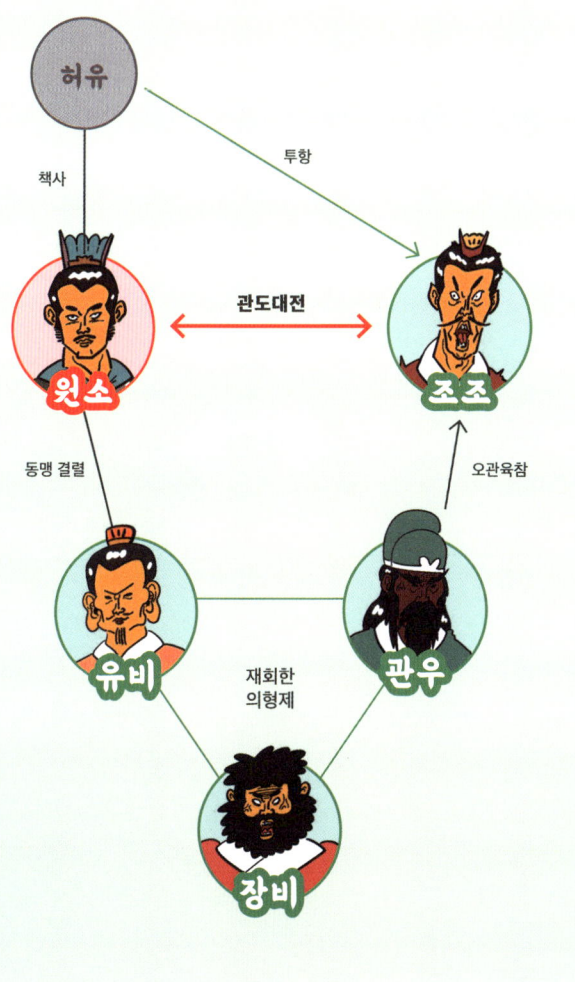

사람을 얻는 자가 뜻을 이룬다

제갈량의 천하삼분지계

　이번에는 지금까지와는 다르게, 특별히 한 인물을 집중 조명해 보려고 합니다. 관도대전이 끝나고 나면 이 사람이 슬슬 나와 줘야 하거든요. 한국인이 가장 사랑하는 삼국지 인물! 바로 '제갈량諸葛亮'입니다. 신묘한 지략으로 많은 전투를 승리로 이끌어 결국 유비를 황제로 만든 킹 메이커지요. '삼고초려三顧草廬'라는 사자성어로도 유명합니다. 유비가 제갈량을 참모로 영입하기 위해 초가집을 세 번이나 찾아간 일을 뜻하는 말입니다. 이때 유비의 나이 마흔일곱 살, 제갈량은 스물일곱 살이었습니다. 그러니까 40대 CEO가 20대 고문을 모시기 위해 한 번도 아니고 두 번, 세 번이나 직접 찾아가 간청했던 것입니다.

대체 제갈량이 어떤 인물이었길래 유비가 무려 세 번이나 찾아갔던 걸까요? 그리고 제갈량은 유비에게 어떤 도움을 줬길래 유비가 황제의 자리에 오를 수 있었을까요? 그 비밀을 파헤치기 위해서는 먼저 관도대전 이후 유비의 상황부터 보아야 합니다. 조조의 공격을 받고 뿔뿔이 흩어졌던 삼 형제는 관도대전 무렵 극적으로 재회했지요. 이제 시곗바늘을 돌려 그로부터 7년 후로가, 유비가 제갈량을 찾을 수밖에 없었던 당시 상황을 알아보려 합니다.

대업을 이루지 못한 채 계속되는 곁방살이

관도대전 승리 이후, 조조는 유주, 병주, 기주, 청주를 차지하면서 북방을 평정하게 됩니다. 명실상부 중원 제일의 강호로 급부상한 것이지요. 한편 패배의 여파로 화병에 걸린 원소는 결국 피를 토하며 죽고 말았습니다. 이제 조조에게 대적할 수 있는 세력은 형주의 유표, 그리고 강동의 손권 정도였습니다.

유표는 넓은 땅과 풍부한 자원을 지녔지만 야심이 없는 현상 유지형 인물이었어요. 조조 입장에서는 그리 신경 쓰이는 인물이 아니었습니다. 손권도 마찬가지였어요. 손권이 차지한 강동 역시 넓은 강을 끼고 있어서 물산과 군량미가 풍부하고 수군의 실력도 뛰어났지만, 손권이 바로 장강을 넘어 조조를 공격하는 모험을 감행할 만한 인물은 아니었습니다. 손권은 조조의 북방 정벌을 강 건너 불구경하듯 하면서 강동에서 세력을 키워가고 있었죠.

아니, 그러면 조조와 척을 진 유비는 어디에 있었을까요? 어느새 7장까지 왔는데 유비는 아직도 땅이 없어요. 여전히 떠돌이예요.

이때 유비는 형주의 신야현이라는 곳에서 같은 유씨, 유표에게 곁방살이 중이었습니다. 유표와 유비는 황실 종친이잖아요. 하지만 아무리 같은 핏줄이라 한들 유표가 단지 그것만으로 유비를 받아줬을까요? 그럴 리가 없겠죠. 유표에게는 다른 의도가 있었습니다. 유표가 유비에게 내어준 신야현은 당시 조조 세력과 유표 세력 사이의 경계에 위치해 있었는데요. 유표는 유비를 두 팔 벌려 환영한 뒤 실은 최전방에 배치해 방패막이로 쓰려고 한 것이었습니다.

원소를 잡은 조조의 다음 타깃은 유표 아니면 손권이란 말이에요. 유표도 그걸 알고 있었고요. 조조가 쳐들어오면? 최전방에 있는 유비가 신호기 역할을 해줄 것 아닙니까.

한편으로 유표가 유비를 조조의 견제 카드로 생각했다는 건 그만큼 유비의 실력을 인정하고 신뢰했다는 의미기도 합니다. 유표도 전부터 유비의 명성은 익히 들어 알고 있었거든요. 유비 또한 형주에 온 지 얼마 지나지 않았을 때, '장무'와 '진손' 두 장수가 백성을 노략질하며 반란을 공모한 사건을 신속하게 해결하면서 실력을 보여줘요. 신야현은 형주 북부 방어의 요충지였기에 유표 입장에서도 능력 있는 장수를 보내야만 했고, 그런 면에서 유비가 적임자였던 거죠.

집이 필요했던 유비와 베테랑 군인이 필요했던 유표. 서로의 이해관계가 맞물려 유비는 당장 오갈 데 없는 처지에서 벗어나 형주에 머무르게 되었습니다. 그리고 이 기묘한 동거는 6년이나 계속되지요. 당장이라도 쳐들어올 것 같던 조조가 잠잠했거든요.

사실 당시 조조는 원소의 세 아들과 싸움을 벌이고 있었어요. 워낙 넓은 땅이라 세 아들이 나눠서 가지고 있었는데 서로 반목하면서도 조조가 공격해 오자 어쩔 수 없이 연합하기도 하는 등 아주 혼란스러운 상황이었어요. 책 한 권은 거뜬히 나오는 복잡한 싸움이었죠.

그렇게 유비가 형주에서 머문 지 6년이 지나던 어느 겨울날, 유표는 유비와 술자리를 갖다가 깜짝 놀랍니다. 화장실에 다녀

온 유비 얼굴에 눈물 자국이 남아 있었기 때문입니다. 유표는 얼른 무슨 일이냐고 물었죠.

"전에는 하루도 몸이 말안장을 떠나지 않아 허벅지에 살이라곤 없었는데, 요즘에는 오랫동안 말을 타지 않았더니 허벅지에 살이 많이 붙었습니다."

유비는 화장실에 앉아 있다가 허벅지에 두둑하게 오른 살을 보고 운 것이었습니다. 조조를 타도하고 한나라 황실을 바로 세우고자 했었기에 신야현에서 큰 전투 없이 보내는 조용한 일상이 그저 허송세월처럼 느껴졌을 것입니다.

이런 유비의 심정에서 유래된 사자성어가 '비육지탄髀肉之嘆'입니다. '넓적다리 비', '고기 육', '어조사 지', '탄식할 탄'을 써서 이룬 것 없이 세월만 보낸 것을 한탄한다는 의미를 나타냅니다.

기적의 탈출! 날아서 계곡을 건넌 유비

그런데 슬픔에 빠져 있던 유비에게, 삶의 또 다른 페이지를 넘기게 되는 사건이 발생합니다. 다음 장의 삽화 아래쪽을 보면 말을 탄 이를 볼 수 있는데요. 그가 바로 유비입니다. 말을 타고 계곡을 건너는 것처럼 보이지요. 뒤에서는 무서운 표정의 누군가가 무기를 들고 유비를 쫓고 있고요. 이게 어떻게 된 일일까요?

⋮

〈현덕약마도단계玄德躍馬渡檀溪〉

유비가 말을 타고 단계를 뛰어넘다

 너무 평화로워서 눈물 흘릴 정도였는데, 신세 한탄하던 말이 씨가 됐는지 바로 허벅지 쓸 일이 생겨버렸죠? 이래서 말을 조심해야 해요.

당시 형주에는 유비를 너무나 싫어하는 사람이 있었습니다. 바로 유표의 아내인 채부인이었는데요. 사실 채부인에게도 유비를 싫어할 만한 나름의 이유가 있었습니다. 유표에게는 전처가 낳은 첫째 아들 '유기'와 후처인 채부인이 낳은 둘째 아들 '유종', 이렇게 두 아들이 있었어요. 그런데 유종이 꽤나 똘똘했던 거예요. 유표는 내심 둘째를 후계자로 삼고 싶어서 유비에게 고민 상담을 했지요. 그런 유표에게 유비는 이렇게 말했습니다.

"자고로 장자를 제쳐놓고 작은아들을 후사로 세우면 시끄러워지는 것은 자명한 일입니다. 정에 이끌려 어린 자식을 후계자로 세워서는 안 됩니다."

유비는 당연히 장자가 후계자가 되어야 한다고 조언했어요. 그런데 낮말은 새가 듣고 밤말은 쥐가 듣는다고, 유비의 말을 채부인이 엿들은 것입니다. 채부인 입장에서는 어디서 굴러먹던 돌이 들어와 자기를 방해하는 느낌이었겠죠. 그녀는 이를 바득바득 갈면서 당시 형주 군대의 최고 책임자였던 오빠 채모를 불러 어떻게 유비를 처리하면 좋을지 상의합니다. 채모는 연회를 벌여 매복시켜 놓은 군사들로 유비를 죽이려는 계획을 세우죠.

그런데 이 소식을 알게 된 이적이라는 자가 연회장에서 유비에게 채모의 계획을 알려줍니다. 유비는 급히 연회장을 벗어나 정신없이 도망쳤으나 곧 멈추게 됩니다. 삽화에서 봤듯이 앞을 가로막는 커다란 계곡을 만나게 된 거예요. 이 계곡은 '단계'로 너비는 무려 7미터였습니다. 말을 타고는 도저히 건널 수 없는 거리지요. 유비는 다른 길을 찾으려 했지만 이미 채모와 군사들이 바로 뒤까지 쫓아온 상황이었죠. 진퇴양난에 빠진 것입니다.

고민하던 유비는 어쩔 수 없이 계곡을 향해 무작정 말을 몰았습니다. 당연히 몇 걸음 못 가 말의 발이 물속 깊이 빠져들었지요. 이때, 유비가 말에게 소리칩니다.

"네가 정녕 주인을 해치려고 하느냐!"

그런데 그 말을 들은 말의 눈빛이 돌변하더니, 물 위로 몸을 솟구쳤습니다. 그리고 단번에 계곡을 뛰어넘어 버렸지요.

언제나 침착했던 유비 아닙니까? 그런데 이때만큼은 유비도 다급해져서는 말한테 말을 건 거예요. 애니멀 커뮤니케이터도 아닌데 말이죠. 사실 이 말은 '적로'라는 브랜드 있는 말인데요. 유비가 제압한 장무라는 장수가 타던 말이에요. 적로는 사실 주인을 죽이는 흉마예요. 그래도 워낙 명마라 유비가 뺏어 탄 건데 아이러니하게도 유비는 살렸죠.

물론 현실적인 이야기는 아니지만 이 부분은 삼국지에서 굉장히 큰 의미가 있습니다. 유비가 말을 타고 단계라는 이 계곡을 뛰어넘는 장면은 단순한 탈출이 아니라, 유비라는 인물의 정체성과 서사 전환이 응축된 상징적 순간입니다. 고전 영웅담에서 보면 이와 비슷한 이야기가 많이 나오는데요. 인물의 비범한 모습을 보여줌과 동시에 온갖 어려움을 뚫고 진정한 영웅의 면모를 드러내는 장치지요. 즉, 떠돌이였던 유비가 전과는 다른 존재가 될 것을 예견하는 장면인 겁니다.

사마휘의 비책, 와룡을 찾아라!

계곡을 건너고 꿈을 꾸는 듯 어안이 벙벙했던 유비는 목적지도 없이 그저 말이 가는 대로 도망가지요. 그렇게 얼마나 이동했을까요? 정신없이 도망치던 유비는 뜻밖의 인물을 만나고, 그로부터 이런 말을 듣습니다.

"관우, 장비는 가히 1만 명을 대적할 수 있는 장수지만 애석하게도 그들을 잘 쓸 수 있는 사람이 없다는 게 문제입니다."

이 인물은 얼굴이 소나무 같고 학의 골격에다가 풍채도 비범했어요. 소나무는 본래 선비의 상징이고, 학의 골격이라는 것은 몸이 가느다라면서도 우아했다는 의미 아닐까요? 이런 신비한

포스를 풍기면서 말하니 유비는 '아, 이 사람 보통이 아니구나' 싶어서 곧장 인사를 올립니다.

유비 곁에 좋은 장수들은 있지만, 그들을 제대로 움직일 좋은 책사가 없다고 꼬집은 이 귀인은 누구일까요? 그 정체는 바로 '사마휘'입니다. 도호인 '수경水鏡선생'으로 불리는 인물이지요. 도호는 이름이나 자 외에 성격이나 이상, 철학 등을 반영한 별칭이에요. 요즘으로 치면 닉네임이나 예명 같은 것이라 할 수 있습니다. 수경은 맑은 물에 비친 거울처럼 사람의 본질을 꿰뚫어 본다는 뜻이고요. 유비는 홀린 듯 사마휘의 말에 귀를 기울입니다.

유비도 전쟁터를 돌면서 '아, 뭔가 부족한데… 풀릴 것 같은데 안 풀려' 생각하고 있었던 거예요. 점집에 가면 생각했던 걸 탁 말해줄 때 '맞아, 맞아' 하잖아요? 유비 자신이 답답했던 부분을 짚어주니까 확 넘어간 겁니다. 그래서 유비는 사마휘에게 추천해 줄 참모가 있냐고도 물어봐요.

사마휘는 유비에게 이렇게 말합니다.

"복룡伏龍과 봉추鳳雛, 두 사람 중에 한 사람만 얻어도 천하를 안정시킬 수 있을 것입니다."

복룡은 '엎드려 있는 용'을, 봉추는 '어린 봉황'을 뜻합니다. 엎드려 있는 용은 몸을 일으키기만 하면 승천할 수 있을 테고, 어린 봉황은 그대로 자라기만 하면 되겠죠. 이 말은 세상에 드러나지 않은 숨은 인재를 뜻할 때 쓰이는데요. 지금에 와서 복룡과 봉추는 와룡臥龍과 봉추라는 표현으로 더 유명합니다. 여기서 와룡은 누워 있는 용을 의미해요. 사마휘가 말한 복룡과 같은 뜻인 것입니다. 그렇다면 와룡은 대체 누구를 말하는 걸까요?

와룡의 정체는 바로 이번 장의 주인공, 제갈량입니다. 사는 곳에 와룡강이라는 이름의 언덕이 있어 호를 와룡선생으로 지었지요.

이번에는 기필코 자신에게 필요한 인재를 섭외하고자 유비는 선물을 바리바리 챙겨 관우, 장비와 함께 와룡강이 있는 융중으로 향합니다. 제갈량을 데려오기 위한 삼고초려가 시작된 것입니다. 유비는 말에 채찍질을 하며 신나게 걸음을 재촉합니다.

제갈량을 얻기 위한 유비의 삼고초려

얼마 후 융중 와룡강 언덕에 위치한 초가집 앞에 도착한 유비 삼 형제. 유비는 떨리는 마음으로 직접 문을 두드리고, 밖으로 나온 동자에게 자기소개를 하는데요.

"한나라 좌장군, 의성정후, 예주목, 황숙 유비가 선생을 뵙고자 찾아왔다고 여쭈어라."

중앙정부가 인정하는 공식 무장이라는 뜻의 좌장군! 의성이라는 영지를 가진 정후 작위를 뜻하는 의성정후! 예주를 다스리는 지방관이란 의미의 예주목! 그리고 황제의 숙부뻘을 의미하는 황숙까지! 유비가 감투란 감투는 다 끌어다 자기소개를 한 것입니다. 아마 최고의 인재를 스카우트하기 위해서는 그에 걸맞은 사람으로 보여야 한다는 압박감이 들었는지, 좀 있어 보이고 싶었나 봅니다.

그런데 유비의 말을 들은 동자는 "저는 그렇게 긴 이름을 외울 수가 없습니다"라고 답합니다. 머쓱해진 유비는 "그냥 유비가 왔다고만 여쭈어라"라고 말해요. 하지만 유비의 이런 노력도 헛되게, 동자는 제갈량이 오늘 아침에 집을 나갔다고 합니다. 심지어 어디로 갔는지, 또 언제 돌아오는지도 알 수 없다면서요. 허탕을 치고 실망한 유비는 제갈량이 돌아오면 자기가 왔었다고 꼭 전해달라고 동자에게 부탁하고 발길을 돌립니다.

'제갈량 오면 나 왔었다고 꼭 전해줘'라는 음성 메시지를 남긴 거예요. 다시 신야현으로 돌아와서도 계속 안절부절해요. 제갈량만 있으면 뭐든 될 것 같으니까 사람을 보내 '제갈량 있어, 없어?' 체크하고요.

제갈량이 돌아왔다는 보고를 받은 유비는 곧장 떠날 채비를 합니다. 그런데 신야현에서 융중까지의 거리는 60킬로미터가 넘습니다. 기병이 장거리를 오갈 때 평균 15~20킬로미터 정도의 속도를 냈다고 하니 편도로만 약 세 시간은 걸렸을 겁니다. 오가기 쉬운 거리는 절대 아니었던 거예요.

유비가 제갈량을 만나러 갈 때는 어떤 모습이었는지 다음 장의 삽화로 한번 보겠습니다. 중앙 위쪽에 솔방울 같기도 하고 민들레 씨앗 같기도 한 것이 있지요? 눈을 묘사한 것입니다. 융중에 다녀온 지 한 달이 채 안 된 시점에 유비, 관우, 장비가 눈보라를 헤치며 수십 킬로미터를 이동해 재차 제갈량을 찾아간 것입니다. 이렇게 날씨가 안 좋은데도 찾아갈 정도로 간절했음을 알 수 있죠.

하지만 그런 노력이 무색하게도 유비는 제갈량을 만나지 못합니다. 이번에는 제갈량의 동생 제갈균이 "형 어제 약속 있다고 나갔는데요?"라고 하거든요. 또 허탕을 치게 된 겁니다. 마침 또 전날! 딱 하루 차이로 제갈량이 집을 비운 거예요. 그럼 두 번째 허탕을 친 유비는 어떻게 행동했을까요?

음성 방명록으로는 안 되겠다 싶었는지, 꽁꽁 얼어붙은 붓을 입김으로 녹여가면서 한 자, 한 자, 간절한 마음을 담아 편지를 남깁니다. 그리고 다시 말에 오르려는 순간, 동자가 손을 흔들며 "선생님께서 오십니다!" 외치는 것 아니겠어요? 유비가 고개를 돌리자 한 남자가 마을로 들어오는 조그만 다리를 건너 다가오고 있었습니다. 유비는 '제갈량이 돌아왔구나!' 생각하며 말안장

〈현덕풍설청공명玄德風雪請孔明〉

유비가 눈보라 속에 제갈량을 찾아가다

에서 굴러떨어지듯 내려 남자에게 다가갔습니다. 그리고 예의를 갖춰 인사하며 말을 걸었어요.

"이렇게 추운 날 어디를 다녀오십니까? 이 유비가 기다리고 있은 지 오래입니다."

그런데 이런, 제갈량의 동생 제갈균이 이렇게 말했습니다.

"이분은 와룡이 아니라 형님의 장인 황승언 어른이십니다."

이후 유비는 얼마나 제갈량을 만나고 싶었는지, 무려 점을 쳐서 길일을 택하고 3일간 목욕재계까지한 뒤, 새 옷으로 갈아입고서 다시 와룡강으로 찾아갑니다. 어느덧 시간이 지나 때는 꽃 피는 봄, 다행히도 이번에는 제갈량이 집에 있었습니다. 그런데 낮잠을 자고 있었지요. 유비는 마당에 서서 일단 기다렸습니다. 하염없이, 일어날 때까지 꼼짝 않고 기다려요.

유비의 전략 같아요. 낮잠 자고 일어났는데 손님이 세네 시간 기다렸다고 하면 부채의식이 좀 생기잖아요. 부탁을 해오면 거절을 쉽게 못 할 수도 있고요.

그런데 얼마 후, 커다란 호통 소리가 와룡강 일대를 울립니다.

"저 선생이란 자는 어찌 저리도 오만하단 말인가! 내가 집 뒤로 가서 불을 싸질러 놓는데도 어디 일어나는지 안 일어나는지 한번 봅시다!"

버럭 화를 내는 이 대사의 주인공, 이제는 누군지 바로 알겠지요? 맞아요. 장비입니다. 안 그래도 두 번이나 바람맞아서 화가 날 대로 났던 차에 폭발하고야 만 거죠. 유비 삼 형제보다 제갈량이 훨씬 어리니 괘씸죄까지 더해졌을 것입니다.

한바탕 소란에 제갈량은 잠에서 깬 듯 잠시 뒤척였어요. 그런데 갑자기 벽 쪽으로 돌아눕더니 그대로 다시 자는 거예요. 솔직히 이쯤 되면 의심이 듭니다. 장비가 그렇게 소리를 질렀는데 모를 수가 있을까요? 제갈량은 이후에도 무려 두 시간이나 더 잠을 자다가 일어납니다. 일어나서 동자로부터 유비가 오래도록 기다렸다는 말을 들은 제갈량은 뭐라고 했을까요?

"왜 진작 깨우지 않았느냐? 얼른 옷을 갈아입고 나오마."

이후에도 제갈량은 한참이나 시간을 끌다 유비 앞에 나오는데요. 그 모습을 소설은 이렇게 묘사합니다.

"제갈량은 키가 8척이요 얼굴은 관옥 같다. 머리에는 윤건을 쓰고 몸에는 학창의를 입었는데 세속을 완전히 초탈한 신선의 기개가 있었다."

유비는 아직 제갈량의 능력을 모릅니다. 부동산 계약으로 치면 좋은 건물이라고 얘기만 듣고 덜컥 계약하려는 거예요. 그런데도 제갈량은 망설여요. 소설에서는 왜 그러는지 그 진짜 속내는 안 나오는데 우리가 한번 유추해 보면 어떨까요?

세 번째 도전 끝에, 유비는 드디어 제갈량과 마주하게 되었습니다. 이 상황을 너무도 유명한 사자성어로 표현할 수 있죠? 앞서 이야기했던 삼고초려입니다. '석 삼', '돌아볼 고', '풀 초', '농막집 려'를 쓰지요. 오늘날 우리도 귀중한 사람을 데려오기 위해 노력할 때 종종 쓰는 말이에요. 이쯤에서 제갈량에 대해서 간단히 살펴보고 넘어갈까요?

> 삼국지 인물 제갈량에 대해 알려줘.

 침GPT

- 이름: 제갈량
- 자: 공명孔明
- 출생지: 서주 낭야국 양도현
- 출신: 사예교위 제갈풍 후손
- 직업: 형주의 사족

#천하제일 책사 #지략의 신 #삼고초려

제갈량의 자는 '공명'이라 흔히들 '제갈공명'이라고도 합니다. 여포가 삼국지 세계관 최고의 무력왕이라고 한다면 최고의 지력왕은 바로 제갈량이죠. 이 당시 최고의 뇌섹남이었던 거예요. 이전까지는 고구마 먹은 듯 답답하던 유비의 신세가 제갈량의 등장과 함께 드디어 사이다 전개로 뒤바뀝니다. 이 과정과 제갈량이 사용하는 신묘한 계책을 보는 것이 삼국지를 읽는 또 하나의 재미입니다.

유비 맞춤, 천하삼분지계를 제안하다

아무래도 제갈량은 유비를 피한 것처럼 보입니다. 몇 시간이나 낮잠을 자는 모습은 일부러 면박을 주는 것처럼 보이기도 하지요. 자고로 영웅들은 야심으로 가득 차 있는 법이거늘, 정말 제갈량은 속세를 떠나 초야에 묻혀 있을 생각이었을까요? 이 미스터리를 해결하기 위해서는 제갈량의 어린 시절을 들여다봐야 합니다.

제갈량은 명문가 후손이었어요. 조상인 제갈풍은 사예교위였고 아버지인 제갈규는 군청의 서기에 해당하는 군승을 지냈습니다. 하지만 제갈량의 어린 시절은 매우 고단했던 것으로 보여요. 아버지가 일찍 돌아가셔서 동생 제갈균과 함께 작은아버지 밑에서 자랐거든요.

제갈량의 고향, 낭야군 양도현도 주목해 볼 필요가 있습니다. 낭야는 서주에 속한 곳입니다. 서주라고 하면 떠오르는 사건이 있죠? 조조의 서주 대학살 말입니다. 제갈량은 어린 나이에 고향에서 벌어지는 피바람을 목격했어요. 어린 시절 아버지를 여의고 서주 대학살을 경험한 제갈량은 어쩌면 잘못된 정치와 권력에 대한 환멸을 느끼고 위정자를 불신했을지도 모릅니다. 조조에 대한 분노도 품고 있었겠죠.

제갈량은 특별한 롤 모델에 자신을 비유했습니다. 바로 '관중'과 '악의'였어요. 관중은 공자가 《논어》에서 칭송한, 춘추시대 최고의 재상이고 악의는 전국시대를 대표하는 명장이에요. 그러니까 자신이 문무를 겸비했다고 말한 것입니다.

운동 잘하는 사람이 "나는 마이클 조던과 메시에 비견될 만해"라고 한 거나 다름없어요. 어떻게 보면 제갈량은 굉장히 콧대가 높죠. 이런 나를 진정 원한다면 성의를 더 보여야 한다고 생각했을 거예요. 어려서 서주 대학살을 경험해서 유비를 방어적으로 대한 부분도 있겠고요.

초야에 묻혀 지낸다는 건 그냥 무위도식하는 게 아니라 언젠가 나를 위해, 그리고 세상을 위해 펼칠 재주를 갈고닦으며 수련한다는 것입니다. 그래서 중국의 선비들을 늘 수련하고 도를 닦다가 기회가 되면 세상을 위해 나서는 것을 이상으로 삼아왔습니다. 그런데 주군을 잘못 고르면 이상을 펼치기는커녕 목숨이 위험해질 수도 있겠죠? 이런 현실을 누구보다도 잘 아는 제갈량은 유비가 어떤 인물인지를 꼭 알아봐야 했을 겁니다.

　삼고초려로 제갈량을 만나게 된 유비는 이렇게 말했습니다.

　"대장부가 세상을 구할 큰 재주를 품고 어찌 산속에 파묻혀 부질없이 늙으시려 합니까? 부디 선생께서 천하의 백성들을 생각해 우둔한 유비에게 가르침을 주십시오."

　북방을 정벌한 숙적 조조는 천하를 제패하기 위해 형주로 남하할 게 뻔했습니다. 유비로서는 조조와의 전면전이 눈앞에 다가와 있던 상황이었지요. 그런데 이때, 제갈량은 뜻밖의 대답을 하는데요.

　"장군께서 패업을 이루고자 하신다면 북쪽은 조조에게 양보하시고, 남쪽은 손권에게 양보하시고, 장군께서는 먼저 형주를 손에 넣어 근거로 삼고 익주를 취해 기반을 세워서 솥발처럼 셋이 맞서 대립한 형세를 이루도록 하십시오."

　제갈량은 조조, 손권을 정복하려 들지 말고 우선 천하를 셋으로 나눠 팽팽한 균형을 이루라고 한 것입니다. 이것이 바로 '천하삼분지계'라고 불리는 유명한 대책입니다.

유비는 조조를 공격할 생각만 하잖아요? 그런데 이제 제갈량이 말해주는 거죠. "체급부터 맞춰."

　제갈량은 먼저 형주와 익주 두 곳을 차지해 나라의 기틀을 세우고 중원 토벌을 도모하라고 순서를 정해준 것입니다. 이런 제갈량의 계책을 들은 유비는 "선생의 말씀을 들으니 답답하던 가슴이 활짝 열려 마치 짙은 안개를 헤치고 푸른 하늘을 보는 듯합니다"라며 기뻐합니다.

제갈량의 계책에 유비가 이렇게까지 감탄한 이유가 있는데요. 당시 사람들은 오랫동안 황하 문명, 중원 중심주의에 길들여져 있었습니다. 특히 유비는 한 황실의 후손이라는 것을 내세웠기에 중원에서 멀어진다는 생각을 하지 못했었죠. 그런데 제갈량이 역발상을 해낸 거예요.

훗날 유비 세력이 삼국의 한 축이 될 수 있었던 건 바로 이때 제갈량이 제안한 천하삼분지계 덕분이었습니다. 제갈량은 유비에게 당장 살아남는 방법이 아니라 당당히 삼국의 한 축을 이룰 큰 그림을 제안한 것입니다.

유비로서는 곧장 제갈량을 스카우트하고 싶었을 것입니다. 그런데 유비의 마음을 사로잡은 제갈량은 야속하게도 이렇게 말했습니다.

"저는 오랫동안 농사일을 즐겨온 데다 세상사에 관여하기를 귀찮아하므로 장군의 명을 받들 수가 없습니다."

유비는 결국 최후의 수단을 사용합니다. 번지르르한 말 대신 진심을 담아 제갈량을 설득했어요. 유비는 백성들의 어려움과 괴로움을 말하며 겉옷의 소매를 적시고, 옷깃까지 다 젖을 정도

내가 제갈량을 얻은 것은
마치 물고기가
물을 만난 것과 같다.

로 울었다고 합니다. 아마 제갈량은 이 모습을 보고서야 유비를 섬기기로 결심했나 봅니다. '이 사람은 사리사욕이 아니라 진정 대의를 위해서 움직이는구나, 백성들을 생각하는구나' 싶었겠지요. 결국 유비는 제갈량에게서 원하는 대답을 듣습니다.

"장군께서 저를 물리치지 않으신다면 서도 견마지로를 다 바치겠습니다."

이후 유비와 제갈량이 맺은 관계를 '**수어지교**水魚之交'라고 표현합니다. 물고기와 물의 사이라는 뜻이니, 그만큼 긴밀한 관계를 비유하는 말이죠. 그러니까 유비는 "내가 제갈량을 얻은 것은 마치 물고기가 물을 만난 것과 같다"라면서 제갈량이 없으면 살아갈 수 없다는 걸 비유적으로 드러낸 겁니다.

유비가 물고기고, 물이 제갈량이에요. 이 얘기를 들은 관우, 장비는 어땠을까요? 둘은 질투합니다. 전투를 나갈 때 유비가 "어떻게 하지?" 하니까 관우, 장비가 "물더러 싸우라고 해라" 말하거든요.

제갈량의 데뷔전, 박망파 전투

제갈량이 유비군에 합류한 지 얼마 되지 않았을 때, 유비가 제갈량에게 군대를 통솔하는 모든 권한을 넘겨주는 일이 벌어집니다. 이때 유비에게 전해진 한 통의 급보가 있었거든요.

'조조가 보낸 하후돈이 10만 대군을 거느리고 신야를 향해 출병했다.'

북방 정벌을 마치고 호시탐탐 남쪽의 형주를 노리던 조조가 드디어 칼을 빼든 것입니다. 조조군 최고의 맹장 하후돈을 앞세워서요. 조조군을 이끄는 하후돈은 형주의 박망성을 거쳐 신야성으로 향했습니다. 군대를 크게 둘로 나눠 절반은 선두 부대로 삼고, 나머지는 군량과 마초를 호위하고 있었지요. 그런데 돌연 하후돈이 큰 소리로 껄껄 웃기 시작합니다.

"제갈량이 용병하는 꼴을 보니 참으로 어이가 없다! 저따위 군사들로 선봉을 삼아 우리와 대적하려 하다니, 마치 개와 양 떼를 몰아 호랑이와 싸우겠다는 격이 아니냐?"

하후돈이 다가오는 유비군의 선두 부대를 보고 제갈량의 용병술을 비웃은 것입니다. 대체 제갈량이 누굴 내세웠길래 그런 걸까요? 제갈량이 고른 인물은 바로 '조자룡趙子龍'이었습니다.

조자룡은 원래 공손찬 휘하의 장수였으나 공손찬이 원소에게 패배해 죽은 뒤 유비군에 합류한 상태였습니다. 이 조자룡은 창술의 달인이라 앞에 사람이 없는 것처럼 싸웠다고 해요. 앞에서 적이 쏟아져 나오는데도 쓱쓱 베고 지나간 것이지요. 또 어떤 상황에서도 침착하고 흔들림 없는 멘탈을 자랑했습니다.

 창술이 주특기인 조자룡이 "나와 봐, 나와 봐"라고 하면서 지나가면 그냥 다 정리가 돼요. 전장의 미화원이라고 보면 됩니다. 또 하나 주특기가 침착함! 관우, 장비는 급발진할 것 같아서 불안하잖아요? 조자룡은 경거망동하지 않고 어려운 임무도 안정적으로 성공시켜요.

그런데 조자룡은 당시에는 관우와 장비 같은 명성을 갖지는 못했나 봅니다. 그러니 하후돈이 자기와 급이 맞지 않는 장수가 나왔다고 생각해 무시했지요.

하후돈은 그대로 말을 몰고 앞으로 달려나가고, 조자룡의 군대는 막기가 버거웠는지 후퇴하죠. 하후돈은 그 뒤를 쫓아갑니다. 그런데 하후돈의 부하 장수 하나가 그 모습을 지켜보더니 달려나가 이렇게 말합니다.

"조자룡이 적을 유인하고 있는데 매복이 있을까 두렵습니다."

하지만 하후돈은 또 껄껄 웃으며 답합니다.

"적의 군사가 이와 같다면 설령 열 개 방면으로 매복해 있다 하더라도 내가 무엇을 겁내겠는가!"

하후돈은 도망치는 조자룡을 쫓아 박망성과 신야성 사이에 있는 언덕 박망파의 좁은 길목에 들어섰습니다. 그런데 이때 그곳에 매복해 있던 유비군이 조조군을 공격하기 시작합니다. 하후돈의 부하 장수가 예상한 대로였던 거예요. 하지만 이런 작전에도 불구하고 유비군은 점점 조조군에게 밀리다 달아나고 맙니다. 그렇게 조조군과 유비군 사이의 쫓고 쫓기는 추격전은 밤이 될 때까지 계속됩니다. 그러던 중 하후돈의 전투부대는 우거진 갈대밭 사이로 들어서게 되는데요. 바로 그때! 하후돈의 군대가 기습공격에 당해 불타버리고 맙니다.

사실 이 모든 것은 제갈량의 설계이자 계책이었습니다. 우선 제갈량은 전투 전에 조자룡에게 명령을 내립니다.

"싸우되 이기려고 하지 말고 오로지 지기만 해야 한다."

생각해 보면 정말 어려운 일입니다. 이겨서도 안 되고, 싸우는 척만 하는 티가 나도 안 되고, 그 와중에 군사들을 많이 잃어도 안 되고, 그렇다고 또 아예 져버려도 안 되니까요. 조자룡은 이 어려운 명령을 따르면서 하후돈을 박망파로 유인했습니다. 그리고 박망파에 주둔해 있던 유비 부대가 기습적으로 하후돈의 군사를 덮쳤죠.

매복이 있을 수 있다는 것까지는 하후돈도 예측한 바였습니다. 하지만 조자룡이 아닌 유비의 부대 또한 유인 부대였다는 사실은 알지 못한 거예요. 제갈량의 작전 1단계! 조자룡이 미끼가 돼 적을 유인하고, 유비군은 매복에 실패한 척 꾸며 하후돈이 유비군 전체를 얕잡아 보게 한 것이지요. 실패한 매복군으로 위장해 조조군을 점점 더 박망파 언덕 깊숙한 곳으로 끌어들이고, 조조군이 갈대가 무성한 진짜 매복 장소에 도착하자 숨어 있던 유비군의 병사 500명이 곧바로 그곳에 불을 지른 겁니다.

제갈량의 계책은 여기서 끝나지 않습니다. 제갈량의 작전 2단계! 박망파에 피어오른 불빛을 신호탄 삼아 양쪽의 산과 숲에 매복해 있던 관우와 장비가 하후돈의 배후를 일망타진한 겁니다. 관우는 히후돈 후방에서 움직이던 물자 수송부대를, 장비는 곧장 하후돈 진영이 꾸려졌던 박망성을 습격했지요. 유인해서 주력부대를 공격한 뒤 보급망은 물론 배후 진영까지 완전히 섬멸한 것입니다.

제갈량의 활약이 예고한 새로운 국면

책사 제갈량을 영입해 조조군으로부터 대승을 거둔 유비는 다시 꿈을 향해 나아갈 수 있게 됩니다. 제갈량은 관우와 장비의 신뢰도 얻게 되고요. 그렇다면 실제 역사서에서는 어떨까요? 역사적으로 박망파 전투는 유비가 여남에서 하후돈이 이끈 군대를 막아낸 전투입니다. 당시 유비는 일차적으로 하후돈을 물리치기는 하지만, 곧 조조의 본대에 밀려 결국 크게 패하고 후퇴하게 되죠. 하지만 나관중은 이 전투를 제갈량이 유비군에 합류한 직후의 사건으로 재구성해 제갈량의 전략적 우월성을 보여주는 데 활용합니다. 다시 말해, 소설에서는 박망파 전투를 단순한 전투가 아니라 제갈량의 데뷔전으로 각색한 셈입니다. 극단적으로 내몰렸던 유비 세력이 제갈량의 전략 덕에 새로운 전기를 마련하게 되는 것이죠.

제갈량과 함께하며 조조군으로부터 짜릿한 첫 승리를 거둔 유비에게 놀라운 소식이 들려옵니다. 또 다른 조조군이 유비의 근거지 신야로 달려오고 있다는 보고였습니다. 이후로도 제갈량은 연이어 신묘한 계책을 보여주면서 삼국지에 더욱 재미를 더합니다.

삼국지에는 천하 패권을 다투는 이야기뿐 아니라 한 사람이 다른 사람을 만나 어떤 뜻을 품게 되었는지 알 수 있는 순간들이 담겨 있습니다. 그들의 만남과 결정이 시대를 움직이고, 한 편의 긴 이야기를 완성해 가지요. 그래서 우리는 삼국지를 읽을 때마다 결국 '사람'을 다시 보게 됩니다. 그저 오래되고 먼 이야기가 아닌, 우리의 모습을 비추어 볼 수 있기에 시대를 넘어 여전히 살아 있는 이야기로 우리 곁에 남아 있는 것 아닐까요?

7장 주요 인물 관계도

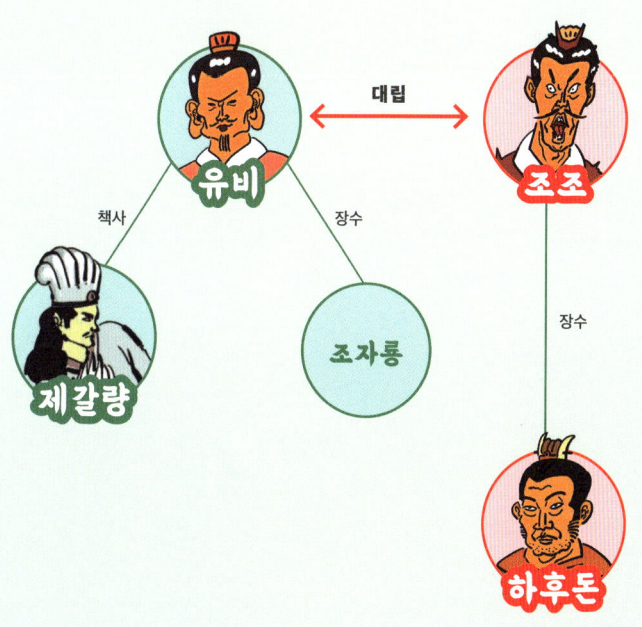

천하의 흥망성쇠는 되풀이된다

유비·손권과 조조의 적벽대전

삼국지에는 수많은 명장면이 있지만 그중 1등을 뽑는다면 아마 적벽대전이 뽑힐 것 같아요. 앞서 말했듯 적벽대전은 관도대전, 이릉대전과 함께 삼국지 3대 대전으로 손꼽히는 전투입니다. 이 전투를 소재로 영화가 만들어지기도 했고, 판소리 〈적벽가〉 또한 이 전투를 소재로 한 노래입니다. 삼국지의 하이라이트라고 할 수 있죠.

조조와 원소가 정면충돌했던 관도대전으로부터 약 8년이 지난 208년. 천하를 통일하려는 조조를 상대로 유비와 손권이 한 팀을 이뤄 벌인 전쟁이 바로 적벽대전입니다.

유비·손권 연합의 결성

먼저 영웅들의 앞날에 돌풍을 불러온 장소, 적벽의 위치부터 확인해 보겠습니다. 적벽은 장강 남쪽에 위치한 지역입니다. 행정구역상 형주와 양주의 경계선에 위치하고 있었지요. 당시 적벽의 지배권은 손권에게 있었고, 형주는 유종에 의해 통째로 조조에게 넘어간 상황이었습니다. 형주와 맞붙은 땅을 가진 손권의 입장에서는 조조와의 대결을 피할 수 없었습니다.

조조 입장에서도 세력을 넓히는 일을 미룰 수 없었습니다. 형주의 모든 땅이 조조의 영향력 아래 있지는 않았거든요. 유종의 항복을 받으며 '형주는 내 땅'이라는 정치적 명분을 얻기는 했지만, 실질적으로 형주의 각 지역을 다스리는 실력자들이 모두 조조에게 항복한 것은 아니었습니다. 유비처럼 아직 항복하지 않은 세력이 있었던 것이지요. 그러니 조조로서는 남하를 서둘러 형주 전부를 자신의 지배권 아래 두어야 했고, 이를 위해서는 유비를 추격해 확실하게 쫓아내야 했습니다.

그렇다면 그 당시 유비는 어디에 있었을까요? 박망파 전투에서 승리를 거두었지만, 이후 조조의 계속되는 진격에 밀려 유비는 신야성을 버리고 적벽 인근 지역까지 후퇴합니다. 당시 이곳은 유종의 큰형인 유기가 다스리고 있었는데요. 동생 유종은 조조에게 형주를 바치고 항복했지만, 유기는 이 의견에 반대하고 유비와 손을 잡았습니다. 하지만 그 땅의 크기가 조조와 손권의 영토에 비해 터무니없이 작았습니다. 유비로서는 이제 더 이상 도망칠 곳도 없고, 다시 세력을 키우기도 어려운 상황에 봉착한 거죠.

조조, 손권, 유비는 영토의 크기만큼 군사력에도 큰 차이가 있었습니다. 《삼국지연의》를 보면 조조는 50만 대군을 이끌고 남하했고, 여기에 형주의 군대까지 흡수하며 그 수가 80만으로 불어납니다. 엄청난 숫자지요. 손권의 군사들은 강동의 여러 지역에 흩어져 있었는데요. 적벽대전 당시에는 5만 명의 군사가 전투에 투입됩니다. 유비군의 사정이 가장 안 좋았습니다. 유비는 자신의 군사 1만, 그리고 유기의 군사 1만을 합쳐 약 2만 명의 군사를 거느리고 있었습니다.

유비가 군대를 잘 간수하지 못한 이유도 있어요. 우리가 돈 벌면 다 저축하지는 않잖아요? 치킨도 시켜 먹고 하면서 쓰죠. 유비도 전투하면서 병력을 계속 까먹은 겁니다. 모집했다가 또 잃었다가. 그러다 보니 1만밖에 남기지 못한 거예요.

계속 추격해 오는 조조의 80만 군사를 고작 2만 명으로 막아내야 하는 암담한 상황에 처한 유비. 그런데 이때 손권의 최측근이자 강동의 대표적인 책사인 노숙이 제갈량과 유비를 찾아옵니다. 믿을 만한 사람들끼리 모여 공공의 적인 조조를 상대할 대책을 세우자는 제안을 하기 위해서였어요. 불리한 상황에 처해 있던 유비에게 손권 측이 먼저 손을 내민 것입니다.

거절할 이유가 없던 유비는 제갈량을 강동으로 보냅니다. 그런데 강동에서 제갈량은 굉장히 피곤한 날들을 보내요. 만나는 사람마다 "조조의 세력은 얼마나 되냐?", "조조군에서 가장 뛰어난 장수는 누구냐?", "조조를 이길 방법이 있냐?" 등 조조에 관한 질문 세례를 퍼부었거든요.

유비와 제갈량은 조조와 붙어봤잖아요. 그러니까 정보를 듣고 싶은 거예요. '맞아보니 얼마나 아팠냐? 흥은 얼마나 졌냐?' 이런 거죠. 유비 쪽은 연합이 필요하고, 손권 쪽은 정보가 필요했던 거예요.

제갈량은 유비와 손권이 연합을 맺고 맞서면 이길 수 있다고 어필하지만, 잘 통하지 않았습니다. 손권군에는 노숙의 의견에 동의하지 않는 사람들도 많았던 것입니다. '너희 약하잖아. 연합해서 싸우는 것보다 피 흘리지 않고 조조한테 항복하는 게 나을 것 같아'라는 의견이 대세였던 터라 반응은 차가웠죠.

상황이 이러하니 손권도 결단을 내리지 못하고 이랬다저랬다 고민을 거듭합니다. 고민하던 손권은 자신의 천재 책사를 불러들입니다. 그가 바로 '주유周瑜'입니다. 주유는 손권의 형, 손책이 강동을 호령할 때부터 강동 최고의 브레인으로 불렸던 인물로, 무예와 전술은 물론이고, 외모까지 뛰어난 '엄친아'였다고 합니다. 유비에게 제갈량이 있다면 손권에게는 주유가 있었던 거죠.

손권의 부름으로 제갈량과 마주하게 된 주유. 그렇게 제갈량과 주유, 노숙이 이야기하는 자리가 마련됩니다. 노숙은 주유에게 의견을 묻습니다. 아마 제갈량은 똑똑한 주유라면 유비와의 동맹을 찬성하지 않을까 기대했겠죠. 하지만 주유의 말은 이랬습니다.

"싸우면 반드시 패할 것이요, 항복하면 화를 면하고 평안할 것입니다."

전쟁하기 싫다는 사람한테 억지로 총을 들게 할 수는 없는 노릇. 결국 제갈량은 전략을 대폭 수정합니다. 그리고 평화롭게 항복하기를 원하는 주유 맞춤으로 전쟁을 피할 계책, 실은 주유를 도발하는 계책을 전합니다.

"지금 조조가 백만 대군을 이끌고 있지만, 실상은 대교와 소교를 얻기 위함이니, 장군은 속히 천금을 주고라도 두 여인을 사서 조조에게 보내도록 하십시오."

제갈량이 말한 대교와 소교는 강동에서 손꼽히는 미인 자매입니다. 제갈량은 어디서 주워들은 이야기라며, 조조가 여색을 밝히는데 동작대라는 누각까지 지어놓고 거기에 천하의 미인들을 모으고 있다는 말을 덧붙입니다. 그러니 두 여인만 바치면 싸움은 피할 수 있을 거라면서요.

제갈량의 말을 들은 주유는 묘한 표정으로 고개를 갸웃거리며, 증거가 있냐고 묻습니다. 그러자 제갈량은 기다렸다는 듯 시 한 수를 증거로 제시합니다. 바로 조조의 아들이 지은 〈동작대부〉라는 시입니다. 이 시의 원문 중 일부를 살펴보겠습니다.

連二橋于東西兮
若長空之蝃蝀
두 다리가 동서쪽으로 연이었으니
마치 하늘에 무지개 선 것 같네

누각에 있는 다리가 이어져 있는 모습이 하늘의 무지개 같다며 칭송하는 평범한 내용입니다. 조조는 화려한 누각 동작대에 감탄했고, 조조의 아들은 동작대를 보고 이 시를 지은 거죠. 그런데 제갈량은 이 시를 교묘하게 조작해서 읊기 시작합니다. 먼저 '다리 교橋'를 교씨 자매의 성인 '높을 교喬'로 바꿉니다. 그리고 '동서東西' 방향을 '동남東南' 방향으로 바꿔요. 심지어 다음 줄은 아예 창작을 해버립니다. 그렇게 제갈량이 주유에게 들려준 시는 다음과 같습니다.

攬二喬于東南兮
樂朝夕之與共
교씨 둘을 동남에서 끌어와서
아침저녁으로 함께 즐기리로다

   동작대라는 누각을 칭송한 시를, 조조가 동남쪽에 있는 교씨 자매와 아침저녁으로 즐기겠다는 발칙한 내용으로 바꿔버린 것입니다. 이 시를 들은 주유는 '급발진'을 합니다. 자리에서 벌떡 일어나 북쪽을 가리키며 쌍욕을 한 것입니다.
   "조조! 이 늙은 역적 놈아! 너랑 도저히 같은 하늘 아래 살 수 없다! 공명은 내게 힘을 빌려주어 함께 역적 조조를 물리칩시다."
   이렇듯 주유가 갑자기 태도를 완전히 바꾼 이유는 무엇일까요? 바로 소교가 주유의 아내고, 대교는 손책의 아내기 때문입니다. 즉 제갈량이 조작한 시가 자신의 아내와 강동의 전 군주였던 손책의 아내를 조조가 탐한다는 내용이었던 것이지요. 이렇게 주유는 제갈량의 꾀에 넘어가 조조와 맞서 싸우기로 결심합니다. 천하를 가지겠다는 꿈을 꾸는 조조와 강동을 지키려는 손권, 부활을 꿈꾸는 유비 연합군의 대격돌이 시작되는 순간이었습니다.

제갈량의 지략, 10만 화살 구하기

손권과 유비 연합군은 주유를 총사령관으로 삼고, 제갈량은 주유를 보좌하며 함께 전쟁을 치르기로 결의합니다. 그런데 이 연합은 시작부터 삐그덕거립니다. 왜일까요? 다름 아닌, 10만 대의 화살 때문이었습니다.

유비군과 힘을 합해 조조에 맞서기로 한 주유는 급히 막사로 제갈량을 호출합니다. 그러고는 이렇게 말하죠.

"지금 군중에 화살이 넉넉지 않으니, 수고스럽지만 선생께서 화살 10만 대만 만들어서 이번 싸움에 쓰도록 도와주실 수 있겠소? 부디 거절하지 마시오."

적벽이 장강 남쪽에 위치한 지역이라고 했잖아요. 그렇기 때문에 이번 전투의 성격은 강에서의 싸움, 수전입니다. 물 위에서 싸우니까 다른 무엇보다 화살이 많이 필요했죠. 그래서 전투에서 사용할 화살 10만 대를 구해달라고 요청한 것입니다. 근데 이걸 단 열흘 만에 구해오라고 해요. 만약 화살을 못 가져오면 어떻게 될까요? 군사권을 가지고 있는 주유는 군법에 따라 제갈량을 처벌할 수 있었습니다. 한 팀이 된 주유가 제갈량에게 불가능에 가까운 미션을 던진 겁니다.

사실, 주유가 이렇게 말도 안 되는 억지를 부린 이유가 있습니다. 주유 또한 천재과였기 때문일까요? 제갈량이 예사 인물이 아님을 알아챈 것이지요. 지금은 같은 편이지만 언젠가 적으로 돌아선다면 절대 이길 수 없는 강적이 될 것임을 직감하고는 어떻게든 제갈량을 제거하고자 덫을 놓은 겁니다. 주유 입장에서는 절대 손해 보지 않는 장사였던 것이, 제갈량이 10만 대의 화살을 구해온다면 당연히 땡큐입니다. 만약 못 구해온다면 군법으로 처벌할 수 있으니 또 땡큐고요. 심지어 이때 주유는 제갈량이 화살을 구하지 못하게 하려고 무기를 만드는 장인들과 뒷거래까지 한 상태였습니다. 경쟁자를 제거하겠다는 일념으로 머리를 쓴 것입니다.

보통 사람 같으면 어떻게 열흘 안에 그 많은 화살을 다 구하냐며, 시간을 더 달라고 사정했을 겁니다. 하지만 제갈량은 평범한 인물이 아니죠? 오히려 한술 더 뜹니다! 적군이 언제 쳐들어올지 모르는데, 열흘은 너무 길고 사흘 안에 준비하겠다고 답한 것입니다. 심지어 화살을 못 구할 경우, 어떤 처벌이든 받겠다는 군령장까지 씁니다.

 호방하게 콜을 외친 것도 모자라 레이즈를 한 거죠. 오케이, 받고 3일! 제갈량은 주유가 자기를 누르려고 하니까 오히려 더 세게 나간 거예요.

막사를 빠져나온 제갈량이 찾아간 사람은 노숙이었습니다. 제

갈량은 노숙에게 배 20척과 군사 600명을 주유 몰래 빌려달라고 부탁합니다. 제갈량이 걱정됐던 노숙은 흔쾌히 빌려주겠다고 약속하지요. 그런데 배와 군사는 준비됐는데 정작 제갈량은 이틀 동안 아무것도 하지 않았습니다. 마침내 다가온 디데이! 제갈량은 주유를 찾아가 10만 대가 족히 넘는 화실을 바칩니다. 대체 무슨 일이 벌어진 걸까요? 제갈량이 병사들을 데려다 몰래 화살이라도 만든 것일까요?

제갈량이 순식간에 화살을 준비한 비밀은 이렇습니다. 약속한 기한의 마지막 날, 제갈량은 풀더미를 쌓아 올린 배와 군사를 이끌고 조조군의 진영으로 찾아갑니다. 그러고는 마치 기습이라도 하는 듯 군사들에게 함성을 지르게 하지요. 깜짝 놀란 조조군은 배를 향해 화살을 쐈고, 제갈량은 풀더미에 꽂힌 화살들을 몽땅 수거해 온 겁니다.

이날은 마침 안개가 굉장히 짙어 한 치 앞도 보이지 않았습니다. 제갈량은 이 사실을 무려 3일 전에 예측한 거였어요.

"장수가 되어 천문을 통달하지 못하면 졸렬한 장수일 것이오. 나는 이미 사흘 전에 오늘 짙은 안개가 내릴 것을 알고 있었소."

조조군은 자욱한 안개 속에서 적들의 함성 소리만 들려오니 크게 당황했습니다. 적군의 수가 몇인지, 매복군이 있는 건 아닌지 아무것도 파악할 수 없으니 일단 화살부터 쏜 것이죠. 이 장면을 묘사한 그림을 자세히 보면, 재밌는 모습이 있습니다. 배 안에

⋮

〈제갈량계복주유諸葛亮計伏周瑜〉

제갈량이 계책으로 주유를 굴복시키다

서 태연하게 술 마시는 사람이 보이죠? 제갈량과 노숙이에요. 밖에서는 조조군이 화살을 쏘아대는데, 제갈량은 그런 상황을 즐기며 태연자약하게 술을 마신 것입니다.

화살 비가 내리는 소리를 ASMR처럼 들으면서 술 한잔 마시는 거죠. 제갈량은 "재미있는 거 보여줄게"라면서 노숙을 데리고 간 거예요. 데리고 가서 신기한 체험을 하게 한 거죠.

화살이 충분히 모였다고 생각한 제갈량은 조조 진영을 떠나기 전 군사들에게 합창을 시킵니다. "승상, 화살을 주어 고맙소!"라고요.

이 기발한 계책은 적벽대전을 빛내는 최고의 전략 중 하나로 손꼽히는데요. 병법서 《삼십육계》 중 '적전계'에 속하는 제7계에 이런 전략을 가리키는 말이 있으니, 바로 '무중생유無中生有'입니다. 지혜로운 사람은 아무것도 없는 곳에서 새로운 것을 만든다는 의미지요. 제갈량은 단순히 기상천외한 아이디어를 떠올리는 것에 그치지 않고 기상 조건까지 모두 철저하게 계산했다는 점이 대단합니다.

제갈량과 함께 화살을 갖고 돌아온 노숙은 육지에 도착하자마자 주유에게 달려가 상황을 보고합니다. 직접 봤으니 얼마나 생생하게 전했겠어요. 자초지종을 들은 주유는 제갈량을 인정하기로 마음먹습니다. 사실 제갈량이 10만 대의 화살을 얻어온 이 일화는 역사서에는 기록되지 않은 내용입니다. 제갈량이 얼마나 뛰어난지를 잘 보여주는 소설 속 장치라고 하겠습니다.

약간 신선 같은 행동을 하면 무조건 허구예요. 작두를 타기 시작한다거나, 갑자기 이상한 짓을 하기 시작하면 이건 중국식 거짓말이구나 하셔야 합니다. 소설이다 보니 거짓말을 좋아해요.

희생의 아이콘, 황개의 고육계

이제 화살도 10만 대나 확보했으니 주유는 조조를 무너뜨릴 계책을 세웁니다. 불을 활용한 공격, 즉 화공을 펼치기로 한 것이지요. 하지만 조조군이 가만히 당해줄 리는 없겠지요. 그래서 주유는 화공에 더해 또 다른 계책을 준비합니다.

다음 장의 삽화를 한번 살펴볼까요? 가운데 위에 서 있는 남자가 바로 주유입니다. 아래쪽에서는 누군가가 매를 맞고 있네요. 주유가 곤장 50대를 벌로 내린 뒤 이를 지켜보고 있는 모습입니다. 그렇다면 매를 맞고 있는 이 남자는 대체 누구일까요? 바로 주유의 부하 '황개黃蓋'입니다. 주무기로 무시무시한 철채찍을 사용했다고 하죠.

⋮

〈황개헌계파조조黃蓋獻計破曹操〉

황개가 조조를 깨뜨릴 계책을 바치다

황개는 조조와 싸워 이길 승산이 없다고 생각해 주유에게 항복하자는 말을 꺼냅니다. 이에 주유가 역정을 내며 둘은 말다툼을 벌이고, 결국 황개가 군기 위반이라는 명목으로 피떡이 되도록 곤장을 맞은 것입니다.

그런데 황개는 3대째 손씨 가문을 보좌해 온 공신 집안 출신이자 손권군을 대표하는 장수 중 한 명이랍니다. 그런 장수가 정말 겁을 먹고, 항복을 입에 올렸을까요?

실은 둘 사이에 밀약이 있었습니다. 이 모든 것이 짜고 친 고스톱이었어요. 전날 밤, 주유의 막사로 황개가 몰래 찾아가 주유에게 말합니다.

"조조는 대군이고 우리는 군사가 적어 싸움을 오래 끌수록 불리하거늘, 도독께서는 어찌하여 화공을 쓰지 않습니까?"

이길 수 있는 방법은 불을 지르는 수밖에 없는 것 같은데, 왜 화공을 쓰지 않냐며 의문을 표한 것입니다. 황개의 말에 주유는 고민을 털어놓습니다. 불을 붙이려면 조조의 배에 가까이 다가가야 하는데 그 방법이 마땅치 않다는 것이었죠. 대답을 들은 황개가 이렇게 말합니다.

"나는 손씨 집안으로부터 두터운 은혜를 받은 몸이오. 설사 죽는다 해도 맹세코 후회하지 않겠습니다."

다음 날, 주유는 모든 장수가 모인 자리에서 보란 듯 황개와 격렬한 말다툼을 벌입니다. 말다툼 끝에 걷지도 못할 정도로 매를 맞은 황개는 그날 밤, 조조의 진영으로 투항하겠다는 비밀 서신을 보내고요. 이렇듯 주유의 매질은 황개와 약속된 일이었습니다. 적뿐만이 아니라 아군까지 속여야 했던 주유의 승부수였던 것입니다. 이런 전략을 '고육계苦肉計'라고 합니다. 몸을 상하게 하면서까지 꾸며내는 계책을 뜻하지요. 이 역시《삼십육계》에 등장하는 전략으로, 병전계 제34계에 해당합니다.

그런데 주유는 왜 이렇게 극단적인 쇼를 벌여야 했을까요? 이런 연출 없이, 그냥 황개가 항복하는 척하며 조조를 속일 수는 없었던 걸까요? 그 이유는 '스파이' 때문이었습니다. 주유는 자기의 진영에 조조군이 심어둔 스파이가 있다는 걸 알고서 그를 속이고자 한 것입니다. 오히려 스파이를 역이용해서 조조에게 거짓 정보를 흘린 것이죠. 황개가 조조에게 투항하더라도 절대 의심을 사지 않기 위한 방법이었던 셈입니다.

그렇다면 조조는 과연 이 속임수에 넘어갈까요? 황개는 자기의 비밀 서신을 담력 있고 말솜씨도 좋은 '감택'이라는 인물을 통해 전달하는데요. 조조는 황개의 항서를 가지고 투항한 감택을 처음에는 의심합니다. 생전 처음 보는 사람이 찾아와 갑자기 투항하겠다고 하니 믿을 수가 없는 것이죠. 그런데 감택이 워낙 거짓말을 잘하는 데다, 때마침 조조가 심어둔 스파이로부터 감택의 이야기를 믿게 만드는 소식이 전해집니다. '황개가 피떡이 되도록 맞았다'는 이야기였지요. 감택이 말한 항복의 이유가 증명

된 것입니다. 결국 조조는 황개에게 거사 날짜가 정해지면 알려 달라고 답신을 보낸 뒤, 설레는 마음으로 그를 기다립니다.

봉추 방통의 연환계

황개의 거짓 투항을 성공으로 이끈 조조군의 스파이! 얼마 지나지 않아 조조에게 또 엄청난 선물을 안깁니다. 심지어 이번에는 정보가 아니라 무려 사람이에요. 조조는 그 인물을 보고는 입이 찢어질 듯 웃고 허리까지 숙여 맞이합니다. 황개의 투항에 기뻐하던 조조에게 또 다른 인재가 찾아온 것입니다. 외모는 추하지만 머릿속에 든 재주는 비할 곳이 없다는 이 남자, 바로 '방통龐統'입니다.

사마휘가 유비에게 제갈량을 추천하며 한 말, '와룡과 봉추' 기억나지요? 여기서 봉추가 가리키는 인물이 바로 방통이었습니다.

그런데 이 유명한 사람을 조조군의 스파이는 어떻게 데려오게 되었을까요? 방통은 당시 재야에 묻혀 은둔하고 있었는데요. 마침 근방을 지나던 조조의 스파이가 우연히 방통을 알아본 것입니다.

 방통이 글을 소리 내서 읽고 있었는데, 그 내용이 좀 영특한 것 같아서 스파이가 말을 걸어본 거죠. 그랬더니 어라? 방통인 거예요.

오랜만에 사람을 만나서였는지, 방통은 마음속에 쌓여 있던 주유에 대한 불만을 술술 털어놓습니다.

"주유가 자기 재주만 믿고, 다른 사람을 용납하지 않기에 이곳에 잠시 숨어 있소."

그러자 스파이는 이때다 싶어 조조에게 가서 능력을 펼치자고 방통을 꼬드긴 겁니다. 이렇게 해서 주유에게는 와룡 제갈량이, 조조에게는 봉추 방통이 생겼습니다.

하늘에서 뚝 떨어진 S급 인재 방통은 오자마자 조조군을 보고는 말합니다. "승상께서 수군을 훈련시키는 방법은 매우 훌륭하십니다. 다만 애석하게도 완전하지는 못합니다"라며, 칭찬하는 척 은근히 문제점을 지적한 것이지요.

방통이 이런 말을 한 데는 나름의 이유가 있었습니다. 그리고 사실 조조의 골치를 썩이는 일이기도 했지요. 조조군은 주로 중원에서 활동했습니다. 요즘으로 치면 육군이었던 거예요. 그런데 손권·유비 연합군과 싸워야 할 장소는 강입니다. 손권군은 수전 경험이 많았지만, 조조는 산골과 평야를 달리던 육군을 데리고 물 위에서 싸워야 했던 것입니다. 그러니 조조군은 배가 흔들릴 때마다 중심을 못 잡고, 멀미를 하는 등 영 적응을 못 합니다. 우리가 여행을 가면 여행지의 물이 맞지 않아 아플 때가 있잖아요? 당시 조조군에서도 역병이 돌았다고 해요. 죽는 군사들도 많았다고 하니 조조는 상성에 안 맞는 전투 환경 때문에 난감해하고 있었던 거죠.

오자마자 파악을 싹 해버렸으니 아주 신통방통하죠? 그래서 이름도 방통인가 봅니다.

그런데 방통은 조조의 고민을 순식간에 해결하는 묘책을 내놓습니다. 이 해결책이란 게 참 황당하면서도 그럴듯한데, 배를 서로 연결한 다음 그 위에 판자를 깔아놓자는 것입니다. 이 말은 배를 모두 연결해 일종의 섬처럼 만들자는 것이죠. 흔들리지 않는 것은 당연하고 배 위에서 사람은 물론이고 말까지 뛰어다닐 수 있도록 한 것입니다.

방통은 큰 배 하나에 작은 배 30~50척을 줄줄이 연결한 뒤, 판자를 깔라고 지시합니다. 방통의 말을 들은 조조는 즉시 대장장이를 불러 이 작업에 착수하고요. 곧 조조의 군사들은 지긋지긋했던 멀미에서 벗어날 수 있었죠.

그런데 이 해결책에는 커다란 문제가 있었습니다. 배를 묶을 경우, 화공에 대비하기가 어려워진다는 것이었죠. 어느 한 곳에라도 불이 붙으면 다른 배로 모두 옮겨 붙을 테니까요. 똑똑한 방통은 왜 이런 전략을 조조에게 알려준 걸까요? 사실 방통의 진짜 정체는 따로 있었기 때문입니다. 주유가 보낸 SSS급 스파이였던 겁니다.

보통 나이 들면 책을 속으로 읽는데, 막 소리 내서 읽을 때부터 알아봤어야 해요. 나 좀 봐달라는 의미였겠죠.

이때 방통이 쓴 계책을 '연환계連環計'라고 합니다. 《삼십육계》의 패전계에 기록된 전략으로 제35계인데요. 연환이란 '고리를 연결한다'는 뜻입니다. 여러 계책들을 고리를 연결하듯이 연속적으로 배치해 적을 제압하거나 적의 강점을 무력화하는 전략이죠. 연환계는 정면 승부로 적을 이겨내기에는 적의 세력이 너무 강해 우회해서 그 기세를 꺾어야 할 때 씁니다.

주유가 화공을 성공시키기 위해 필요한 건 딱 두 가지였습니다. 첫 번째는 조조군에게 접근해 불을 붙일 사람이었습니다. 그래서 첫 번째 고리가 황개가 되었죠. 두 번째는 불이 빨리 퍼질 수 있게 조조의 배를 묶어두는 것인데, 이 두 번째 고리를 방통이 맡은 것입니다. 방통은 연환계를 써 조조군의 유연성과 기동성을 완전히 봉쇄하는 함정을 팠던 겁니다. 쉽게 말해 불을 붙이기가 수월하게 미리 세팅을 해둔 것이지요.

전투의 판세를 뒤집은 동남풍

하지만 여러분, 아시다시피 조조는 매우 신중하고 합리적이다 못해 냉철하기까지 한 인물입니다. 그런 사람이 배를 묶어두면 화공에 취약하다는 걸 몰랐을까요? 분명 알았을 텐데 어째서 방통의 계책을 받아들인 것일까요? 여기에는 나름의 이유가 있었습니다.

당시 각 진영의 위치를 확인해 봅시다. 조조의 부대는 강의 북쪽에 진영을 꾸린 상태입니다. 반대로 손권과 유비 연합군은 강의 남쪽, 적벽에 진영을 꾸렸습니다. 그런데 겨울철에는 주로 북서풍이 붑니다. 즉, 남쪽에 위치한 주유와 제갈량이 화공을 펼치려면 북서쪽에서 불어오는 바람을 이겨내야 했던 것입니다. 북쪽에 있는 조조군을 향해 불화살을 쏘면 바람 때문에 화살이 오히려 되돌아오는 사태가 벌어질 수 있었지요.

그런데 황당하고도 충격적인 사실이 있습니다. 황개와 방통으로 연환계까지 시행한 마당에 주유가 이 사실을 뒤늦게야 눈치챘다는 것입니다. 주유는 조조군의 진영을 염탐하려고 높은 산에 올라갔다가, 조조군의 깃발이 부러지는 방향을 보고서야 이를 알아챕니다. 너무 말도 안 되는 실수를 저질러서일까요? 주유는 이 일로 극심한 스트레스를 받아 피를 토하며 쓰러지고 맙니다. 언제 전투가 벌어질지 모르는 전쟁터에서 총사령관이 자기가 저지른 실수에 놀라 혼자 쓰러져 버린 거예요.

이런 주유에게 구원의 손길을 내미는 이가 있었으니, 이번에도 제갈량입니다.

"저는 바람을 부르고 비를 내리게 할 수 있습니다."

도술을 써 바람을 불러오겠다는 것입니다. 이 말을 들은 주유는 어떤 반응을 보였을까요? 평상시라면 아마 믿지 않았을 텐데, 이때는 지푸라기라도 잡아야 한다는 심정이었는지 이렇게 말합니다.

"단 하룻밤만이라도 큰바람이 불어준다면 대사를 성공시킬 수 있겠습니다."

밑져야 본전, 다른 방법은 없었던 주유가 제갈량을 믿어보기로 한 것이지요. 며칠 뒤, 제갈량이 바람을 불러오겠다고 약속한 날이 됩니다. 믿음 반, 의심 반, 하지만 제발 말도 안 되는 기적이 일어나기를 바라면서 주유는 모든 군관을 불러놓고 출병할 채비를 갖추었습니다. 제갈량은 경건한 마음으로 목욕재계하고 칠성단에 오릅니다. 그리고 잠시 후… 놀랍게도 동남풍이 불어오기 시작합니다.

오른쪽 삽화가 그 장면을 그린 것입니다. 그림을 보니 어때요? 나무가 뽑힐 듯이 불어오는 동남풍의 위력이 느껴지나요? 오른쪽에 머리를 풀어헤친 남자가 바로 제갈량입니다. 제갈량이 정말 바람의 방향을 바꾼 것입니다!

〈칠성단공명제풍七星壇孔明祭風〉

제갈공명이 칠성단에 올라 제사를 지내 동남풍을 불러오다

 제갈량이 나중에도 제사를 종종 지냈는데 그때마다 머리를 풀어헤칩니다. 그렇기 때문에 지금 알아두시면 좋을 것 같고요.

제갈량의 신통한 능력에 놀란 주유는 감탄하기도 잠시, 곧 전군 출격 명령을 내립니다. 이 소식을 들은 황개도 곧상 소조의 진영으로 투항하러 출발하고요.

여기서 잠깐, 제갈량은 정말 자연현상을 바꿀 수 있는 도사였을까요? 물론 그럴 리는 없겠죠. 제갈량은 도사나 점성술사가 아니었습니다. 오히려 작은 자연현상 하나하나를 세심하게 분석하고 관찰하는 과학자에 가까웠습니다.

적벽대전이 있던 동짓날은 중국 대륙에 시베리아 고기압이 최고로 발달해 북서풍이 거세게 부는 때입니다. 하지만 고기압의 세력이 약해지면 그 사이에 저기압이 형성되는데요. 저기압은 항상 따뜻한 남쪽 바람을 몰고 옵니다. 아마도 제갈량은 이런 자연의 흐름을 미리 알았을 것입니다. 만에 하나라도 제갈량이 공격할 때 비가 왔다면 물거품이 될 수도 있었는데 택일을 잘한 거죠. 아마도 제갈량은 3일 전부터 비구름도 꼼꼼히 관찰했던 것 아닐까요?

그럼 적벽대전 당일, 조조군의 상황은 어땠을까요? 조조는 황개가 투항 의사를 밝힌 뒤로 그에게서 소식이 오기만을 기다리고 있었습니다. 그런데 이때, 밖에서 부하가 들어와 갑자기 동남풍이 분다고 보고합니다. 평소의 조조라면 분명 대비를 했을 텐데, 황개의 투항 소식에 설렜던 걸까요? 조조는 허허허 웃으며 "동짓날은 원래 날씨가 변덕을 부리니 크게 걱정할 일이 아니다"라고 말합니다. 바람의 방향이 바뀌었는데도 대수롭지 않게 넘겨버린 것입니다.

그때 황개가 보낸 전갈이 도착합니다. 바로 오늘 밤, 군량선을 이끌고 투항하겠다는 내용이었죠. 그리고 약속된 시간이 다가오자, 조조는 설레는 마음으로 강 위에서 황개를 기다립니다. 저 멀리서 배가 보이더니 점점 조조군 진영을 향해 다가오지요. 그 모습을 느긋하게 바라보는 조조. 그런데 옆에 있던 부하 중 한 명이 섬뜩한 말 한마디를 내뱉습니다.

"배 안에 군량이 실려 있다면 배는 틀림없이 묵직할 것입니다. 그런데 지금 오고 있는 배를 보니 가볍게 물에 떠 있습니다."

황개는 분명 군량선을 이끌고 투항하겠다고 했는데, 곡식을 실었다고 하기에는 배가 너무나 가벼워 보였던 것입니다. 그제야 수상함을 눈치챈 조조는 뒤늦게 황개의 배를 향해 마구 화살을 쏘아댑니다. 실제로 황개의 배에는 군량 대신 불이 잘 붙는 것들만 한가득 담겨 있었죠.

하지만 조조는 황개에게 속은 자신을 원망할 시간조차 없었습니다. 잠깐 불고 그칠 줄 알았던 동남풍이 더욱 거세지고 있다는 사실을 깨닫거든요. 그리고 무언가가 잘못되어 가고 있음을 깨

닿는 순간, 밤하늘이 대낮처럼 환해집니다. 제갈량이 불러온 동남풍을 타고, 손권과 유비 연합군이 쏜 수천수만 대의 불화살이 날아든 것입니다.

이 장면이 적벽대전의 하이라이트입니다. 쏟아지는 불화살이 조조군 배에 여기저기 불을 붙이기 시작했겠죠. 또 방통이 배를 다 묶어놔서 불이 도미노처럼 이 배 저 배로 번지는 거예요. 한마디로 불지옥이 된 거죠. 게다가 떠 있으니까 어디 도망갈 수도 없어요.

조조는 방통의 조언을 듣고 커다란 운동장처럼 연결해 뒀던 배가 손쓸 틈도 없이 불에 타는 모습을 지켜보았을 것입니다. 수많은 병사와 배들이 불에 타거나 물에 빠졌겠죠. 이 단 한 번의 전투로 조조군은 무참히 패배하고 맙니다. 그리고 바로 이 전투가 적벽대전이지요.

역사서에 적벽에서 벌어진 전투가 기록된 글은 모두 다섯 개입니다. 그런데 이 글들 중 네 개가 당시 조조군에 역병이 돌았다고 적고 있습니다. 남방 지역의 습한 기후가 건조한 기후에 익숙한 북방의 조조 병사들에게는 맞지 않았던 것입니다. 반면 화공에 대한 기록은 제각각입니다. 손권이 유비와 힘을 합쳐 적벽에서 조조에게 이긴 뒤 배를 불태웠다는 기록도 있지만, 조조가 전투에서 패배하고 남은 함선을 불태우고 퇴각했다는 기록도 있거든요. 이러한 점을 보면 화려한 화공 장면 역시 소설적 장치가 아닐까 싶어요. 실제 적벽대전에서 조조가 패배한 결정적 원인은 역병이었을 가능성이 높다고 봅니다.

제갈량의 명을 어긴 관우의 선택

적벽대전에서 패배한 조조, 그 꼴이 얼마나 비참했던지 마지막엔 겨우 27명의 군사들과 함께 도망칩니다. 그런 조조를 연합군은 집요하게 추적하지요.

80만 대군이 싹 전소되고 27명이 남았으니 얼마나 처참했겠어요. 어떻게 된 거냐면 조조군이 퇴각을 하는데 제갈량이 퇴각로 곳곳에 군사를 배치를 해놔요. 장비도 배치하고 이 장수, 저 장수 다 배치해서 계속 공격해요. 전투에서 패했으니 성치 않은 사람들인데 계속 공격을 당하니까 결국 얼마 안 남고 최종적으로 남은 게 27명이었던 거죠.

그런데 역시, 사람은 베풀고 살아야 해요. 조조는 과거에 행한 공적으로 이 절체절명의 상황에서 겨우 목숨을 구하거든요.

조조가 퇴각로에서 마지막으로 마주친 장수는 자신이 그토록 좋아했던 관우였습니다. 관우는 제갈량의 명을 받고 조조를 잡으러 왔죠. 관도대전 이후, 조조와 관우가 다시 마주한 것입니다. 자신이 선물한 적토마를 타고 추격해 오는 관우를 보고 조조는 어떤 생각을 했을까요? 관우에게 붙잡힌 조조는 옛정을 봐서 살려달라고 부탁합니다. 하지만 관우는 이렇게 답하지요.

"내 비록 승상의 은혜를 입었으나 안량과 문추를 베어 그 은혜는 갚은 셈이오. 오늘은 사사로운 일로 공사를 거스를 수 없소이다."

자신이 조조에게 빚을 지기는 했으나, 그 빚은 이미 다 갚았다는 것입니다. 목숨이 왔다 갔다 하는 순간, 조조는 포기하지 않고 이렇게 말해요.

"장군께서는 다섯 관문을 지날 때마다 내 장수 한 명씩을 죽인 일을 잊으셨소?"

오관참장의 일을 꺼낸 것입니다. 관우가 일방적으로 벌인 사건, 어쩌면 조조가 묵인해 주었던 옛날 일을 들먹인 것이죠. 한때 자신을 극진히 대해주었던 조조가 애원하고, 눈앞에 있는 조조의 군사들 또한 벌벌 떨며 눈물을 흘리는 상황이었습니다.

조조의 부하들도 너무 지쳤어요. 불 난 데서 탈출도 하고 산 넘고 물 건너 겨우겨우 살아서 여기까지 온 거잖아요. 그러니까 얼마나 심신이 피로하고 힘도 없었겠어요. 근데 이제 진짜 죽을 것 같으니까 막 울기 시작해요. 조조 포함 28명이 다 울기 시작해요. 관우가 의리에 진짜 약한데 얼마나 힘들었겠어요. 옛날에 자기가 한 짓도 알고, 앞에서 울고불고하니까 어떻게 할 수 없는 상황이 된 거죠. 진퇴양난이에요.

사실 제갈량은 애초에 관우를 퇴각로에 보내지 않으려고 했어요. 과거에 조조와 관우가 인연이 있으니 죽이지 못할 것이라 생각했던 것이죠. 하지만 관우는 자신을 뭘로 보냐며 죽일 수 있다고 우깁니다. 그리고 조조 목을 안 갖고 오면 내 목을 내놓겠다는 각서를 쓰고 여기에 온 거예요. 조조를 죽이지 않으면 자기 목숨도 위태로운 상황이었습니다. 하지만 결국 우리의 의리남 관우는 고민 끝에 조조를 풀어주고 맙니다.

복귀한 관우는 할 말이 없었죠. 그래서 '약속대로 내 목을 치시오' 했더니 제갈량이 '알겠습니다, 약속이니까 치겠습니다' 했어요. 그때 유비가 나서서 말립니다. '얘가 죽으면 우리 다 죽어야 해, 도원결의가 있잖아!' 생각한 거예요. 덕분에 관우는 안 죽어요.

유비와 조조의 대격돌, 한중공방전

적벽대전 이후 세 사람은 어떻게 되었을까요? 우선 손권은 유비와 형주를 나눈 뒤 다시 강동으로 돌아갑니다. 유비는 무주공산이 된 형주의 일부 지역을 얻고 세력을 키우기 시작하고요. 무참히 패배한 조조는 허도로 돌아가 군을 재정비합니다.

그렇게 시간이 흘러 적벽대전으로부터 8년이 지난 216년, 유비는 익주의 관리자 유장과의 싸움에서 승리하며 세력을 더욱 확장합니다. 제갈량이 말한 천하삼분지계에 한 걸음 더 다가간 셈이지요. 조조 또한 가만히 있지 않고 한 단계 더 레벨업하는데요. 그 사이 '왕'이 되었습니다. 헌제가 직접 조조를 한나라의 제후국 '위'의 왕으로 봉함으로써, 위 지역을 다스리는 통치자라고 인정한 것이지요. 당시 헌제의 권위는 바닥까지 떨어져 허수아비나 다름없었기에 가능한 일이었습니다.

말하자면 '한나라'라는 주식회사가 있으면, 조조가 승상일 때는 CEO였던 거예요. 경영권은 있지만 사실 오너는 아니잖아요? 언제든 교체될 수 있죠. 근데 위왕이 됐다는 거는 지분이 있는 한나라 '계열사 사장'이 됐다는 거예요. 경영도 하고 소유권도 있는 거죠. 어마어마한 힘을 가진 거예요.

한나라의 제후국 '위'의 왕이 된 조조. 이제 왕이 된 만큼, 조조는 열두 줄의 백옥이 달린 면류관을 쓰고, 황제와 똑같은 의장을 갖추게 됩니다. 여태까지 한 황실의 재건을 위해서 조조와 싸워온 유비 입장에서는 이를 가만히 지켜볼 수 없었을 것 아닙니까? 그래서 유비도 결단을 내립니다. 처음으로 조조와 전면전을 벌이기로 하는데요. 그 무대로 삼은 곳은 바로 조조의 땅, 한중 지역이었습니다.

한중은 교통의 요지이자 전략적 요충지였습니다. 유비가 점령할 경우 언제든 조조를 공격하고 또 방어할 수 있었고, 반대로 조조가 점령하면 언제든 유비를 공격할 수 있는 길목이었지요. 유비는 언제 터질지 모를 이 시한폭탄 같은 땅을 조조에게서 빼앗기 위해 선제공격에 나섭니다. 그렇게 삼국지 최고의 라이벌전이 한중 땅에서 펼쳐집니다.

한중의 패권을 두고 조조와 유비 사이에서 벌어지는 빅매치니 장수 선발에도 심혈을 기울일 수밖에 없었겠죠. 제갈량은 고심 끝에 출전 장수 명단을 발표합니다. 그런데 이를 보고 이의를 제기하는 사람이 있었어요. '황충'이었습니다.

황충은 뛰어난 궁술과 지략, 그리고 충성심으로 유명합니다. 그런데 아쉽게도 단점이 딱 한 가지 있었는데, 뭘까요? 그것은 바로 나이입니다. 한중 전투가 벌어지던 시점, 황충은 거의 일흔 살이 다 되었던 것입니다. 요즘으로 쳐도 적은 나이는 아닌데 당시로서는, 또 몸을 사용해야 하는 무장으로서는 이미 은퇴할 때가 지난 것이죠.

그래서 유비 진영에서 황충은 1선발이 아니었습니다. 제갈량은 나이가 많은 황충이 제대로 싸울 수 있을지 걱정했거든요.

그러니까 빅매치를 앞두고 감독이 오늘 출전하는 선수는 누구누구다 발표했는데 황충이 빠진 거예요. 그래서 황충이 이유를 물으니까 나이 때문이라잖아요. 선수 보호 차원에서 안 했다고 하니까, 사실 군인인데 이런 말은 굉장히 자존심 상하게 만들죠.

황충은 사람들이 자신을 자꾸 뒷방 노인 취급하니까 화가 났나 봐요. 자기 아직 안 죽었다고 시위를 합니다. 장수들끼리 회의를 하는데 그 자리에서도 무시받자, 갑자기 큰 검을 들고 춤을 추고, 벽에 걸린 강궁을 잡아당겨 연달아 두 개를 부러뜨려 버리거든요. 말 그대로 나이는 숫자에 불과함을 보여준 것이지요. 이 모습을 본 제갈량은 황충을 인정할 수밖에 없었습니다.

안 내보내면 춤 계속 봐야 해요. 빨리 전장으로 보내야 춤을 안 볼 수 있으니 인정할 수밖에 없어요. 이걸 어떻게 인정을 안 해요.

전장으로 나간 노장 황충은 한중공방전 최고의 명장면을 만

들어냅니다. 황충이 승부를 겨룰 상대는 조조군의 장수 '하후연'이었습니다. 눈알 먹은 장수 하후돈 기억하지요? 하후연은 같은 '하후'씨로, 바로 그 하후돈의 친척뻘이에요. 그런데 이 하후연이 황충의 일격을 맞고 말에서 떨어지며 비명횡사해 버려요. 노장 황충이 조조군의 핵심 장수 하후연과 단기 접전 끝에 승리하자 조조군은 겁을 먹고 무너져 내리기 시작합니다. 이후 유비군은 계속해서 공격을 가했고 조조군은 후퇴에 후퇴를 거듭했죠.

최악의 상황에 처한 조조 군대. 어느 저녁, 식사를 앞둔 조조의 막사에 하후돈이 찾아옵니다. 여러분, 암구호가 뭔지 아시나요? 전쟁 등의 상황에서 누군가를 마주쳤을 때, 적군인지 아군인지를 확인하려고 사용하는 암호를 말합니다. 암구호를 묻는 질문에 잘못 답하거나 우물쭈물하면 상대가 우리 편이 아님을 알 수 있는 것입니다. 이 암구호는 보통 매일 바뀌는데요. 이날도 하후돈은 조조에게 그날의 암구호를 정해달라고 찾아왔습니다. 때마침 조조는 저녁으로 닭고기탕을 먹고 있었습니다. 그리고 하후돈의 요청에 '계륵鷄肋'이라고 답해요. '닭 계', '갈빗대 륵'. 말 그대로 닭갈비라는 뜻입니다.

하후돈은 이 말을 듣고 군사들에게 그날 밤 암호를 알립니다. 그런데, 조조의 부하 중 '양수'라는 사무관이 암호를 듣자마자 놀라운 일을 벌입니다. 군사들에게 얼른 짐을 챙겨서 철수할 준비를 하라고 명령한 거예요. 조조가 철수하라는 명령을 내린 적이 없는데도요!

깜짝 놀란 하후돈은 이게 무슨 짓이냐고 물어요. 그러자 양수가 뭐라고 답했을까요?

"지금 우리 군사는 앞으로 나아가자니 이기지 못할 것이고, 뒤로 물러서자니 남의 웃음거리가 될 터라, 더 있어 봤자 이익이 없습니다. 내일 위왕께서는 반드시 군사를 물릴 것입니다."

닭갈비는 살이 붙어 있어서 먹으면 맛있지만, 먹기도 불편하고 막상 먹으면 살도 많이 없는 부위입니다. 그렇다고 그냥 버리기에는 아깝지요. 양수는 '계륵'이라는 암호를 듣고 조조가 한중 땅을 바로 그렇게 생각하고 있음을 알아차린 것입니다. 포기하기는 아까운데, 굳이 공들여 방어할 가치가 있는지는 잘 모르겠는 지역으로 한중을 여긴다는 것이었죠.

 어떻게 될지 모르지만 양수가 영특한 자기의 머리를 믿고 설레발을 좀 친 거죠.

그날 밤, 조조는 영채를 돌아보다가 양수가 자신이 정한 암호를 멋대로 해석하고 퇴군 준비를 시켰다는 사실을 알게 됩니다. 이에 조조는 "나 그런 적 없는데? 왜 네 멋대로 내가 시키지도 않은 짓을 해?"라면서 양수를 죽여버립니다. 부하가 자기 속내를 들여다보고 그 티를 팍팍 낸 게 아니꼬웠던 걸까요?

사실 조조는 전에도 양수한테 마음을 읽힌 적이 있어 이 부하를 마음에 들어 하지 않았습니다. 조조는 혹시라도 자는 중에 암살을 당할까 봐 두려워, 자기는 꿈속에서 사람을 죽이고는 하니 조심하라고 떠들고 다닌 적이 있는데요. 사람들이 이 말을 사실로 믿게 하려고 잠결에 그런 척 부하 한 명을 실제로 죽여버렸어요. 그런데 양수가 그 일이 사실은 조조의 속임수임을 꿰뚫고 있었던 것입니다. 조조로서는 숨기고 싶은 속마음까지 훤히 꿰뚫는 부하를 살려두기 싫었을 테죠.

조조는 양수의 퇴군 지시를 거둬들이고 다시 유비군과 치열한 전투를 벌입니다. 결과는 어땠을까요? 조조군은 참패하고 빈털터리가 되어 허도로 돌아갑니다. 한중을 포기하고 만 것이죠. 조조와 전면으로는 붙을 수도 없던 유비가 정식으로 한판 붙어 조조를 밀어내고 한중 땅을 차지하게 된 것입니다.

한중왕이 된 유비, 삼 형제의 최후

219년, 한중을 빼앗은 유비는 인생 최고의 순간을 맞습니다. 돗자리 장수에서 시작해 수십 년을 전쟁터에서 살아온 유비가 드디어 왕의 자리에 오르게 된 것입니다. 이어지는 삽화에서 오른쪽 중앙에 앉아 있는 인물을 보세요. 옷이 좀 특이하죠? 왕의 복식입니다. 왕의 옷차림을 한 이 인물이 바로 유비입니다.

그런데 유비는 헌제가 공식 임명한 왕은 아니었습니다. 한중 지역을 장악한 뒤, 스스로 '한중왕'이라고 칭한 것이죠. 한중은 본래 한나라를 건국한 유방이 대업을 시작한 곳이었습니다. 유비는 자신을 그런 곳의 왕으로 칭함으로써, 자신이 조조에 대항해 한나라를 재건할 적임자임을 선포했다고 할 수 있겠습니다.

한나라 충신인 유비가 이런 결정을 내린 건 제갈량의 제안 때문이었습니다. 어찌 됐든 조조가 왕이잖아요? 그에 맞서려면 우리도 그와 비슷한 격을 맞춰야 한다고 설득한 거죠.

이 장면이 돗자리 장수였던 유비가 결국에는 왕이 되는, 인생 역전의 하이라이트 장면입니다.

한중왕이 된 유비는 천하삼분지계의 틀을 완성했으니 이제 본격적으로 위나라를 무너뜨리려는 뜻을 품었을 것입니다. 하지만 그런 유비에게 청천벽력 같은 일이 벌어지는데요. 피를 나눈 형제보다도 더 가까웠던 사람, 관우가 58세의 나이로 숨을 거두고 만 것입니다.

당시 관우는 유비의 명을 받고 형주 남부 지역을 다스리고 있었습니다. 그런데 영역을 확장하는 과정에서 손권의 군사에게 잡혀 처형되고 말았어요. 유비는 울다가 혼절할 만큼, 이루 말할

⋮

〈유비진위한중왕劉備進位漢中王〉
유비가 한중왕 자리에 오르다

수 없는 충격과 상실감에 빠지고 맙니다.

 이 무렵 천하는 또 한 번 요동치게 되는데요. 천하를 통일하려던 조조가 꿈을 이루지 못한 채 죽고 그의 아들 조비가 헌제에게 황제 자리를 양위받고 위나라 건국을 선포합니다. 즉, 한나라가 더 이상 명맥을 잇지 못하고 멸망하고야 만 것입니다.

 이 소식을 들은 유비는 가만 있지 않았습니다. 자신이 한나라를 잇겠다고 나서며 촉나라를 건국한 뒤 스스로 황제의 자리에 오르지요.

 유비의 집착도 대단하죠? 유비는 본사에 있지도 않았거든요. 옆 건물에서 일하고 있었는데 갑자기 본사가 폐업 신고하니까 유비가 '어 이게 뭐지? 한나라 주식회사는 이대로 없어질 수 없어!' 하면서 갑자기 본인이 한나라 이름으로 새 회사를 세운 거죠.

 황제가 된 유비는 관우의 복수를 위해 손권과의 전쟁을 선포합니다. 손권과 유비의 연합은 깨져버리고 서로에게 칼을 겨누는 거죠. 이때 벌어진 전쟁이 바로 삼국지 3대 대전 중 마지막, 이릉대전입니다.

 그런데 이릉대전을 준비하던 유비에게 또 한 번의 시련이 찾아와요. 장비가 죽고 만 거예요. 전쟁을 서두르던 장비가 부하들을 닦달하자 이에 앙심을 품은 부하가 장비를 죽인 것입니다. 마치 주유가 제갈량한테 화살 10만 대를 마련하라고 한 것처럼 불가능한 스케줄을 요구했던 거예요. 부하들 입장에서는 '이대로 있다간 처형당할 수도 있으니 차라리 우리가 장비의 목을 가지고 손권한테 가자!' 생각하게 된 거죠.

오히려 장비가 전장에 나가면 죽을 일이 없는데 준비하는 과정에서 어이없게 사망해 버렸어요.

하늘이 무너져 내리는 슬픔을 또 한 번 겪게 된 유비는 제갈량을 비롯해 모든 사람들이 전쟁을 말리지만 폭주 기관차처럼 멈추지 않고 전쟁을 감행합니다. 그 결과는 어땠을까요? 복수에 눈이 먼 유비는 전세를 냉정하게 판단하지 못하고, 결국 손권에게 대패를 당합니다.

처음에 유비가 공격해 들어갈 때는 기세가 좋았어요. 유비가 군사들을 영끌해서 들어가 파죽지세로 치고 나가요. 손권도 '아, 이거 나라 망하겠구나' 싶을 정도로요. 근데 너무 빠르게 들어가다 보니 상대의 유인 작전에 걸려들어 군사들의 대열이 길어졌죠. 거기에 손권군의 화공에 당하면서 싹그리 전멸해 버린 겁니다.

예로부터 이르기를
천하대세란 나누어진 지 오래면
반드시 합쳐지고
합쳐진 지 오래면
또 나누어지는 법이다.

이 전투로 유비의 나라 촉한은 막대한 병력을 잃습니다. 창피해서 돌아가지 못할 정도로 큰 패배였죠. 결국 몸과 마음이 무너진 유비는 백제성에서 223년, 63세의 나이로 병사합니다. 그가 남긴 유언은 제갈량에게 후사를 부탁한다는 내용이었습니다. 자신의 아들이 영특하지 못하면 제갈량이 나라를 다스려 달라 말하고 세상을 떠난 비극적인 결말이었습니다.

유비도, 조조도 죽고 없는 229년. 손권은 오나라의 황제로 등극합니다. 비로소 위나라와 촉나라, 오나라 삼국이 모두 등장하는 삼국시대가 시작되는 것입니다.

여기까지가 도원결의부터 삼국지를 이끌어왔던 삼 형제의 이야기입니다. 이름 그대로의 삼국지가 시작하는 순간에 삼국지의 수많은 영웅들은 명을 다해 퇴장하고 없었습니다.

삼국지의 메인 스토리라 할 수 있는 이야기를 읽고 보니 어떠신가요?《삼국지연의》에는 이런 문장이 있습니다.

"예로부터 이르기를 천하대세란 나누어진 지 오래면 반드시 합쳐지고 합쳐진 지 오래면 또 나누어지는 법이라고 했다."

천하의 흥망성쇠는 계속 반복된다는 뜻이지요. 이 문장이 삼국지를 관통하는 문장이 아닐까 싶습니다. 역사가 흘러가는 한 천하대세의 역동은 계속된다는 것이지요. 그렇기 때문에 삼국지 영웅들이 품었던 꿈, 그리고 그 꿈을 향해 나아가던 순간에 흘렸던 피땀 눈물은 수많은 이들의 마음속에 깊은 울림을 남겨 지금 우리에게까지 전해지는 것 아닐까요? 삼국지가 우리 마음에 살아 있는 한 천하를 손에 쥐기 위한 영웅들의 도전은 지금 이 순간에도 계속될 것입니다.

8장 주요 인물 관계도

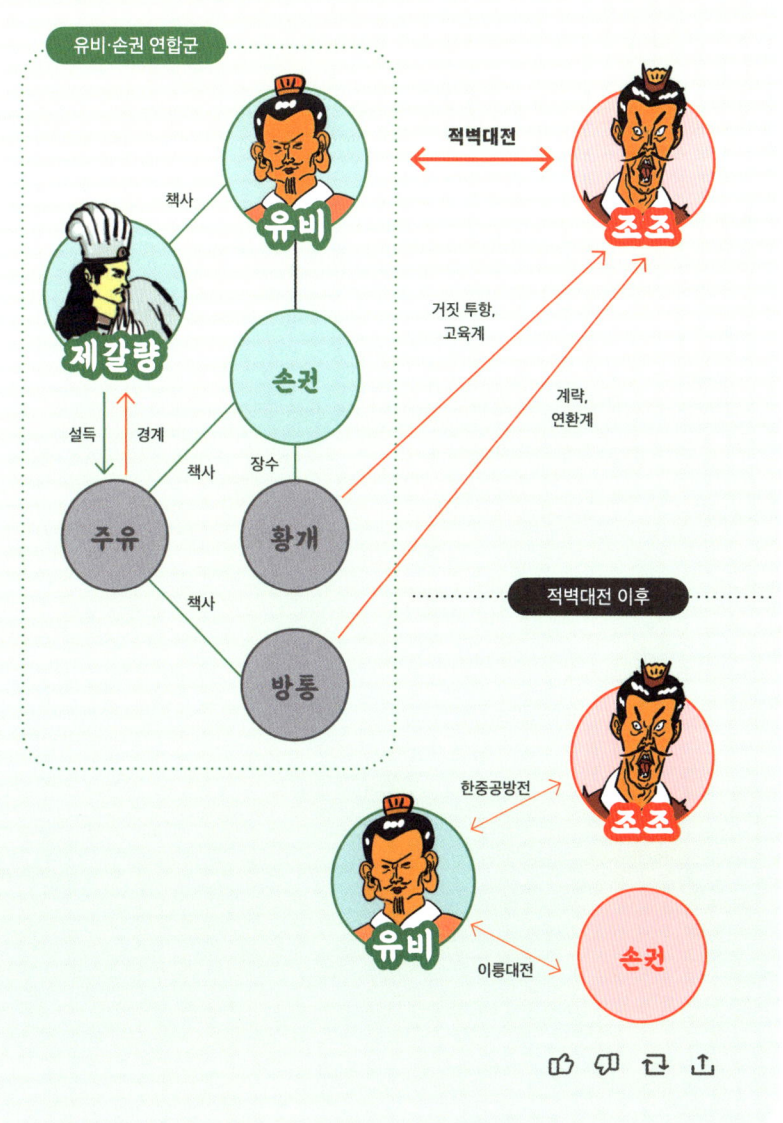

삼국지의 큰 흐름을 따라가다 보니 주인공들의 이면,
독특한 모습을 소개할 시간이 부족했던 것 같아요.
그래서 삼국지 속 조금 색다른 이야기들을 모았습니다.
웃음이 나기도 하고 기묘하기도 한 이야기들이지요.
삼국지를 잘 모르는 사람도 충분히 즐길 수 있도록,
흥미로운 주제로 준비했으니 재미있게 즐겨주세요.

　유비는 한마디로 삼국지의 대표 신데렐라죠? 돗자리 장수로 시작해서 황제가 된 인물이잖아요. 명실상부 《삼국지연의》의 주인공입니다. 관우, 장비와 도원결의를 맺고 황건적을 토벌하며 이름을 높이더니 제갈량을 거느리면서 덕망 높고 인정 깊은 영웅으로 거듭났어요. 큰 귀 때문에 여포가 죽기 전에 "귀 큰 놈아!"라고 했다는 웃긴 이야기도 전해지는데요, 이런 유비에겐 어떤 기묘한 이야기가 있을까요?

유비는 어떤 아버지였나

　여태까지 유비의 자식 이야기를 하지 않았는데요, 그도 그럴 것이 유비가 자식을 늦게 낳았습니다. 오랫동안 후사가 없다가 불혹을 훌쩍 넘겼을 때 첫아들이 태어났죠. 아들의 아명은 '아두'입니다. 이 이야기는 바로 유비의 첫아들, 아두에 관한 것입니다.

때는 바야흐로 관도대전 이후, 중원의 패자로 거듭난 조조는 형주를 손에 넣은 뒤 유비가 있는 신야로 대군을 연달아 출정시킵니다. 유비는 가까스로 조조군을 따돌리며 도망치고요. 그런데 너무 인기가 많아도 탈인 것이, 신야와 번성의 백성들이 유비를 따라 함께 가겠다고 나서는 것입니다. 군사와 백성들은 모두 10만여 명! 유비의 군대는 백성을 보살피며 진군하느라 속도를 내지 못하고, 결국 뒤쫓아 오는 조조의 군대에 꽁무니가 잡히고 말지요.

조조군의 압박에 유비의 가족은 물론, 측근과 백성들까지 뿔뿔이 흩어질 수밖에 없었어요. 결국 수세에 몰린 유비 곁에는 제갈량, 장비 등 최측근과 100여 명의 군사만 남게 됐죠. 그런데 이때, 오로지 유비의 가족을 구하고자 조조군 한가운데로 말머리를 돌리는 인물이 등장합니다. 바로 유비군의 다크호스, 창검술의 달인 조자룡입니다! 그런데 복귀하는 조자룡이 들고 있는 게 창만이 아니었어요. 다음 장의 삽화로 조자룡의 모습을 확인해 볼까요?

오른쪽 말 위에서 창을 휘두르는 장수가 바로 조자룡입니다. 그런데 조자룡의 가슴팍을 주목해 주세요. 갓난아이가 보이지요? 이 아이가 바로 유비의 유일한 혈육, 아두입니다. 그 난리통에 유비의 아들을 구해낸 거예요. 괜히 창검술의 달인이 아닙니다.

그런데 조자룡이 수많은 적군을 상대로 혼자서 싸우다 보니 문제가 있었어요. 전투를 하면 창이 부러지기도 하고 던져지기도 하니까,

⋮

〈장판파조운구주長坂坡趙雲救主〉

장판파에서 조운이 어린 주인을 구하다

계속 적군의 무기를 주워 쓰며 싸운 거예요. 이런 조자룡의 모습에서 나온 관용구가 있으니, '조자룡 헌 칼 쓰듯 한다'입니다. 조자룡이 조조군의 병사와 싸우면서 적의 창과 칼을 빼앗아 쓰는데, 남의 무기를 제 것처럼 능수능란하게 다뤘다는 데서 비롯했지요.

거의 무아지경으로 싸워서 왼손엔 창을 들어서 막고, 오른손엔 칼을 들고 공격하는 놀라운 묘사까지 있어요. 그래서 '조자룡 헌 칼 쓰듯 한다'는 쉽게 쉽게 뭔가를 능숙하게 처리하는 모습을 표현하는 말이라고 생각하면 됩니다.

또 홀로 적진을 뛰어들어 적을 베는 조자룡의 용감한 모습을 표현한 사자성어도 있는데요. 바로 '단기필마單騎匹馬'입니다. 홀로 한 필의 말을 타고 적진을 향해 가는 용감한 장수라는 의미지요.

끝나지 않을 것 같은 사투 끝에, 조자룡은 마침내 토담 아래 우물가에서 유비의 부인과 아두를 발견합니다. 그런데 앞 장의 삽화를 다시 한번 살펴보세요. 부인의 모습이 보이나요? 보이지 않지요. 유비의 부인은 조자룡을 보고 이렇게 말합니다.

"나는 중상을 입어 갈 수 없으니 내 생각은 말고 어서 공자를 안고 떠나시오."

도망치다가 적군의 창에 왼쪽 다리를 찔려 꼼짝할 수 없는 상황이었던 것입니다. 부인은 조자룡이 말릴 새도 없이 마른 우물 속으로 몸을 던져버립니다. 조자룡은 급히 토담을 무너뜨려 우물을 메웠고요. 혹시라도 조조군이 부인의 사체를 훼손할까 봐 마음이 쓰였던 것입니다.

조자룡은 아두를 무사히 유비에게 데려가고자 가슴 철갑을 풀고 그 철갑으로 아두를 감쌉니다. 누구든 자신 앞을 막아서면 단숨에 베어버렸죠. 이날 조자룡이 무찌른 이름난 장수만 50여 명입니다.

결국, 기적적으로 적진을 헤치고 돌아온 조자룡은 유비 앞으로 달려가 품속에서 아두를 꺼내 건넵니다.

"공자께서 무사하십니다!"

조자룡의 눈엔 기쁨의 눈물이 그렁그렁 맺혔죠.

그런데 하나뿐인 혈육 아두를 안아 든 유비의 반응이 놀라웠습니다. 갑자기 아두를 땅바닥에 내던져 버렸거든요. 대체 유비는 왜 이런 행동을 했을까요?

"이까짓 어린 자식 하나 때문에 하마터면 내 큰 장수를 잃을 뻔했구나!"

자신에게 조자룡이 얼마나 소중한 존재인지를 보여준 것입니다. 처자식보다 장수를 아끼는 군인의 면모를 드러낸 거죠. 감동한 조자룡은 평생토록 유비에게 충성할 것을 맹세합니다.

여기에 얽힌 재미있는 '썰'이 하나 더 있어요. 아두가 나중에 커서 촉나라 황제에 오르는데요. 따라붙는 별명이 있으니, 바로 '어리석은 군주'입니다. 그래서 혹시 "유비가 아두를 던졌을 때 머리로 떨어져서 문제가 생긴 것은 아니냐", "모두 유비 잘못이 아니냐" 이런 말을 농담 삼아 합니다.

외모에 약한 남자

삼국지의 비중 있는 인물이라면 나관중의 신랄한 외모 평가를 피할 수 없습니다. 특히 가혹한 평가를 받은 인물이 있는데요. 바로 와룡과 봉추에서 봉추를 맡고 있는 방통입니다. 방통은 적벽대전의 대승에 일조한 뒤, 자신을 써달라며 유비를 찾아옵니다.

유비는 와룡 제갈량을 만나려고 삼고초려까지 불사한 인물입니다. 그런데 와룡에 이어 봉추까지 얻게 될 판이니 얼마나 신이 났을까요? 유비는 서둘러 방통을 만납니다. 그런데 막상 면담을 하고 나서는 태도가 돌변해요. 제갈량처럼 가까이에 두지 않는 것입니다. 그리고 자리가 나면 임명하겠다면서 뇌양현이라는 시골의 현령으로 발령을 내지요. 다들 가까이 두고 싶어하는 인재에게 왜 그랬던 걸까요?

방통은 눈썹이 숯검정 같이 짙고 코는 들창코인데다 얼굴이 검고 수염은 짧아 그 생김새가 참으로 기괴하게 보였다고 합니다. 네, 바로 방통의 외모 때문이었습니다. 방통의 외모가 마음에 들지 않았던 거죠.

 잘생긴 제갈량한테는 삼고초려까지 했는데 방통한테는 "미안한데 못생겼어" 한 거죠.

유비의 이런 태도를 본 방통은 자존심에 큰 상처를 입습니다. 방통도 기분이 나쁘니까 예의 바르게 굴지는 않았겠죠. 둘의 사이는 처음부터 삐걱거렸습니다.

그렇게 100여 일이 지난 어느 날, 화가 난 유비는 장비를 방통에게로 보냅니다. 시골 현령으로 부임한 방통이 날마다 술독에 빠져 살면서 일은 전혀 하지 않는다는 소문을 들은 것입니다. 유비는 그 소리를 듣자마자 '마침 잘 걸렸다. 이번 기회에 혼쭐을 내야지'라면서 장비를 음주측정반으로 내려 보낸 것이고요.

뇌양현 관청에 도착한 장비는 당장 방통을 불러냅니다. 방통은 술에 취해 의관도 제대로 갖추지 못한 채 겨우겨우 부축을 받아 나오는데, 한바탕 쏟아부으려는 장비에게 적반하장으로 큰소리를 칩니다.

"이깟 작은 고을 일이 뭐가 어렵다고! 밀린 공무를 전부 내게 가져오너라!"

방통은 산더미 같은 문서를 한데 쏟은 뒤 궁극의 멀티태스킹 능력을 보여줍니다. 반나절도 안 되어 업무를 모두 해치운 겁니다. '외모만 보고 푸대접하지 말라'는 퍼포먼스를 제대로 보여주지요.

이 일을 들은 유비는 자신의 잘못을 깨닫고 방통을 부군사 중랑장으로 삼습니다. 이로써 유비는 와룡과 봉추라는 양 날개를 달고 한중왕의 자리까지 오르게 된 것입니다.

늘 의와 명분을 중요하게 생각하던 유비가 얼평을 했다니 인간은 참 입체적인 존재죠? 외모에 관한 이야기를 하나 더 하자면 삼국지에는 방통 말고도 얼굴 때문에 억울한 사람이 또 있습니다. 제갈량이 이 사람에 대해 남긴 말을 한번 들어보도록 하죠.

"위연은 관상을 보니 뒤통수가 반골이라 후일 반드시 모반할 것이니, 지금 죽여 화근을 없애는 게 상책입니다."

권세나 권위에 타협하지 않고 저항하는 사람에게 반골 기질이 있다고 하지요? 이 '반골反骨'이라는 단어 또한 삼국지에서 유래한 말입니다. 더 정확히는 위연의 뒤통수 모양을 묘사한 말이고요.

반골의 한자를 그대로 풀면 '뼈가 거꾸로 섰다'는 뜻인데, 대체 위연의 뒤통수는 어떻게 생겼길래 저런 표현을 쓴 걸까요? 위연의 뒤통수가 좀 울퉁불퉁했어요. 반골은요, 뒤통수 아래에 약간 들어간 부분을 침골이라 하는데 이 침골이 들어가지 않고 툭 튀어나온 모습을 말합니다. 이 부분이 돌출되면 역모의 기질이 있다고 해요. 제갈량의 말대로 위연은 반역을 일으켜요. 그래서 이후부터 반골은 '모반을 꾀하다'라는 의미로 쓰이게 된 것이죠.

제갈량은 관상도 보고 바람도 불러오고 제사도 잘 지내고 못 하는 게 없죠.

　그다음은 구척장신에 아름다운 수염을 가진 관우 차례입니다. 유비에게 충성을 다한 의리의 아이콘이죠. "술이 식기 전에 돌아오겠소"라는 명대사를 날린 장본인이기도 합니다.

　관우 하면 빼놓을 수 없는 게 대춧빛 얼굴이죠. 그런데 관우가 태어날 때부터 얼굴이 붉었던 것은 아니라는 썰이 있습니다. 도망을 다니다가 우연히 그렇게 되었다는 거예요. 관우가 유비와 장비를 처음 만났을 때 자신을 어떻게 소개했는지 기억하시나요? 사람들을 업신여기는 고향의 한 세력가를 때려죽이는 바람에 도망자 신세가 되어 오륙 년 동안 돌아다녔다고 말했죠.

　이렇게 도망다니던 어느 날 한 마을에 갔다가 성문을 지키던 경비병들에게 신분을 들킬 뻔하는데요. 갑자기 어떤 노인이 홀연히 나타나서는 옆에 있는 연못에 가서 세수를 하라고 시킵니다. 그러면 경비병을 따돌릴 수 있다면서요. 관우는 노인의 말대로 연못에서 열심히 세수를 합니다. 그런데 세수를 하자마자 관우의 얼굴이 붉게 변해버려요. 이후, 성문을 지키던 경비병들과 관우가 딱 마주치는데! 대춧빛으로 변한 관우의 얼굴을 보더니 '어, 이 사람이 아니네?' 하고 그냥 지나쳐 버립니다. 목숨은 구했지만 이후에도 얼굴빛은 원래대로 돌아오지 않았대요. 그래서 관우는 평생을 대춧빛 얼굴로 살게 되었다는 이야기입니다.

이렇게도 생각해 봤어요. 처음 삼 형제가 만나 도원결의하고 의용군을 모집하잖아요. 그러면 돈이 필요했는데 장비는 돈이 많았고, 유비도 어머니가 군자금을 마련해 줬단 말이죠? 그런데 관우는 도망자니까 낼 게 없었던 거예요. 자존심이 센 관우 입장에서는 얼굴이 빨개질 만한 일이 아닌가, 그래서 형제들을 볼 때마다 낯부끄러워 자동적으로 빨개지는 게 아닐까 하는 생각을 했습니다.

이 이야기는 민간에서 내려오는 설화인데요. 관우의 얼굴빛과 관련한 또 다른 설화도 있습니다. 관우가 도망자 신세로 경비병에 쫓길 때, 한 할머니가 관우의 얼굴에 흰 천을 씌운 다음 얼굴을 냅다 두들겼다고 해요. 그때 코피가 터지는 바람에 그 피로 얼굴이 빨갛게 되었다는 얘기입니다. 기묘한 이야기죠?

삼국지의 허세남

이번 이야기는 다음 장의 삽화로 시작하겠습니다. 그림 오른쪽을 보면 긴 수염을 가진 관우가 누군가에게 팔을 내민 채로, 바둑을 두고 있죠. 삽화 속 관우 옆에 있는 남자가 바로 이야기의 주인공이자 중국 역사에서 명의의 상징과도 같은 인물, '화타華佗'입니다.

 우리나라에 허준이 있다면, 중국엔 화타가 있죠.

알 사람은 알 만큼 유명한 사람이지만 사실 화타는 이름이 아닌 '선생'이라는 뜻이에요. 존칭을 붙여 부르던 것이 이름으로 알려진 거죠.

때는 유비와 조조의 군사가 맞붙은 한중공방전 이후, 유비군은 조조가 점유 중이던 형주 북부 번성을 공격합니다. 그때 전면에 나섰던 인물이 관우입니다. 그리고 관우는 전투 중에 오른팔에 독화살을 맞는 사고를 겪습니다. 어쩔 수 없이 곧장 영채로 돌아가 독화살을 뽑아낸 뒤 치료를 시작했지만 상처가 덧나 부어오르는 바람에 오른팔을 조금도 움직이지 못하게 됩니다. 결국 휘하의 장수들이 사방으로 수소문해 당대의 명의인 화타를 모셔 오지요.

관우의 팔을 주의 깊게 살펴본 화타는 상상만 해도 무서운 치료 방법을 얘기합니다.

〈관운장괄골요독關雲長刮骨療毒〉

관우의 뼈를 긁어 독을 치료하다

"조용한 곳에 기둥을 세워 큰 고리를 박은 다음, 장군의 팔을 그 고리에 끼워 단단히 동여맬 것입니다. 그런 다음 칼로 살을 째고 뼈까지 스며든 독을 긁어낸 뒤 약을 바르고 실로 살을 꿰매야만 비로소 무사하실 것입니다."

치료법이 너무 고통스러우니까, 미리 몸을 묶을 것이라고 말한 거지요. 웬만해서는 고개를 절레절레 젓거나 차라리 기절시켜 달라고 할 것 같은데, 관우는 한술 더 뜨며 이렇게 말합니다.

"그렇게 쉬운 일에 기둥이나 고리가 무슨 필요가 있겠소?"

"아, 그까짓 거 안 묶어도 돼요. 안 움직일게요"라고 말한 겁니다.

관우는 곧 부하에게 술상을 들여오라 명합니다. 그러곤 담담한 표정으로 화타에게 팔을 내밀죠. 곧 화타가 칼로 독화살에 맞은 뼈를 긁어대자 벅벅거리는 소리가 사방에 울려 퍼집니다. 분필로 칠판 긁는 소리 아시죠? 바로 그 소리가 뼈에서 나는 것입니다!

놀랍게도 정말 관우는 태연하게 술을 마시면서 바둑을 둡니다. 허세가 육체를 삼켰거나, 통증을 못 느끼는 체질이었나 봐요.

심지어 같이 바둑 두는 사람이 집중을 못하고 돌을 안 두니까 "바둑 두는 사람 어디 갔나"라고 재촉까지 했다고 해요.

아무튼 관우는 화타 덕분에 팔을 말끔히 치료할 수 있었습니다. 그런데 의아한 점이 있어요. 전해지는 바에 따르면 화타는 '마비산'이라는 특수한 탕약을 사용해 환자를 마취한 뒤 수술을 했다고 하거든요? 그런데 관우한테는 마비산의 마도 꺼내질 않았어요.

 아파서 묶어놔야 한다고 하면 사람들이 겁을 먹을 테고 그때 짠하고 마비산을 소개해야 하는데, 관우는 묶는 것도 필요 없다고 하니까 안 쓴 게 아닐까요?

이 에피소드는 실제 있었던 일화를 바탕으로 만들어진 듯합니다. 역사서 《삼국지》의 〈관우전〉에는 이런 내용이 있습니다.

> 관우는 팔을 뻗어 의원에게 자신의 팔을 가르게 했다. 그때 관우는 마침 장수들을 초청해 연회를 열어 서로 마주하고 있었다. 팔에서 피가 흘러 대야에 가득 찼으나 관우는 구운 고기를 자르고 술을 마시며 평소처럼 웃으며 말을 했다.
>
> 《삼국지》, 〈관우전〉

기록에는 바둑을 두는 대신, 술과 고기를 먹으며 태연히 장수들과 대화를 나눴다고 되어 있습니다. 그리고 화타가 아닌 '의원'이 관우를 치료했다고 나오죠. 사실 관우가 독화살을 맞은 건 화타가 죽은 뒤의 일이거든요. 아무래도 화타의 명성이 높았기 때문에 나관중이 극적 효과를 위해 소설적 각색을 했던 것 같습니다.

구천을 떠도는 혼령

한중공방전 이후, 관우는 번성에서 조조군과 대치를 벌입니다. 화타한테 치료를 받은 것도 이 와중이었고요. 그런데 그때, 오나라의 손권이 '여몽'이란 장수를 앞세워 관우의 근거지였던 형주를 공격해 옵니다. 관우의 후방을 노린 거예요. 결국 형주는 여몽과 오나라 군사들에 의해 함락되고, 관우는 여몽에게 사로잡혀 손권 앞에 끌려가게 되지요. 손권은 관우에게 항복을 권유하지만 관우는 한사코 거절했고, 결국 죽음을 맞습니다.

자, 기묘한 이야기는 지금부터입니다. 관우를 죽인 뒤 손권은 고생한 군사들을 모아놓고 잔치를 베풉니다. 특히 관우를 잡는 데 큰 공을 세운 여몽을 상석에 앉힌 다음 전부 네 공이라며 칭찬하죠. 그런데 바로 그때, 여몽이 땅바닥에 술잔을 내던지더니 손권의 멱살을 움켜쥡니다. 그리고 욕설을 마구 퍼붓습니다.

"이 푸른 눈, 붉은 수염에 아직 다 자라지도 못한 쥐새끼 같은 놈아! 내가 누군지 알겠느냐? 바로 관운장이다!"

관우의 혼령이 여몽에게 씐 겁니다. 손권은 두려움에 덜덜 떱니다. 하지만 관우의 혼령은 아직 분이 안 풀렸는지 또 한 번 버럭 화를 내기 시작해요.

"살아서 네 고기를 씹지 못했으나 죽어서라도 역적 여몽의 넋을 쫓을 것이다."

자신을 죽게 만든 여몽에게도 화풀이를 한 겁니다. 곧 여몽은 땅에 풀썩 쓰러져 얼굴의 일곱 구멍에서 피를 마구 뿜어내더니, 얼마 지나지 않아 죽고 맙니다.

 **보통은 남이 복수해 주잖아요? 관우는 본인이 직접 합니다.**

귀신이 된 관우가 복수만 한 건 아니었습니다. 관우가 죽고 약 8년의 시간이 지난 227년의 어느 날, 관우의 둘째 아들 관흥은 전투에 나갔다가 적군들에 쫓겨 위기를 맞는데요. 갑자기 한 장수가 홀연히 나타나서는 적진의 장수들을 모두 처리하기 시작합니다. 누에 눈썹에 무르익은 대춧빛 얼굴, 청룡언월도를 든 채 적토마를 탄 인물! 관우가 아들을 돕고자 찾아온 것입니다. 죽은 뒤에도 정말 공사다망하죠?

아, 적토마가 언급됐으니 말인데, 적토마의 최후도 기묘합니다. 손권은 공을 세운 장수에게 포상으로 적토마를 주는데요. 관우가 죽자 적토마도 식음을 전폐합니다. 그러고 그대로 굶어 죽습니다.

관우는 장비와 함께 '용맹한 장수'를 대표하는 인물이었습니다. 하지만 너무도 허무한 최후를 맞고 말았죠. 관우는 사후 형주에서 신으로 숭배되기 시작했는데요. 그러면서 주군에 대한 신의로 평생을 바친 관우 이야기가 널리 퍼져나갔고, 나관중은 이 이야기 속 관우의 모습을 소설에 차용한 것입니다.

우리나라에도 관우 신을 모시는 사당이 있습니다. 서울 종로구의 '동묘'가 바로 관우를 모시던 곳입니다. 동묘의 정식 명칭은 '동관왕묘東關王廟'로, '서울 동쪽에 있는 관우를 모시는 묘'라는 뜻입니다.

동묘가 생기게 된 계기가 또 기묘합니다. 임진왜란 때 파병을 결정한 명나라의 황제 만력제는 어느 날 꿈을 꿉니다. 원래 만력제는 조선 파병에 별다른 관심이 없었는데, 그 꿈에 관우가 나타나 조선의 왕 선조는 장비의 환생이고, 만력제는 유비의 환생이라고 알려줍니다. 그런 뒤 지금 당장 장비를 구해주라고 말하며 사라져요. 그래서 임진왜란이 끝난 뒤, 조선의 제14대 왕 선조가 만력제의 은혜에 보답하고자 관우를 모시는 동묘를 지은 것입니다.

그런데 관우의 묘에 함부로 들어가면 안 되는 사람이 있습니다. 바로 '여'씨입니다. 관우를 죽인 사람이 여몽이잖아요. 그래서인지 관우 묘를 지을 때 여씨 성을 가진 인부가 지붕에 올랐다가 갑자기 픽 쓰러지는 일이 발생해요. 결국 그 사람은 지붕에서 떨어져 죽고 말았지요. 또 다른 여씨 성을 가진 남자가 관우 묘에 들어갔다가 눈에서 피를 흘리며 그대로 졸도하기도 했고요. 여몽을 향한 관우의 지독한 복수는 끝나지 않았던 것입니다.

자, 마지막으로 조조와 얽힌 기묘한 이야기들을 살펴볼까요? 소설에서 조조는 간사한 영웅이자 냉혹한 군주로 묘사되는데요. 역사 속 조조는 반전 매력을 가진 인물입니다. 음악과 바둑에도 조예가 깊었고, 특히나 시를 짓는 능력이 탁월했다고 알려져 있지요.

조조는 자신의 빼어난 문장력을 군사학에도 활용하는데요. 유명한 병법서에 조목조목 주석을 달고 해석해 편찬합니다. 이 병법서가 바로 《손자병법》으로, 현재 우리가 보고 있는 《손자병법》이 조조가 주석을 달고 편찬한 버전입니다.

 정치도 잘하고, 전투도 잘하는데 당대 뛰어난 문장가이기까지. 사실상 외모 말고는 다 치트키였죠.

조조에게 기묘한 일이 생긴 것은 216년, 헌제를 겁박해 위왕 작위

를 받은 뒤부터인데요. 그럼 본격적으로 한번 알아보겠습니다.

도술을 부리는 좌자와의 만남

오나라의 손권은 위왕 작위를 받은 조조를 축하하고자 오나라의 특산물인 크고 싱싱한 귤 40박스를 보냅니다. 그런데 오나라에서 보내온 감귤을 집어 든 조조는 깜짝 놀라요. 껍질을 벗기는데, 속이 텅 비어 있었거든요. 선물인 줄 알고 신나서 택배 상자를 열었더니 쭉정이만 가득했던 것입니다.

조조는 '혹시 손권이 날 속인 거 아냐?'라고 생각했습니다. 그런데 귤을 배달한 짐꾼들의 이야기를 들어보니, 머리에는 흰 덩굴로 얽은 관을 쓰고 푸른 옷을 걸친 수상한 남자가 귤을 대신 옮겨줬다는 겁니다. 그 얘기를 듣는 도중에 바로 그 남자가 조조의 눈앞에 나타납니다. 그리고 자신의 이름은 '좌자'라며 소개를 하지요.

조조는 자신을 찾아온 좌자에게 이렇게 따져 묻습니다.

"네 무슨 요술로 과일의 속살을 꺼내갔느냐!"

내 귤 어쨌냐고 물은 겁니다. 그러자 좌자는 그 자리에서 속이 비어 있다는 귤 하나를 집어 들어 껍질을 벗깁니다. 그랬더니 이게 웬걸? 좌자가 들고 있는 귤에는 속살이 가득합니다. 조조는 약이 바짝 올랐죠. 그래서 이 이상한 요술을 부리는 좌자를 요사스러운 인물로 여기고 죽이려고 해요.

그런데 바로 이때, 좌자는 또 한 번 조조의 간담을 서늘하게 하는 행동을 합니다. 자신을 죽이겠다는 조조 앞에서 "네가 죽을 날을 내가 점찍어주마!"라고 소리친 것이죠. 좌자가 점찍은 날은 220년 정월, 그 당시로부터 4년 뒤였어요. 연신 벌어지는 기묘한 일에 소름이 끼친 조조는 곧장 장수들을 불러 좌자에게 활을 쏘라 명령합니다. 여기서 또 한 번 일이 벌어집니다.

"목이 없는 수백 구의 시체가 벌떡벌떡 일어나 각기 제 머리를 찾아 들고 껑충껑충 연무청으로 뛰어올라 조조에게 덤벼들었다."

 거의 납량 특집이죠. 하지만 좀비 영화 아니고 삼국지 속 장면입니다.

갑자기 회오리바람이 일어나더니 목 없는 수백 구의 시체들이 조조에게 덤벼든 것입니다. 무소불위의 권력을 휘두르는 조조라고 한들 좌자의 도술을 당할 수는 없었던 것이죠. 좌자는 이후 홀연히 사라집니다.

참고로 말씀드리자면 좌자는 진수가 쓴 정사에는 등장하지 않고, 후대 사람인 배송지가 《박물지》라는 책을 참고해 정사에 단 주석에 등장하는 인물입니다. 《박물지》에 남겨진 기록에 따르면 좌자는 조조가 초대한 '방사方士' 중 한 명인데요. 방사란 쉽게 말해 도사라고 생각하시면 됩니다. 좌자는 어려서부터 오경과 천문 그리고 참위설에 밝았는데, 한나라의 국운이 쇠해 천하에 대란이 일어날 것을 일찍이 감지한 인물이라고 알려져 있습니다.

조조와 기묘한 선물들

자, 그럼 4년이 흐르고 좌자가 말했던 220년이 되었을 때 무슨 일이 벌어졌을까요? 이때 조조는 오나라의 손권이 보낸 기묘한 택배를 받고 신경쇠약에 걸려 시름시름 앓기 시작합니다. 그 택배는 다름 아닌 관우의 머리였습니다.

손권은 대체 왜 조조에게 관우의 머리를 보낸 걸까요? 일단 관우 목을 치긴 했는데, 유비가 자신을 공격할 것이 뻔하니 후환이 두려웠던 것으로 보입니다. 그래서 일단 유비의 분노 대상을 바꿔보고자 수를 써본 것이었죠.

조조는 관우의 머리를 보고 놀랐지만 곧 이렇게 말합니다.

"관우공, 어찌하여 목만 오셨수? 그간 무탈하신가?"

옛정도 있고 하니, 죽은 관우에게 말을 걸어본 거예요. 그런데 이때 놀라운 일이 벌어집니다.

"나무상자 속 관운장의 머리가 입을 딱 벌리더니, 눈동자가 움직이고 머리털과 수염이 꼿꼿이 일어섰다. 소스라치게 놀란 조조는 외마디 비명을 지르며 그대로 혼절했다."

 뒤늦게 사후 경직이라도 일어난 걸까요? 관우가 갑자기 감긴 눈을 부릅뜨고 수염을 부르르 떨며 조조를 죽일 듯이 노려본 것입니다.

 혼절했다 깨어난 조조는 관우의 넋을 달래고자, 좋은 향나무로 관우의 몸을 만든 다음 성대하게 장사를 지내줍니다. 하지만 이때 받은 트라우마 때문인지 병을 얻어 드러눕고 말죠. 잠도 잘 못 자고, 악몽을 꾸고, 헛것을 보게 됩니다.

 원전 찌꺼기도 아니고 관우랑 닿으면 죽거나 아프거나 해요.

 손권의 선물을 받고 병을 얻은 조조. 그런데 반대로 조조도 누군가에게 기묘한 선물을 보낸 적이 있습니다. 이 선물의 수신인은 조조의 꾀주머니이자 오른팔, 책사 '순욱'이었습니다.

 두 사람은 무척 사이가 좋았어요. 유비에게 제갈량이 있다면 조조에게는 순욱이 있다는 표현을 쓸 정도였죠. 그런데 세상에 영원한 건 없잖아요. 서로를 위했던 이 두 사람의 사이도 금이 가기 시작합니다. 조조가 황제에게 위왕 작위를 받는 것이 발단이었죠. 순욱은 위왕이 되려는 조조를 격렬하게 반대했거든요.

 사실 두 사람의 지향점은 달랐습니다. 순욱은 조조를 통해서 한나라의 기강을 바로잡길 원했습니다. 조조의 충신인 줄 알았는데 한나라의 충신이었던 거예요. 그러니 정리를 끝내고 조조가 야욕을 드러내자 그걸 막으려고 한 겁니다.

 처음에는 목적이 같았죠, 군웅 정리. 그런데 조조는 스스로 왕이 되길 원했고, 순욱은 조조가 신하로 남으면서 한나라를 유지하길 바랐던 거예요.

조조 입장에서는 거의 다 된 일을 순욱이 방해하는 것처럼 느껴졌을 거예요. 이미 대부분의 땅을 장악했고, 지금까지는 순욱이 굉장히 도움이 되었지만 다음 스텝을 밟는 데에는 걸림돌이 되니까요.

그래서 조조는 순욱에게 참전 명령을 내립니다. 이게 왜 이상하냐면, 조조는 순욱을 관도대전이나 적벽대전 같은 큰 전투에 데려가지 않았거든요. 자신이 출정했을 때 자신의 본거지를 믿고 맡길 수 있는 사람이 순욱이었어요. 예전에 여포가 연주를 쳐들어갔을 때도 남아 있던 순욱이 지켰거든요. 순욱이 지킨 고을만 남아서 그걸 기반으로 반격을 준비했던 거예요. 항상 집을 지키던 순욱에게 이번에는 출정하자고 하니 뭔가 쎄하죠.

이상함을 감지한 순욱은 출정을 거부합니다. 그랬더니 조조로부터 택배가 하나 온 거예요. 포장지에 명확하게 조조의 친필 사인으로 '이것은 조조가 직접 챙겨서 보낸 것이다'라고 적혀 있기까지 했대요. 안에 무엇이 들어 있든 조조의 뜻이 담긴 거였겠죠?

 요즘 배달할 때 안심스티커 붙이잖아요. 여기가 원조였네요.

열어서 보니 빈 찬합이었어요. 순욱은 이를 '이제 넌 쓰임을 다 했으니 이 빈 도시락통 보고 알아차려'라고 해석해요. 그래서 독약을 먹고 자결합니다. 문화적으로 해석하면 옛날부터 군주는 신하를 먹여 살린다고 해석했어요. 그래서 식읍을 주고 봉록을 주고 했던 거거든요. 그런데 빈 찬합을 보낸 것은 더 이상 줄 게 없다는 의미로 이해해야겠죠.

야사에 따르면, 순욱도 워낙 똑똑한 사람이어서 앞으로 조조가 대업을 이루기 위해서는 어떤 스텝을 밟아가야 하는지 이미 그 전략을 쭉 적어보았다고 해요. 그런데 두 사람은 목표가 달랐잖아요? 그래서 순욱이 이 전략을 모조리 불태우고 나서 자결했다는 이야기도 있습니다.

 순욱은 조조가 거병할 때부터 인재를 추천해 주고, 원소와 관도대전을 치를 때도 원소한테 이길 수 있는 이유를 주르륵 설명하면서 용기를 북돋아 주었던 사람이에요. 그런 둘이 갈라지는 걸 보니, 참 아쉽고 그렇습니다. 오랫동안 등장했던 인물이 퇴장할 때는 왠지 마음이 좀 그래요.

조조의 최후

자, 다시 손권의 선물을 받고 신경쇠약에 걸린 조조 이야기로 돌아가 보죠. 병에 걸린 조조를 치료하고자 위나라 왕궁으로 급히 달려온 인물이 있으니, 바로 화타입니다. 화타는 조조를 진맥하고 병세를 살핀 다음 대왕의 두통은 풍 때문에 생긴 것이라고 말해요. 하지만 탕약만으로는 고칠 수가 없으니 수술을 해야 한다고 하죠. 관우처럼 뼈를 긁어내는 수술만 되어도 괜찮았으련만, 화타가 말한 수술은 그 정도가 아니었습니다.

"도끼로 두개골을 열어 그 속에 괴어 있는 풍연을 씻어내야만 병의 뿌리를 제거할 수 있습니다."

도끼로 머리를 쪼갠 뒤에 두통을 유발하는 풍연, 그러니까 풍을 유발하는 즙을 씻어내야 한다는 것이었습니다.

 보통 도끼는 두개골이 아니고 장작에 쓰는 거잖아요. 너무 무서운 아이템이에요.

화타의 말을 들은 조조는 크게 화를 내며 이렇게 말합니다.

"네가 나를 죽이려 드는구나!"

너무나 당연한 반응인 것 같은데, 그런 조조를 보고 화타는 조조의 소심함에 실망했는지 이렇게 받아칩니다.

"관우공은 조금도 두려워하는 기색이 없었는데, 대왕께서는 이런 조그만 병으로 어찌 그리 의심이 많으십니까?"

이 사달이 난 게 관우 때문인데, 조조 앞에서 그런 관우를 또 들먹인 것입니다. 조조는 화타가 관운장과의 친분 때문에 자기를 죽이려는 것이 분명하다며, 화타를 옥에 가둔 뒤 죽이고 맙니다.

 상식적인 반응을 했는데, 겁쟁이 취급을 했으니 사실 화타가 화를 자초한 면도 있죠.

그렇다면 두개골을 구해낸 조조는 평온해졌을까요? 때는 220년 1월, 서늘한 기운과 적막만이 감도는 늦은 밤, 갑자기 우레와 같은 굉음이 궁궐 전체를 뒤흔듭니다. 소리의 진원지는 조조가 거처하는 전각. 이유도 없이 전각의 기와 모서리가 붕괴돼 굉음이 난 것입니다. 대체 무슨 일이 일어난 걸까요?

조조는 그날도 고질병인 두통 때문에 새벽이 다 되도록 잠들지 못하고 있었습니다. 그러다 갑자기 낯선 기척에 놀라 눈을 뜹니다. 조조 앞에는 여러 사람들이 서 있었습니다. 그런데, 산 사람들이 아니고 죽은 사람들이었어요.

"내 목숨을 돌려다오…."

조조의 손에 죽은 동귀비, 복황후, 여포, 진궁 등이 꿈에 나타난 것입니다.

 서바이벌 게임 마지막 회를 보면 탈락한 사람들이 다 나오잖아요. 조조한테 죽은 사람들 중 올스타가 총출동합니다. 스무 명이나 나왔다고 해요.

겁에 질린 조조가 얼른 칼을 빼서 휘두르려던 찰나, '쿵' 하는 소리와 함께 전각의 서남쪽 모서리가 무너지고, 신하들이 방에 들어와 쓰러져 있는 조조를 발견합니다.

신하들은 궁궐에 귀신이 붙었으니 퇴마 의식을 벌여야겠다고 말해요. 도사를 불러 제사를 지내자는 것이죠. 하지만 조조는 이제 자신의 운명이 다했다는 것을 직감했는지 이렇게 말합니다.

"하늘에 죄를 지으면 빌 곳이 없다고 했다. 이미 나의 천명이 다했으니 구원을 빌어본들 무슨 소용이 있겠느냐?"

당시 조조의 나이 66세. 이제 와서 죄를 씻고 용서를 구해도 늦었으니 자신을 미워하는 사람들의 마음을 모두 안고 가겠다는 것입니다.

조조는 제사를 지내는 대신 측근들을 불러 유언을 남깁니다. 이 유언이 또 독특한데요. 바로 이것입니다.

"가짜 무덤 72개를 만들어 내가 어느 무덤에 묻혔는지 모르게 하라. 혹시라도 뒷사람들이 내 무덤을 파낼까 걱정이다."

이때가 바로 건안 25년 쥐의 해! 4년 전, 좌자의 예언대로 조조는 220년 정월에 세상을 뜹니다.

하지만 역사서에 기록된 조조의 죽음은 이와는 좀 다릅니다. 조조는 자신의 무덤을 소탈하게 만들라는 명을 남겼다고 합니다. 2010년, 중국 정부는 허난성에서 조조의 묘를 발견했다는 공식 발표를 하기도 했는데, 진위 여부는 아직 확실하게 밝혀지지 않았습니다. 다만 조조의 마지막 순간을 다룬 이 이야기에서 알 수 있는 점은, 세상에서 양심이 제일 무섭다는 것입니다. 결국 조조를 무너뜨린 것은 사마 스스로 외면하지 못했던 '죄책감'이었습니다.

 조조가 손권의 선물을 받고 여러 트라우마가 생겼잖아요. 자기도 선물로 남을 해했기 때문에 일종의 인과응보라고 볼 수 있죠.

지금까지 삼국지에 남겨진 기묘한 민간 설화들과 신화들을 살펴봤습니다. 삼국지가 사랑을 받는 이유는, 이 수많은 이야기들을 모은 다음, 쳐낼 것은 쳐내고 수정할 것은 수정한 뒤에 흩어져 있는 구슬을 잘 꿰어냈기 때문이 아닐까 싶습니다. 그 사이사이에 의리, 사랑 그리고 처세와 정치술까지 알차게 담겨 있지요.

이처럼 삼국지는 단순한 영웅 이야기나 전쟁사가 아니라, 수많은 설화와 신화를 품은 채 오랜 세월을 견디며 살아남은 '살아 있는 이야기'입니다. 어느 시대, 어느 세대가 읽어도 각자의 감정과 해석을 불러일으키는 것은 그 안에 인간에 대한 깊은 통찰이 있기 때문일지도 모르겠습니다.

또 흥미로운 점은 사람마다 삼국지 속 영웅에 대한 평가가 다르다는 것입니다. 누구는 유비를 의리의 화신이라고 하지만, 또 누구는 전형적인 기회주의자라고 말합니다. 조조를 사이코패스로 여기고 '극혐'하는 사람도 있는 반면, 냉철하면서도 현실적인 지도자라고 평하는 사람도 있지요.

여러분은 어떠신가요? 어떤 인물이 여러분의 가슴속에 남아 있나요? 그 인물들을 마음속에 품은 이유, 바로 그것은 여러분이 스스로에게 들려주고 싶은 이야기인지도 모릅니다.

신삼국지

초판 1쇄 인쇄	2025년 7월 21일
초판 1쇄 발행	2025년 7월 28일
지은이	tvN STORY 〈신삼국지〉 제작팀
감수	김진곤
펴낸이	임경진, 권영선
편집	여인영, 김민진
마케팅	최지은, 배희주
펴낸곳	㈜프런트페이지
출판등록	2022년 2월 3일 제2022-000020호
주소	경기도 파주시 회동길 37-20, 204호
전화	070-8666-6190(편집), 031-942-0203(영업)
팩스	070-7966-3022
메일	book@frontpage.co.kr
인스타그램	instagram.com/frontpage_books

Copyright ⓒ FRONTPAGE·CJ ENM. ALL RIGHTS RESERVED.

ISBN 979-11-93401-49-1 (03150)

- 책값은 뒤표지에 있습니다.
- 잘못된 책은 구입하신 곳에서 교환해드립니다.
- 이 책은 저작권법에 따라 보호받는 저작물이므로 무단 전재와 복제를 금지합니다. 이 책 내용의 전부 또는 일부를 이용하려면 반드시 저작권자와 프런트페이지의 서면 동의를 받아야 합니다.

만든 사람들

편집	여인영	구성	시소교정실	디자인	studio weme
제작	357제작소	마케팅	최지은, 배희주		

- 이 책에 실린 고전 삽화는 《모성산평정삼국지》, 《삼국지통속연의》(주왈교본), 《전상평화삼국지》의 그림입니다.